臺灣歷史與文化 研究輯刊

十 三 編

第 3 冊

日治時期臺灣古典詩中的三大節令書寫

郭晏萍 著

花木蘭文化事業有限公司

國家圖書館出版品預行編目資料

日治時期臺灣古典詩中的三大節令書寫／郭晏萍 著 — 初版 —
新北市：花木蘭文化事業有限公司，2018〔民 107〕
目 2+234 面；19×26 公分
（臺灣歷史與文化研究輯刊十三編；第 3 冊）
ISBN 978-986-485-295-6（精裝）
1. 臺灣詩 2. 詩評
733.08   107001576

ISBN-978-986-485-295-6

9 789864 852956

臺灣歷史與文化研究輯刊
十三編 第三冊   ISBN：978-986-485-295-6

日治時期臺灣古典詩中的三大節令書寫

作 者 郭晏萍
總 編 輯 杜潔祥
副總編輯 楊嘉樂
編 輯 許郁翎、王筑 美術編輯 陳逸婷
出 版 花木蘭文化事業有限公司
發 行 人 高小娟
聯絡地址 235 新北市中和區中安街七二號十三樓
　　　　 電話：02-2923-1455／傳真：02-2923-1452
網 址 http://www.huamulan.tw 信箱 hml810518@gmail.com
印 刷 普羅文化出版廣告事業
初 版 2018 年 3 月
全書字數 199452 字
定 價 十三編 24 冊（精裝）台幣 60,000 元

日治時期臺灣古典詩中的三大節令書寫

郭晏萍　著

作者簡介

郭晏萍，生於今台南市中西區，目前於國立屏東大學語言中心擔任華語講師，於國立成功大學中國文學系學習時以研讀中國古典文學為主，進入國立屏東大學中國語文學碩士班就讀期間受到指導教授黃文車教授的啟發，興起研究臺灣古典漢詩之念，尤其關注到臺灣古典詩中歲時節令的書寫與庶民生活息息相關，可由其中觀得風俗民情，比對不同時期的臺灣古典詩，亦見在不同時代的節令與傳統漢人節令的迥異處，頗具研究價值。希望藉由臺灣古典詩不同的研究觸角，引起更多對臺灣古典文學的注意。

提　　要

　　古典漢詩移植至臺灣，發展出一部精彩的臺灣古典詩史，日治時期更因政治環境的關係而成為文學主流，當時詩社林立，各種主題的古典詩歌創作豐富，臺灣豐富的歲時節令文化也成為此時期詩歌書寫的主題，但因統治者的同化政策使得臺灣節令文化出現變容，此時期的節令詩作也有了不同的風貌及意義呈現，當有其研究意義與價值。本文透過歷史研究法、主題學研究法及民俗學研究法，收集整理日治時期詩人們所創作的新年、端午及中秋這三大傳統節令詩歌，加以分類，再參看相關文獻資料並分析，整理日治時期臺灣三大節令詩各具特色的主題內容得出，日治時期臺灣三大節令詩中新年節令中臺地風俗的隱形與日式節儀的張揚、端午節令意涵轉化以尚武精神及中秋賞月風俗的現代化等被動變易的歲時節令風俗，審思日治時期三大節令詩作中的文化意義時則發現新年節令詩在被動融混的新文化中仍保有傳統文化及漢詩精神的文化意義，端午書寫中則以厭勝文化與屈原意象再現抗衡尚武精神的文化意義呈現，中秋節令詩於臺日詩情的交融中以團圓意涵與神話傳說的傳統漢詩文化意象展現其文化意義。本文以臺灣古典詩研究主題中較少涉及的節令民俗作為研究主題，嘗試以臺灣古典詩作為探析日治時期臺灣三大節令風土民情的資料，以不同以往的視角觀看臺灣三大節令風俗的面貌與文化意義。

第一章　緒　論 1

　第一節　研究動機與目的 1

　　一、研究動機 1

　　二、研究目的 5

　第二節　研究範圍與方法 7

　　一、節令詩的定義 7

　　二、研究對象 11

　　三、研究方法 12

　第三節　文獻回顧與探討 14

　　一、專書 15

　　二、學位論文 15

　　三、單篇論文 19

第二章　清領時期臺灣古典詩三大節令書寫探析 ... 23

　第一節　清領時期臺灣三大節令風俗 23

　　一、新年節慶 24

　　二、端午節慶 29

　　三、中秋節慶 35

　第二節　清領時期臺灣三大節令詩書寫特色 41

　　一、情景兼融的節令氛圍 41

　　二、思鄉情濃的節令思緒 44

　　三、臺灣風情的節令書寫 46

　小　結 50

第三章　日治時期新年節令詩的民俗及文化意義 51

　第一節　新年節令詩中的民俗 51

　　一、賀年民俗 52

　　二、年節飲食民俗 62

　　三、年節擺飾民俗 77

　第二節　新年節令詩的文化意義 91

　　一、保留傳統文化的柔軟抵抗 92

　　二、被動融混的新文化精神 96

　　三、寓情於詩的漢詩精神再現 99

　小　結 102

第四章　日治時期端午節令詩的民俗及文化意義 105

目次

第一節　端午節令詩的民俗 ………………… 106
　　一、龍舟競渡民俗 ………………………… 107
　　二、端午飲食民俗 ………………………… 121
　　三、端午節物民俗 ………………………… 133
第二節　端午節令詩的文化意義 …………… 149
　　一、深植民心的厭勝文化特質 …………… 149
　　二、端午屈原意象的再現 ………………… 153
　　三、日本尚武精神的植入 ………………… 157
小　結 ………………………………………… 160

第五章　日治時期中秋節令詩的民俗及文化意義 163
第一節　中秋節令詩的民俗 ………………… 163
　　一、節慶活動 ……………………………… 164
　　二、中秋飲食民俗 ………………………… 184
　　三、中秋節令習俗 ………………………… 192
第二節　中秋節令詩的文化意義 …………… 204
　　一、饒富團圓意象 ………………………… 204
　　二、滿載神話傳說 ………………………… 208
　　三、交融臺日詩情 ………………………… 212
小　結 ………………………………………… 215

第六章　結　論 ……………………………… 219

徵引及參考文獻 ……………………………… 225

表次
〈表 1-1〉：以節令詩（詞）為主題的學位論文 … 15
〈表 1-2〉：以單一節令詩（詞）為主題的學位
　　　　　論文 ………………………………… 16
〈表 1-3〉：以日治時期民俗探討為主題的學位
　　　　　論文 ………………………………… 18
〈表 1-4〉：以臺灣節令民俗探討為主題的學位
　　　　　論文 ………………………………… 18
〈表 1-5〉：以臺灣節令民俗探討為主題的單篇
　　　　　論文 ………………………………… 20
〈表 1-6〉：以臺灣節令詩為主題的單篇論文 …… 21
〈表 3-1〉：詩題中有「豐明殿」的詩作 ………… 54

第一章　緒　論

　　歷來中文學界針對傳統節令詩的研究，多以唐代為主要關注對象，除以為唐代是古典詩的黃金時期，更因為在歲時文化上唐代繼承傳統節日之外還融合了外來文化，使得唐代歲時節令顯得豐富而多彩，清人彭定求所編《全唐詩》中便可見為數眾多吟詠歲時節令的詩歌。古典漢詩移植至臺灣，從荷據、明鄭、清領到日治時期發展出一部精彩的臺灣古典詩史，尤其日治時期詩社林立，古典詩歌創作數量更達到高峰，且因統治者的同化政策使得臺灣節令文化出現變容，此時期詩人創作的節令詩歌應有和中國歷代節令詩歌或臺灣日治之前的節令詩歌不同的風貌及意義，當有其研究意義與價值。

第一節　研究動機與目的

　　日治時期在特殊的政治環境及歷史背景之中，古典詩歌意外地蓬勃發展，並成為臺灣古典詩史上最興盛的一段。本節將從為何以日治時期臺灣古典詩中的三大節令詩為研究主題的動機說明，再說明本文預期研究之目的。

一、研究動機

　　有關本論文「日治時期臺灣古典詩中的三大節令書寫」之研究動機主要有兩項，一是「思考日治時期臺灣古典詩具有時代性及在地性的意義」，另一是「尋找提供日治時期節令風俗研究之素材」，以下就這兩項研究動機加以敘述說明。

（一）思考日治時期臺灣古典詩具有時代性及在地性的意義

1895 年，乙未割臺，日人爲遂行殖民統治，「文化」成爲臺灣殖民地政治的重要場域，爲瞭解臺灣風俗習慣並進而立法所進行的舊慣調查，直到 1945 年結束統治才停止，50 年間留下相當可觀的資料，如由臺灣慣習研究會發行的《臺灣慣習記事》爲實地調查研究臺灣風俗的紀錄；片岡巖《臺灣風俗誌》紀錄臺灣人的居家生活、生命禮儀和社會生活等民俗；在文學方面有《臺灣俚諺集覽》、《臺灣之歌謠》、《臺灣民間文學集》等，也有紀錄臺灣宗教活動的《臺灣本島人之宗教》、《臺灣宗教與迷信陋習》等書，日治後期由關心臺灣民俗風土的日籍人士金關丈夫、池田敏雄一同主導企劃和編輯的《民俗臺灣》（自 1941 年 7 月 10 日推出創刊號起，至 1945 年 1 月 1 日止，共發行四十三期），亦是臺日知識分子共同參與保存臺灣民俗的重要月刊，該雜誌以蒐集、記錄臺灣各地的民俗資料爲主要目的。這些調查與文獻並非爲保存臺灣文化所爲，日人對臺統治由初期的懷柔、中期的同化、到後期的皇民化，「文化」自始至終都是統治者的工具。

以「文化」作爲統治工具也直接影響臺灣古典文學的發展，黃美娥在〈臺灣古典文學發展概述（1651～1945）〉一文中說：「日治時期以後，臺灣古典文學的發展，邁入另一嶄新階段，由於日本殖民與西風東漸，遂使生存環境丕變，因而文學也有了應變、維新的歷程。」[註1] 日人爲達其懷柔、同化到皇民化目的，在教育上下了一番功夫，臺灣文化面臨重大衝擊，不論在禮俗信仰或是語言文字各方面都面臨到傳統與現代的交鋒、漢民族與大和民族的交鋒，尤其日人將漢詩推爲文學大宗，其時詩社林立，民間、官方發行多份報紙，提供文人廣大創作舞台，看似爲漢詩文化推波助瀾，實爲遂行統治同化目的。王德威指出日人以漢詩爲其懷柔工具的原因：「一八九八年，兒玉源太郎就任臺灣第四任總督，即熱心推動各項文化政策，籠絡地方士人。漢詩漢文即是中日兩國傳統共有的淵源，自然成爲方便的媒介。」[註2] 在這樣的文化環境中，臺灣古典文學有了應變與維新的新貌，尤其漢詩爲最。

臺灣古典詩由「海東文獻之祖」沈光文開啓扉頁，超過三百年，古典漢詩成爲士紳文人書寫的載體，創作出數量可觀保有「詩言志」、「詩緣情」傳

〔註 1〕黃美娥：〈臺灣古典文學發展概述（1651～1945）〉，《海峽兩岸臺灣史學術研討會論文集》，（廈門：廈門大學台灣研究院，2002 年 8 月），頁 440。

〔註 2〕王德威：〈一個詩社的誕生〉，《臺灣：從文學看歷史》，（臺北：城邦文化事業股份有限公司，2011 年 1 月），頁 81。

統的古典漢詩，不只可窺見文人們心思愁緒，臺灣當地文化、風土、民情也一一在詩中呈現。日治時期，在官方有目的的推行下，古典漢詩的創作風格內容大別於上一個時期，詩作主題內容，從日治以前以思鄉、抒懷、風物、地理等傳統漢詩表現，轉為擊缽吟詩，互相唱和，多為吟風弄月之作，初期甚至有欲藉此攀龍附鳳、夤緣求進者，之後善寫漢詩的日人加入常藉徵詩交流，臺日交流之下，即使是吟風弄月之作仍可見臺日文化交互衝擊的軌跡，其中以歲時節令為主題的古典詩歌，內容書寫在異國統治下的臺灣節令風俗，兩種文化交錯，儀式、活動是全面改變或是嫁接融合，詩人在詩文中必留下線索。

　　這些日治時期文學資料內容之豐富，除書籍之外，大量發行的報紙、雜誌，當中大量來自民間的文學創作可見到此時期文學風氣的興盛，究竟此時期的文學作品代表何種時代意義？黃美娥以為日治時期是臺灣古典文學創作的高峰期，她分析這些文學作品所展現的時代特色如下：

> 詩歌仍為大宗，內容除抒懷外，日治前期詠歎時事增多，寫實之風較清代為盛，此與文人反殖民的寫作動機有關，形成此一時期台灣古典詩的特色；但 20 年代以後，因為政治因素及文明事物日新月異之故，詠時之作漸為詠物詩所取代，成為新一波創作的重點。〔註3〕

除了黃美娥所言，「詠時之作漸為詠物詩所取代」，日治後期，因詩社活動的遊戲娛樂性質愈強烈，大量創作詩歌，但漸趨庸俗化，雖成了後來新舊文學論戰中被新文學家批判的對象，但日治時期後期的古典詩作所呈現的反殖民寫實之風及詠寫新事物的時代特色，又成為臺灣古典詩的「變容」。綜觀日治時期的臺灣古典詩，前期以詠嘆時事、具寫實之風的詩作為主，中後期則被詠物詩所取代，本文欲藉由日治時期臺灣古典詩以上所提及的特色，思考其以臺灣當地所有的人、時、地、物為主題書寫的詩作，如何呈現其在地化的意義，並由在殖民者強勢干預下發展出的臺灣古典詩中思考其所呈現的時代性。

（二）尋找日治時期臺灣節令風俗研究之素材

　　日治時期是禮俗信仰或是語言文字各方面面臨巨大衝擊的時代，移植自中國傳統的節令風俗，在臺發展在地化後，同樣也在經歷日治初期的表面接

〔註 3〕 黃美娥：〈臺灣古典文學發展概述（1651～1945）〉，頁 443。

受、中期的新舊共存與後期皇民化的實質壓抑呈現出風土民俗的「變容」。臺灣節令風俗跟隨移民的腳步移植而來，節令風俗原有因時、因地而有不同文化活動的變異性，李永匡和王熹合著的《中國節令史》中明指：「不同時期、不同歷史時代的節令文化活動，卻更因時、因朝、因代、因人、因地、因族（係指不同的民族）而異，在活動的內容和形式上，亦有所更易、增減和損易，並注進新的時代內容、特色。」〔註4〕節令本身在以農為本的臺灣社會已蘊含傳統文化意義，節令文化活動更展現常民生活的真實面貌。日治之前，臺灣的節令風俗已經過一番在地化的洗禮，來到日本統治時期更以現代化改革為殖民同化的手段，引進象徵現代化的西曆，衝擊了以舊曆為生活步調的臺灣人民甚巨，節令風俗在儀式、活動各方面或是互相嫁接、或是被強迫變易，臺灣人民是表面接受或是徹底被改變，探究日治時期的節令風俗是民俗學家或歷史學者已注意到的議題，也嘗試從民俗歷史的角度去探研。

從文學的角度來看是另一個方向，亦即可從留存的文學資料中去瞭解風俗的變易及當中所呈現常民生活的真實面貌、思想層面。劉奇慧《唐代節令詩研究》博士論文中說：「將『節令』與『唐詩』加以結合，是一種具有科際整合概念的主題學研究議題。這是以『民俗』和『文學』聯姻，足以讓研究過程迸發出新奇豔麗的火花。」〔註5〕查看各時代風土民俗的資料，以節令為主題創作的詩歌是其中一項可貴的資料，最早如《詩經·鄭風·溱洧》中便有描寫民間上巳節青年男女在溱、洧兩水的仲春之會，互贈芍藥作為私定終身的信物。歷代古典詩歌的創作主題少不了節令詩歌，傳統節令和常民生活緊密結合，文人雅士也藉佳節為題恣意創作，或抒發佳節團圓之樂，或記載節令風俗，亂世之中更藉節日氛圍一抒思鄉憂國之嘆。古典詩歌的發展以唐代為盛，劉奇慧以唐代節令詩為主題的博士論文將唐代節令詩視為「唐詩中獨樹一幟的主題文學」〔註6〕。傳統漢詩移植到臺灣保留古典詩歌的文學特色，抒發情感、詠物、記事，各類主題俱全，清領時期移民詩作思鄉意濃，自然少不了「每逢佳節倍思親」的節令主題。到了日治時期，詩社活動擊缽吟詩唱和，「每逢佳節詩意濃」，節令提供詩作主題及大量創作機會。

〔註4〕 李永匡、王熹合著：《中國節令史》，（臺北：文津出版社，1995年12月），頁2。

〔註5〕 劉奇慧：《唐代節令詩研究》，（臺北：國立臺灣師範大學國文學系博士論文，2010年6月），頁3。

〔註6〕 劉奇慧：《唐代節令詩研究》，頁3。

　　以節令詩歌探究各時代風土民俗的資料，是否有足夠的內容以資探討？李岩齡和韓廣澤合著《中國古代詩歌與節日習俗》對傳統詩歌所能提供的資料，有以下的說明：

> 古代詩詞中的節日風俗，也已經由詩人加以「去蕪存精，去僞存眞，由此及彼、由表及裡的改造製作」，成爲鮮明的藝術形象，既突出地反映了節日風俗的本質，又保留住它本身的具體感性特徵。所以，當我們打開古代詩歌這個窗口，來觀察節日風俗時，或許以不能把節日風俗的無限風光盡收眼底，一覽無遺爲憾；但它卻以個別表現一般，以多勝少。「濃綠萬枝紅一點，動人春色不須多」，看到的雖然只是「一枝紅杏出牆來」，卻可以讓我們想像出那滿園姹紫嫣紅的春色，有助於我們認識傳統節日的文化精華和眞諦。〔註7〕

節令詩歌以濃縮的文學形式紀錄風土民俗，看似簡短卻富含節令文化精華和眞諦。李岩齡和韓廣澤進一步說明節令詩包含了「民俗心理的具體表現」、「節日風俗的圖象」、「動人的心理描繪」、「節俗眞諦的揭示」、「藉一斑而窺全豹」〔註8〕。節令是一種文化的符號，是文化傳承、共同記憶也是維持傳統的文化符號。本文欲藉由日治時期臺灣古典詩中的三大節令書寫，尋找當中可作爲研究日治時期節令風俗的文學素材。

二、研究目的

　　本論文之研究欲透過相關文獻資料蒐集和分析達到以下三個目的：

（一）整理日治時期臺灣三大節令詩的主題內容

　　臺灣古典詩作的整理，目前以從 2001 年開始，由當時的國立文化資產保存研究中心籌備處委託施懿琳教授主持蒐集、整理的《全臺詩》編纂爲主。《全臺詩》彙輯明鄭（1661～1683 年）、清領（1683～1895 年）以至日治時期（1895～1945 年）古典詩作；戰後部分則僅收錄少數跨越兩代，不易割切之重要作家作品。在內容編輯上，採取「以人繫詩」爲原則，以詩人作爲貫

〔註 7〕 李岩齡、韓廣澤合著：《中國古代詩歌與節日習俗》，（臺北：百觀出版社，1995 年 7 月），頁 17～18。

〔註 8〕 李岩齡、韓廣澤合著：〈緒論・節俗風情的藝術總覽〉，《中國古代詩歌與節日習俗》，頁 18～24。

串、統整詩篇之依據，臺灣文學館並於 2005 年推出《智慧型全臺詩知識庫》（http://cls.hs.yzu.edu.tw/TWP/）網路資訊平台，以利快速檢索資料〔註 9〕。此外，由國立中正大學及雲林科技大學教授團隊所開發《台灣漢詩數位典藏資料庫》蒐錄清領時期、日治時期及國府時期的漢詩，類型有詩集、詩話。發表的場域則包括報刊、雜誌、書籍三種〔註 10〕。本文將從《智慧型全臺詩知識庫》〔註 11〕中搜尋以「新年」、「端午」、「中秋」三大節令為主題的詩作，比對《全臺詩》1～34 冊文本，並以《台灣漢詩數位典藏資料庫》中所搜尋到的詩作作為補充參考資料，期能整理出日治時期臺灣三大節令詩的主題內容。

（二）分析日治時期臺灣三大節令詩中的風俗變易

節令詩作敘寫節令風俗，反映社會文化，也提供詩人抒發鄉愁、離思的空間，日治時期的殖民統治帶來臺灣節令風俗的變容，這變容是傳統走向現代，還是嫁接融合外來文化有了新的風貌，本文欲藉由分析臺灣三大節令詩中的「民俗心理的具體表現」和「節日風俗的圖象」兩個面向，並輔以日治民俗文獻資料，來探看日治時期臺灣三大節令的風俗變易。

（三）審思日治時期三大節令詩作中的文化意義

臺灣古典詩在臺灣文學的世界中佔著重要的地位，在發展過程中歷經盛衰，外來文化的衝擊及本地文化的融合，留下足以表現時代意義與文學價值的作品，解讀賞析這些古典詩作，若只限於文學層面並不足以完全窺得臺灣古典詩的全貌與價值，因此，本文希望透過日治時期蘊含風土民情的節令詩作，試從文學視角解讀日治殖民統治下的常民文化，期能審思日治時期三大節令詩作中的文化意義。

〔註 9〕 參看《國立台灣文學館・圖書與出版》，網址：〈http://www.nmtl.gov.tw/publicationmore_149_135.html〉，檢索日期：2016 年 6 月 21 日。

〔註 10〕 參看《台灣漢詩數位典藏資料庫》，網址：〈http://lgaap.yuntech.edu.tw/literaturetaiwan/poetry/02/02_01.htm〉，檢索日期：2016 年 6 月 21 日。

〔註 11〕 目前《智慧型全臺詩知識庫》與《全臺詩》的資料並未同步，以《全臺詩》資料較多，本文引用詩作出處將以《全臺詩》施懿琳主編，全臺詩編輯小組編撰：《全臺詩》1～35 冊，（臺南：國家臺灣文學館，2004～2014 年）為註。本研究資料來源因有多處參考自《全臺詩》內容，為避免資料的贅述，爾後引用該書冊內容，皆於《全臺詩》後標注後標注冊數與頁數，不再羅列出版項目。

第二節　研究範圍與方法

　　本節分為「節令詩的定義」、「研究對象」及「研究方法」三個小節加以討論。

一、節令詩的定義

　　緣自中國的節令風俗，要談其定義還是要從中國節令文化來看。李永匡和王熹合著的《中國節令史》說明節令即是「節氣時令」，「節」又可稱為「節氣」、「年節」；「令」則可釋為「時令」、「歲令」、「月令」〔註12〕。「節氣」是中國古代訂立的一種用來指導農事的補充曆法，細分為二十四時節（立春、春分、立夏、夏至、立秋、秋分、立冬、冬至、雨水、驚蟄、清明、穀雨、小滿、芒種、小暑、大暑、處暑、白露、寒露、霜降、小雪、大雪、小寒、大寒等）反應季節和氣候的變化，農民可依節氣從事農耕活動。「時令」又被稱為「月令」，是古時各朝代由朝廷官員按季節制定的關於農事活動等政令〔註13〕。中國為農事所用而制定曆法，現存最早的曆書《夏小正》〔註14〕按夏曆十二個月的順序，分別記述每個月中的星象、氣象、物候以及所應從事的農事和政事。這是中國傳統社會生活特有的時間表述，上之天子、下至平民百姓依循節氣時令生活運轉。延續至今的傳統節令有除夕、元旦（元日）、人日、元宵、上巳、寒食、清明、端午、七夕、中秋、重陽等節令。

　　「節氣時令」即是傳統社會生活依循的時間表述，在「節氣時令」生活中伴隨民俗活動產生了節令文化，李永匡和王熹合著的《中國節令史》中對這些文化活動說明如下：

> 中國古代，內涵豐富的「節令文化」活動本身，不僅直接源於農業生產，且貫穿於農事活動的全過程。隨著歷史的延伸，農事活動的進步，這種文化更得以不斷豐富和完善，且更加多層次、全方位發揮它的功能和效應。與此同時，每屆每年的各個節令之時，歷朝歷

〔註12〕李岩齡、韓廣澤合著：《中國古代詩歌與節日習俗》，頁26。

〔註13〕李岩齡、韓廣澤合著：《中國古代詩歌與節日習俗》，頁2～3。

〔註14〕《大戴禮記·夏小正》，《中國哲學書電子化計劃》，網址：〈http://ctext.org/da-dai-li-ji/xia-xiao-zheng/zh〉，檢索日期：2016年6月21日。本研究資料來源因有多處參考自《中國哲學書電子化計劃》內容，為避免資料的贅述，爾後引用該網站內容，皆於《中國哲學書電子化計劃》後標注檢索日期，不再羅列網址。

代的人們，上自宮廷王侯公卿，下至民間平民百姓，還要伴之進行
和農事有關的一系列祭祀、競技、娛樂、教化、傳習、慶典、宴享、
遊藝等文化活動，這些文化活動儘管在內容、方式上有異，但卻在
文化的功能、效應上，有頗多的共同之處。〔註15〕

伴隨「節氣時令」而來的文化活動，就是節令文化。隨著歷史的推演，節令
文化當中的活動、蘊含的意義，或因襲或增減都在漢民族文化中形成不變的
傳統。傳統需要被傳承，從可閱讀的文獻、典籍，後人依循沿襲。《夏小正》
之後的《禮記·月令》記述夏曆十二個月的時令及其相關事物；南朝梁·宗
懍著《荊楚歲時記》整理節令民俗的起源與演變；隋·杜臺卿《玉燭寶典》、
唐·韓鄂《歲華紀麗》、宋·陳元靚《歲時廣記》、清代有陳夢雷原編·蔣廷
錫等撰《歲功典》等古籍記載歷代節令民俗資料，提供後人閱讀依循〔註16〕。
中國的傳統節令跟著移民者腳步移植到臺灣，發展在地化的節令文化，生於
日治時期的王詩琅（1908～1984），父母來自閩南泉州，自幼成長於台北艋舺，
其《艋舺歲時記》一書是其根據日人池田敏雄所著〈艋舺月令〉（收於池田敏
雄《台灣人的家庭生活》，東都書籍臺北支店出版，1944），加上訪談耆老所
得資料寫成，按月分隸，紀錄 1921 年前後臺灣的節令風俗〔註17〕。日治時期，
官方為瞭解臺人思想文化以達同化之目的，成立專門調查臺灣風土民俗的「臺
灣慣習研究會」，對臺灣歲時文化進行田調並加以紀錄，鈴木清一郎所著《增
訂臺灣舊慣習俗信仰》第五編〈歲時與祀典〉，分十二個月紀錄臺灣節令文化
活動〔註18〕。這些文獻資料都是節令文化活動的紀錄。除了以上典籍文獻之
外，李永匡和王熹在《中國節令史》中說：「散見於歷代文人筆記、文集、碑
銘、墓誌、表傳、書信、詩歌中的節令、年節、節令文化活動記述頗多，且
甚具體；在方志中，有關民間年節習俗、風尚的內容，不僅數量宏富，且較
為系統。更為研究者提供了不可多得的珍貴資料。」〔註19〕其中所指詩歌，
就是本文所討論的「節令詩」。

〔註15〕 李岩齡、韓廣澤合著：《中國古代詩歌與節日習俗》，頁 3～4。
〔註16〕 李岩齡、韓廣澤合著：《中國古代詩歌與節日習俗》，頁 6～7。劉奇慧：《唐代
節令詩研究》，頁 7。
〔註17〕 王詩琅著，張良澤編：《艋舺歲時記——臺灣風土民俗》，（臺北：海峽學術出
版社，2003 年 3 月），頁 1～25。
〔註18〕 鈴木清一郎著，馮作民譯：《增訂臺灣舊慣習俗信仰》，（臺北：眾文圖書股份
有限公司，1994 年 5 月），頁 429～657。
〔註19〕 李永匡、王熹合著：《中國節令史》，頁 7。

　　節令詩源起甚早，從周代《詩經·鄭風·溱洧》中便有描寫三月三日上巳節在水邊手執蘭草以祓除不祥的風俗；「七夕乞巧穿針」的風俗見於南北朝劉遵的〈七夕穿針〉；至詩歌黃金時期——唐代，詩人以節令爲主題創作的詩歌更是含括元旦、人日、清明、中秋……，各類節令詩兼備，王維的〈九月九日憶山東兄弟〉寫重陽節登高之俗，登高望遠思念起家人，更留下「每逢佳節倍思親」的名句；晚唐詩人杜牧〈清明〉詩中「清明時節雨紛紛，路上行人欲斷魂。」亦是琅琅上口之詩句。宋代雖以詞爲文學主體，但節令詩仍是不可或缺的主題，宋詞大家蘇軾也有〈八月十五日觀潮五首〉書寫中秋賞月有感的詩作。元朝由混亂走向一統，文化上卻是呈現多元風貌，契丹族人耶律楚材（金末元初人），創作有〈庚辰西域清明〉〔註20〕這類富有異族色彩的節令詩。明清時期是中國封建王朝從繁榮走向衰落的時代，此時期更有西方文化大量傳入中國，中西文化交集融合或衝突，構成「多變而趨定」〔註21〕的節令文化，中秋節令詩在明朝有湯顯祖的〈天竺中秋〉〔註22〕仍見詩人的浪漫情懷，到了清末王國維的〈八月十五夜月〉〔註23〕就充滿了家國之憂，但不變的是逢中秋節令之時賦詩抒懷的情緒及共通的「嫦娥奔月」神話傳說。

　　節令詩在臺灣發展時間晚了許久，被尊爲「臺灣文獻之祖」的沈光文寓臺期間大量創作詩文，今可見之詩有一百零四首，有感時寄懷、反應艱苦生活、臺灣風物、與友人唱酬等〔註24〕。沈光文也爲臺灣開啓節令詩的首頁，一百零四首詩歌中就有除夕、端午、中秋及重陽等四類型節令詩。到了日治時期，節令扮演起殖民政府同化臺灣人民的工具，強改臺灣傳統農業社會慣用的農曆爲合乎維新精神的西曆，曆法的改變意味臺灣傳統節令活動的被迫變易，此時所見之節令詩，反映節令活動新舊衝突。如浪仙〈壬申元旦〉中：

〔註20〕耶律楚材〈庚辰西域清明〉：「清明時節過邊城，遠客臨風幾許情。野鳥間關難解語，山花爛熳不知名。蒲萄酒熟愁腸亂，瑪瑙杯寒醉眼明。遙想故園今好在，梨花深院鷓鴣聲。」參看伊冷等選注：《歷朝歲時節令詩》，（北京：華夏出版社，1999年4月），頁217。

〔註21〕李永匡、王熹合著：《中國節令史》，頁252～253。

〔註22〕湯顯祖〈天竺中秋〉：「江樓無燭露淒清，風動琅玕笑語明。一夜桂花何處落？月中空有軸簾聲。」參看伊冷等選注：《歷朝歲時節令詩》，頁261。

〔註23〕王國維〈八月十五夜月〉：「一點靈藥便長生，眼見山河幾變更。留得當年好顏色，嫦娥底事太無情。」（參看伊冷等選注：《歷朝歲時節令詩》，頁262。）

〔註24〕參看龔顯宗選注：《沈光文集》，（臺南：國立臺灣文學館，2012年12月），頁23～27。

「壁上先懸新鳳曆，門頭未改舊桃符。」〔註25〕，這是日治時期臺人過新年的模式，表面掛上新曆、奉行政府之令，實際過的還是舊曆新年。

　　從節令活動而來的節令詩作為紀錄歷史文化的一種文獻資料有相當之價值，李岩齡和韓廣澤即如此說明節令詩的價值：

> 傳統節日風俗是古人生活中不可缺少的、獨呈異彩的一部分，各個
> 節日又各具時令特色及文化內涵。由於節俗活動極容易觸引人們的
> 思緒，激起詩人創作的情思，所以詩人們寫出了很多賦詠節日風俗
> 的佳作。其中個人的感受與群體文化成果既融為一體，又生發昇華，
> 在抒情言志的同時，節日風俗也得到了生動形象的表現，讀起來引
> 人入勝。〔註26〕

日治時期的節令因為「文化霸權」〔註27〕的介入，被迫加入不同文化元素，過程中又因節令文化習慣是根著於常民生活，不容易被異動，隱性的反抗有時會出現在節令活動細節中，手握筆桿者藉文字紀錄當時活動也傳達被殖民者的心情。日治時期臺灣古典詩中的節令詩其價值不單只為呈現節令風俗的具體形象，更是臺灣「被發明的傳統」〔註28〕其一的可觀資料。

〔註25〕　浪仙：〈壬申元旦〉，《台灣漢詩數位典藏資料庫》，網址：
〈http://lgaap.yuntech.edu.tw/literaturetaiwan/poetry/04/04_02_01.htm〉，檢索日
期：2016 年 6 月 21 日。本研究資料來源因有多處參考自《台灣漢詩數位典藏
資料庫》內容，為避免資料的贅述，爾後引用該網站內容，皆於《台灣漢詩
數位典藏資料庫》後標注檢索日期，不再羅列網址。

〔註26〕　李岩齡、韓廣澤合著：《中國古代詩歌與節日習俗》，頁 25。

〔註27〕　文化霸權（義大利語：Egemonia culturale，英語：Cultural hegemony）也稱為
文化領導權、領導權，是安東尼奧・葛蘭西（義大利語：Antonio Gramsci；
1891 年 1 月 23 日～1937 年 4 月 27 日）所提出的。它指的是：一個社會階層
可以通過操縱社會文化（信仰、解釋、認知、價值觀等），支配或統治整個多
元文化社會。陳昭瑛〈霸權與典律：葛蘭西的文化理論〉中說明：「文化政治
學的主旨是從階級和權力的概念來看文化。葛蘭西說：『存在著兩種文化，一
種是統治者的文化，一種是被統治者的文化。』」「葛蘭西強調，在文化的領
域，『破壞』並非指和經濟領域中的破壞是同樣的意思，它不是指把需要維持
和發展的物質產品的人類性（humanity）剝奪掉，而是指破壞精神上的階級
（hierarchies）、偏見、偶像，以及僵化的傳統。」陳昭瑛：〈霸權與典律：
葛蘭西的文化理論〉，（中外文學 21 卷 2 期，1992 年 7 日 1 日），頁 64。

〔註28〕　余美玲在《臺灣古典詩選注・5・歲時與風土》〈總敘〉中把臺灣在日治時期
的節慶文化視為「被發明的傳統」，這種傳統甚至延續到近代。余美玲云：「霍
布斯邦（Hobsbawn, 1917～2012）在《被發明的傳統》（The invention of tradition）
指出，『國家祭典、節慶』是 19th 以降被現代國家所發明的『傳統』，是統治

二、研究對象

　　本論文爲《日治時期臺灣古典詩中的三大節令書寫》，探討時間以日治時期爲主，清領時期爲輔；探討空間以臺灣爲主，研究對象爲日治時期臺灣新年、端午、中秋三大節令詩。以下說明時間範圍及研究對象。

（一）時間範圍

　　日治時期是指臺灣在 1895 年至 1945 年間由日本統治的時期，在臺灣歷史上又稱爲日本時代、日治時代、日據時代或日本殖民統治時期。1895 年（清光緒二十一年，日明治二十八年）五月，日本根據馬關條約取得臺灣，開始長達五十一年的殖民統治。1945 年（日昭和二十年、中華民國三十四年）第二次世界大戰日本戰敗投降，昭和天皇發布終戰詔書，由當時第十九任臺灣總督安藤利吉（1884～1946）代表日方歸還臺灣。日治時期日方大量輸入日本文化，臺灣成爲「和表漢裡」二元文化形態〔註 29〕，臺灣節令文化於此時期也產生諸多變易，故選擇此一時期進行研究。本文爲探究節令風俗的變易，另以清領時期輔助研究時期。

（二）研究對象

　　本論文爲《日治時期臺灣古典詩中的三大節令書寫》，故研究對象以日治時期創作於臺灣的新年、端午、中秋節令詩爲主，包含本土文人及在臺日本漢詩人所創作的節令詩，因臺人以新年、端午、中秋爲三大傳統節慶，且此三大節慶於日治時期因統治者以民俗作爲文化政治的場域，尤其改舊曆爲西曆，使傳統三大節令有較明顯的差異與變容，因此本文將聚焦於新年、端午、中秋爲探討主題。因本土文人所跨時代可能從清代到日治，也可能從日治到民國（1945 年以後），本文界定詩作時間將以詩作創作時間爲認定標準，如創

<hr>

　　　者爲滿足特定目的，刻意從事的創造與發明，是用來強化人民對國家認同的文化工具。這種『創制傳統』是一系列的實踐，通常是被公開或心照不宣的規定，具有儀式性或象徵性的本質，透過不斷地重複，試圖灌輸大眾特定的價值觀與行爲規範，以便自然而然地暗示：這項『傳統』與過去的事物有關。霍布斯邦所要強調的就是：『傳統』從來不是自然而然的、生而有之：它是不折不扣的人工製品，皆經過精密的衡量與詳細的設計。」余美玲：《臺灣古典詩選注・5・歲時與風土》，（臺南：國立臺灣文學館，2015 年 11 月），頁 42～44。
〔註 29〕參看黃秀政、張勝彥、吳文星編著：《臺灣史》，（臺北：五南圖書出版股份有限公司，2011 年 4 月），頁 21。

作時間不確定者，則依作者生卒年爲依歸，作者生卒年不確定者，則依作者可見資料爲依歸（如任官時間）。

　　取材範圍，本論文以施懿琳主編《全臺詩》第 1～35 冊（臺南：國家臺灣文學館，2004～2014 年）爲主要研究文本，作品涵蓋《全臺詩》第 1 冊首位作家王忠孝到第 35 冊最後一位王少濤的詩作，並使用《智慧型全臺詩知識庫》爲檢索資料之來源，實際以「新年」作爲詩題關鍵字搜尋既得 177 首，以「元旦」作爲詩題關鍵字搜尋得 219 首；以「端午」作爲詩題關鍵字搜尋得 281 首，以「端陽」作爲詩題關鍵字搜尋得 144 首；以「中秋」作爲詩題關鍵字搜尋得 364 首，尚未包含以詩句關鍵字及以民俗名稱如「桃符」作爲關鍵字檢索的詩句數量，可見日治時期的節令詩數量眾多，如未經取捨，時有繁多冗雜、詩作重複之虞，故列出兩項標準以擇選之。

　　1. 擇取和節令風俗相關者

　　首先以詩體及詩句中有提及節令名稱爲主，如「新年」、「端午」、「中秋」等；節令名稱或有別名者，如「新年」又有「元日」、「元旦」、「新正」之稱，「端午」又有「端陽」、「五日」之稱，也併入討論範圍。詩作內容和節令風俗無關者不取如張麗俊〈有感壬申（1932）元旦〉〔註 30〕以元旦爲詩題，但內容爲抒發胸臆之作；再如王子典〈新年七碗閣試茗〉〔註 31〕一詩雖以新年爲題，但實爲記品茗之作，或記訪友、出遊、和友人交遊之作等和節令風俗無關者不取。

　　2. 擇取詩題或詩作內容有日治時期特有節令民俗相關者

　　如「天中節（指端午）」、「門松」、「鏡餅」及「鯉幟」之類日治時期特有之節令民俗者。

　　再以《台灣漢詩數位典藏資料庫》爲輔，以補參考詩作不足之處；另，本文行文中則統一以「新年」、「端午」、「中秋」爲敘述名稱。

三、研究方法

　　本論文研究主題爲「日治時期臺灣古典詩中的三大節令書寫」，依據前述研究範圍，蒐集相關資料。另以日治時期記錄臺灣各地的民俗資料的《增訂

〔註 30〕《全臺詩》第 18 冊，頁 459。
〔註 31〕《全臺詩》第 20 冊，頁 459。

臺灣舊慣習俗信仰》及《民俗臺灣》等書、及線上資料庫《日治時期期刊全文影像系統》、《日治時期圖書全文影像系統》作為臺灣風土民俗參考資料。以下說明所運用的三種研究方法。

（一）歷史研究法

歷史研究法（historical research）是以「歷史」作為研究的材料，「歷史」是人類過去活動的記載，供我們瞭解過去並預測未來。「歷史法」是研究過去所發生事實的方法，並以科學的態度收集材料，進行檢驗和證實，再透過系統的整理和解釋，以重建過去，推測未來。〔註32〕本論文以日治時期臺灣三大節令詩為研究對象，日治時期的時代特色是本文需特別注意的，因此運用歷史研究法來收集日治時期臺灣風土節令文化的相關資料，如日治時期由臺灣慣習研究會發行的《臺灣慣習記事》、日治後期由關心臺灣民俗風土的日籍人士金關丈夫、池田敏雄一同主導企劃和編輯的《民俗臺灣》等記載臺灣當時風土節令文化的相關資料，可助於探討節令詩中因統治者「殖民霸權」與「文化霸權」的介入所呈現的文化變容。

（二）主題學研究法

主題學源自德國的民俗學研究，陳鵬翔所下定義為：

> 主題學研究是比較文學的一部門，它集中在對個別主題、母題，尤其是神話（廣義）人物主題做追溯探源的工作，並對不同時代作家（包括無名氏作者）如何利用同一個主題或母題來抒發積愫以及反映時代，做深入的探討。而且由於最近現象學、詮釋學（hermeneutics）、記號學（semiotics）和讀者的反應批評（reader response criticism）等方法的蓬勃發展，我們未嘗不可純就不同作者對同一主題的知覺（consciousness）來探討其差異，或純從讀者的反應來勘察同一主題的演變。〔註33〕

本論文針對「節令詩」此一主題，整理日治時期的臺灣新年、端午及中秋三大節令詩，依不同節令分類，探討節令詩中的節令風俗，這是「就不同作者

〔註32〕　參看《國家教育研究院雙語辭彙、學術名詞暨辭書資訊網》，網址：
〈http://terms.naer.edu.tw/detail/1678683/〉，檢索日期：2016 年 6 月 23 日。
〔註33〕　陳鵬翔：〈主題學研究與中國文學〉，《主題學研究論文集》，（臺北：東大圖書股份有限公司，2004 年 8 月），頁 16。

對同一主題的知覺（consciousness）來探討其差異」也是「純從讀者的反應來勘察同一主題的演變」，從而瞭解日治時期的臺灣風土民俗的變容。

（三）民俗學研究法

民俗學（Folkloristics）是一門針對信仰、風俗、口傳文學、傳統文化及思考模式進行研究，來闡明這些民俗現象在時空中流變意義的學科。王娟編著《民俗學概論》中說：「民俗學研究可以引導我們進一步深入研究文化的內涵，通過觀察人們在自然狀態下的生產生活方式、表述方式、信仰形式、日常話語和日常瑣事，去發現他們的思維模式、價值觀念和行爲準則。」〔註34〕本論文以日治時期臺灣三大節令詩爲研究對象，試從中探得日治時期人們在「文化霸權」的生活中，被迫加入不同文化元素，根著於常民生活的節令文化習慣是如何表現，蘊含其中的文化思維又是如何，日治時期記錄臺灣各地民俗資料的《增訂臺灣舊慣習俗信仰》及《民俗臺灣》提供臺灣風土民俗參考資料，可以此「民俗學」視角更深入探得日治時期節令詩中的民俗文化意義。

第三節　文獻回顧與探討

林淑貞發表於 2007 年的〈台灣地區詩學研究概況〉一文中，針對臺灣地區主題詩歌研究的情形指出：「主題詩歌之論述，多時代性、地域性之研究。」〔註35〕許俊雅發表於 2006 年的〈回顧與前瞻——近二十年來臺灣古典文學研究述評〉談到臺灣地區主題詩歌研究的情形，除了詩社研究數量倍增，女詩人研究的篇數也大幅提昇〔註36〕。可見目前在臺灣古典詩的研究主題中涉及節令民俗的並不多，尤其針對日治時期的節令詩以專文論述的更是少見，以下文獻回顧將擴大範圍，從以節令詩爲主題、以節令民俗爲主題的專書、臺灣地區發表的學位論文及單篇論文做相關文獻回顧。

〔註34〕 王娟編著：《民俗學概論》，（北京：北京大學出版社，2002 年 9 月），頁 19。
〔註35〕 林淑貞：《近五十年台灣地區古典詩學研究概況——以 1949～2006 年碩博士論文爲觀察範疇》，龔鵬程主編【古典詩歌研究彙刊第一輯第一冊】，（臺北：花木蘭文化出版社，2007 年 3 月），頁 179。
〔註36〕 許俊雅：〈回顧與前瞻——近二十年來臺灣古典文學研究述評〉，《漢學研究》第 25 期，2006 年 11 月，頁 36～37。

一、專書

　　以臺灣古典詩爲主題的專書已有相當的數量，另外也有以節令探討爲主題的書，但多是以傳統古典詩，而非專以臺灣節令詩爲論，目前所見以臺灣節令詩爲主題的專書即是臺灣文學館於 2015 年所發行由余美玲主編的《臺灣古典詩選注・5・歲時與風土》﹝註37﹞一書，此書分成「歲時節慶類」、「生命禮俗類」、「民間信仰類」、「日人節慶類」、「原住民文化類」、「風土類」、「音樂戲曲／民俗技藝類」等共 220 首臺灣古典詩選注，詩作時間含跨明、清、日治到戰後，欲從這些詩作的選讀呈現屬於民眾的生活傳統和這塊土地的文化特質，對研究臺灣古典詩中和歲時與風土有關的主題，足供參考。

　　和臺灣風俗相關的專書眾多，日治時期所出版的有1921年片岡巖所著《臺灣風俗誌》、1934 年鈴木清一郎著《臺灣舊慣冠婚葬祭與年中行事》、東方孝義所著《臺灣習俗》、1944 年池田敏雄所著《臺灣的家庭生活》，及《增訂臺灣舊慣習俗信仰》、《民俗臺灣》月刊，爲日治時期記載臺灣各地的民俗資料的書籍，皆爲臺灣風土民俗重要參考資料。

　　目前線上檢索系統可提供臺灣風土民俗參考的，有《日治時期期刊全文影像系統》、《日治時期圖書全文影像系統》等，亦是臺灣風土民俗重要參考資料。

二、學位論文

　　古典詩歌的主題研究中，在國內可見到以節令詩（詞）爲主題的學位論文，茲列舉如下：

〈表 1-1〉：以節令詩（詞）為主題的學位論文

序號	論文題目	作　者	學校系所	年　度
1	《宋代節令詞研究》	廣重聖佐子	臺大中文研究所碩士論文	1994
2	《唐代節令詩研究》	劉奇慧	臺師大國文學系博士論文	2010
3	《唐人歲時吟詠研究》	鄭文裕	玄奘大學中文系博士論文	2013

﹝註37﹞　余美玲：《臺灣古典詩選注・5・歲時與風土》，臺南：國立臺灣文學館，2015年 11 月。

如表 1-1 所示，三篇以節令詩（詞）為主題的學位論文都是以同一朝代為研究時間範圍，兩篇唐代的研究文本都是以《全唐詩》為主。劉奇慧的《唐代節令詩研究》博士論文是從民俗學視角分析唐代節令詩中所呈現的主要民俗特色及唐代節令的主要應景食品，著重探討唐代節令詩的文化意義；鄭文裕的《唐人歲時吟詠研究》博士論文是摘取唐人吟詠較多的重要歲時，以節日源流配合唐人的詩詠，再輔以如韓鄂《歲華紀麗》為歲時節令的依據，以辨識節日間的異同，呈現唐人歲時風情。廣重聖佐子的《宋代節令詞研究》，是以《全宋詞》為詩作文本，再參看《歲時廣記》分論節令詞之風俗及各節令之特色。

另外，也有以單一節令詩（詞）為主題的學位論文，茲列舉如下：

〈表 1-2〉：以單一節令詩（詞）為主題的學位論文

序號	論文題目	作者	學校系所	年度
1	《兩宋元宵詞研究》	陶子珍	東吳大學中文所碩士論文	1992
2	《兩宋上巳寒食清明詞研究》	張金蓮	東吳大學中文所碩士論文	1993
3	《唐代九日重陽詩歌研究》	李秀靜	中國文化大學中文所碩士論文	1994
4	《兩宋中秋詞研究》	曾淑姿	東吳大學中文所碩士論文	1996
5	《兩宋七夕與重陽詞研究》	劉學燕	東吳大學中文所碩士論文	1996
6	《七夕詩之研究——以六朝至唐代為範圍》	吳淑杏	政大國文教學碩士學位班碩士論文	2005
7	《宋代中秋詩研究》	馬麗珠	靜宜大學中文所碩士論文	2008
8	《兩宋元旦與除夕詞研究》	楊子聰	華梵大學東方人文思想研究所碩士論文	2009
9	《唐代中秋詩研究》	王瓊瑤	嘉義大學中文所碩士論文	2012
10	《節氣與節令——唐詩中的清明與重陽》	王靖雯	逢甲大學中文所碩士論文	2013

如表 1-2 所示，這幾篇以節令詩（詞）爲主題的學位論文，時間仍聚焦在唐、宋兩個朝代，節令的主題也是以七夕、中秋爲大宗。楊子聰《兩宋元旦與除夕詞研究》論文，旨在探討兩宋元旦與除夕詞的文學內涵及所反映的習俗活動。陶子珍的《兩宋元宵詞研究》是探討兩宋元宵詞的內涵及所反映的習俗活動。張金蓮《兩宋上巳寒食清明詞研究》從上巳、寒、食清明詞的內涵，探討詞中所反映的各項風俗習慣、節令活動等。王靖雯：《節氣與節令——唐詩中的清明與重陽》以唐代詩歌爲主要討論文本，藉由比較寒食清明與九日重陽之中的節氣感與節令習俗，討論由古人所累積的節氣與節令經驗對應至今人們於節氣記載的感受與因節氣而生的節令習俗的流傳、轉變與態度，是對節令習俗更深入的探討。

　　吳淑杏《七夕詩之研究——以六朝至唐代爲範圍》，範圍擴大，六朝的七夕詩採自逯欽立《先秦漢魏南北朝詩》；唐詩方面，則採自清聖祖御定之《全唐詩》，藉由窺看七夕詩中節俗之內容與演變，更深刻體察在不同的政治、時空背景下，時人精神生活的情況。劉學燕《兩宋七夕與重陽詞研究》則同樣從兩宋七夕與重陽詞的內涵，及詞中所反映的風俗習尚來探討；王瓊瑤《唐代中秋詩研究》及馬麗珠《宋代中秋詩研究》分別探討唐宋兩代的中秋詩，兩篇論文皆從古籍文獻及中秋詩作，結合文學理論，全面探討唐代及宋代中秋詩作中表現的民俗活動、書寫主題，以及藝術技巧。曾淑姿《兩宋中秋詞研究》，把時間設定於兩宋，從中秋詞的內涵及詞中所反映的習俗活動探討研究。李秀靜《唐代九日重陽詩歌研究》則是以唐代重陽節令詩歌爲研究主題。

　　以上所列爲在國內可見以節令詩（詞）爲主題研究的學位論文，可以看到所有討論的時間多是以傳統古典詩的盛世來取決，臺灣古典詩的研究尚未列於其中。

　　本文的題目爲《日治時期臺灣古典詩中的三大節令書寫》，需同時關注到日治時期臺灣節令民俗相關議題，因此也整理了涉及節令民俗的學位論文，茲列舉如下：

〈表1-3〉：以日治時期民俗探討為主題的學位論文

序號	論文題目	作 者	學校系所	年 度
1	《日治晚期的民俗議題與臺灣民俗學——以《民俗台灣》為分析場域》	戴文鋒	中正大學歷史研究所博士論文	1999
2	《日據時期台灣節令之食俗研究》	莊欣華	淡江大學中文所碩士論文	2010
3	《日治時期台灣新文學中的民俗議題與文化論述：以小說為中心（1920～1937）》	陳婉嫈	清華大學台文所碩士論文	2011
4	《日治後期臺灣民俗書寫之文化語境研究》	張育薰	清華大學台文所碩士論文	2012

戴文鋒《日治晚期的民俗議題與臺灣民俗學——以《民俗台灣》為分析場域》博士論文第七章〈從《民俗台灣》看歲時節時之褪失〉，從記載臺灣風土民情的《民俗台灣》刊物探討日治時期各種年俗活動。莊欣華《日據時期台灣節令之食俗研究》藉由日據時期臺灣節令食俗的研究，了解臺灣早期社會的風貌及今日吾人風俗的前有所承。陳婉嫈《日治時期台灣新文學中的民俗議題與文化論述：以小說為中心（1920～1937）》一文，觀察小說中民俗議題的書寫討論作家賦予民俗符號的文化論述。張育薰《日治後期臺灣民俗書寫之文化語境研究》是以日治後期文藝雜誌與新文學為主要討論範圍，鎖定這些文學作品集中產生的文化背景，藉由觀察文學外部的歷史背景，同時討論當中的民俗議題書寫。

　　此外，還有以臺灣節令民俗為主題的學位論文，茲列舉如下：

〈表1-4〉：以臺灣節令民俗探討為主題的學位論文

序號	論文題目	作 者	學校系所	年 度
1	《臺灣端午節起源與節日習俗研究》	趙函潔	中正大學中文所碩士論文	2008
2	《北港地區的庶民節慶生活研究》	賴翠梅	中正大學臺文所碩士論文	2009
3	《臺灣客家節令及其食俗文化研究》	于佩玉	淡江大學漢語文化暨文獻資源研究所碩士論文	2010

4	《七夕節的由來及其節俗研究：兼論臺俗十六歲成年禮》	蘇柔雯	清華大學台文所 碩士論文	2011
5	《台灣端午節慶典儀式與信仰習俗研究》	溫宗翰	靜宜大學臺文所 碩士論文	2011
6	《臺灣歲時節慶的文化與禮俗》	吳宜璇	逢甲大學中文所 碩士論文	2013

于佩玉《臺灣客家節令及其食俗文化研究》針對節令文化，研究客家人來臺後的節令發展，及了解節令與食俗的關連及對物質生活的影響。賴翠梅《北港地區的庶民節慶生活研究》藉由探討北港的歲時節俗、媽祖信仰、宗教節慶等區域特色，及如何內化為北港庶民生活內容的一部份，從而了解北港地區文化風貌的構成。蘇柔雯：《七夕節的由來及其節俗研究：兼論臺俗十六歲成年禮》從探究七夕節日的由來、析論七夕節俗活動、時食。在針對臺灣的七夕節俗活動進行探討，並試著了解七夕節俗在臺灣演變的原因。趙函潔《臺灣端午節起源與節日習俗研究》及溫宗翰《台灣端午節慶典儀式與信仰習俗研究》，兩篇以端午為主題的論文，前者是透過研究端午節的起源與其節日習俗，瞭解臺灣端午節習俗及之現代意義，並將臺灣與日本、韓國的端午節進行比較；後者則以臺灣端午節的祭典、儀式與信仰習俗為主要研究對象，分析儀式過程，探討臺灣端午節的文化脈絡，欲呈現亞洲端午節的文化多樣性特質。吳宜璇《臺灣歲時節慶的文化與禮俗》一文，是透過俗諺語、方志、《全臺詩》、報紙等文獻資料探討臺灣歲時的節慶習俗，並以田野考察分析闡述節慶禮俗中的文化意義。

以上所列為涉及節令民俗的學位論文，可看到已關注到日治時期歲時節令中的民俗議題，以臺灣節令民俗作為主題的研究，大多能注意到傳承自中國傳統的節令風俗移植到臺灣的質變與在地化的意義。

三、單篇論文

以臺灣節令民俗為主題的單篇論文，數量不多但可見到學者大多針對臺灣當地的節令民俗，並比對歷史文獻資料來探討，茲列舉如下：

〈表1-5〉：以臺灣節令民俗探討為主題的單篇論文

序號	論文名稱	作者	刊物／卷期	時　間
1	〈台灣粿糕糖塔的年節飲食文化——七夕、中元、中秋〉	簡榮總	《中國飲食文化基金會會訊》／第7卷第3期，頁1～44	2001年8月
2	〈從「端午節插艾草」的傳說探討台灣早期漢原之關係〉	林秀蘭	《民間文學研究通訊》／第11期，頁65～83	2006年7月
3	〈臺灣端午競渡之信仰與儀式——以二龍村為探討中心〉	溫宗翰	《臺灣學研究》／第11期，頁143～164	2011年6月
4	〈臺灣龍舟競渡的民俗書寫——水上辟邪與陰陽〉	林美容	《臺灣民俗藝術彙刊》／第2期，頁15～22	2011年
5	〈過新年：從傳統到現代臺灣節慶生活的交錯與嫁接（1890～1945）〉	林玉茹	《臺灣史研究》／第21卷第1期，頁1～43	2014年3月

林玉茹的〈過新年：從傳統到現代臺灣節慶生活的交錯與嫁接（1890～1945）〉一文，即是以臺灣人如何過新年為研究主題，利用清末到1945年臺灣人的日記、報紙及相關文獻，討論清末到日治時期臺灣人新年節慶生活的演變。林秀蘭〈從「端午節插艾草」的傳說探討臺灣早期漢原之關係〉一文，是從端午節插艾草習俗中的傳說故事探討臺灣早期漢原族群間的關係。溫宗翰〈臺灣端午競渡之信仰與儀式——以二龍村為探討中心〉一文，是藉由田野調查與實地參與、觀察二龍村端午節競渡之儀式過程，探討其象徵物之使用，藉此理解理解常民生活所傳遞的文化脈絡、競渡在臺灣節令時序上的及臺灣在地的端午競渡儀式具備的意涵。針對端午龍舟競渡的民俗，還有林美容〈臺灣龍舟競渡的民俗書寫——水上辟邪與陰陽〉一文，則透過清代與日治時期的文獻，探討臺灣划龍舟的民俗書寫，及此一民俗活動在其儀式的本質意義之外，透過民俗書寫，所呈現的兩個時期不同的面貌。簡榮總〈台灣粿糕糖塔的年節飲食文化——七夕、中元、中秋〉一文，則從臺灣年節飲食中的粿糕糖塔來探討年節飲食文化。

　　尚有幾篇以臺灣節令詩為研究資料的單篇論文，學者已注意到可由古典詩中比對探討臺灣的節令風俗及演變情形，茲列舉如下：

〈表 1-6〉：以臺灣節令詩為主題的單篇論文

序號	論文名稱	作　者	刊物／卷期	時　間
1	〈臺灣古典詩有關中元普渡主題析論〉	廖藤葉	《台中技術學院學報》／第 3 期，頁 1～19	2002 年 6 月
2	〈清代遊宦官員古典詩中的台灣中元節〉	廖藤葉	《歷史月刊》／第 175 期，頁 1～19／第 175 期	2002 年 8 月
3	〈由屈原到鄭成功：臺灣端午古典詩的主題演變〉	廖藤葉	《歷史月刊》／第 233 期，頁 44～49／第 233 期	2007 年 6 月
4	〈清代臺灣社會風俗中的歲時節令——以《臺灣雜詠》爲例〉	賴麗娟	《國文天地》／第 27 卷第 2 期，頁 34～38	2011 年 7 月

賴麗娟〈清代臺灣社會風俗中的歲時節令——以《臺灣雜詠》爲例〉一文，從《臺灣雜詠》中書寫歲時節令的詩句，探看臺灣在清代時的節令與傳統漢人節令所象徵意義的迥異處。廖藤葉〈由屈原到鄭成功：臺灣端午古典詩的主題演變〉一文，分析清領到日治時期再到民國的端午古典詩作中，主題人物從屈原到鄭成功的轉變。廖藤葉〈臺灣古典詩有關中元普渡主題析論〉一文，則是透過分析臺灣古典詩中有涉及中元普渡的詩作，了解臺灣對中元普渡民俗活動的熱衷情形、原因，以及其蘊含的民俗文化意義。廖藤葉〈清代遊宦官員古典詩中的台灣中元節〉一文，則是從清代遊宦官員古典詩中的書寫，來看臺灣中元節慶，是從遊宦官員的視角爲出發的節慶觀察。

　　綜上所述，歷來對於節令詩的研究探討仍是聚焦於唐代、宋代的傳統漢詩，對日治時期臺灣節令詩作只有單篇論文作小範圍的討論，未能對日治時期豐富多變的節令詩多所探討，並由其中窺見日治時期節令民俗多樣的面貌，因此本文嘗試整理日治時期臺灣三大節令詩作，期能從其中的文化活動，探得臺灣節令詩中所呈現的節令風俗變易及時代意義。

第二章　清領時期臺灣古典詩三大節令書寫探析

臺灣歷史的開展，以原住民、移民、殖民交織成特有的多元文化，加上島嶼特殊氣候和環境，更使臺灣文化呈現流動的、開放性的、多元性的、包涵性的海洋文化。這其中尤其精采的節令風俗文化依著時間前進譜寫成臺灣獨具的文化。臺灣節令文化大部分移植自中國閩南，在清領時期漸進融入在地文化發展成臺灣獨具特色的節令文化。記述臺灣豐富節令的文獻資料除清代地方志及文人書作，臺灣古典詩中亦有相關內容記述，臺灣古典詩從沈光文開啟扉頁，清領時期清廷派來的流宦官員、寓臺文人及本土文人創作無數詩文，對臺灣詩作產生了諸多影響。本章節欲透過記載風俗的文獻探尋、整理清領時期新年、端午及中秋節令民俗的發展，並透過探討臺灣古典詩三大節令書寫的特色以探析清領時期臺灣古典詩中的三大節令書寫。

第一節　清領時期臺灣三大節令風俗

明清之際，來自福建的閩南人與廣東客家人大量移民臺灣，帶來了涵蓋食衣住行生活習慣及宗教文學等的漢文化，原本居住於臺灣各地平原區的平埔族逐漸被漢化，而漢文化跟著統治者和移民在臺灣落地生根，形塑成獨具特色的臺灣文化，與傳統漢文化漸漸有了區隔。臺灣的節慶禮俗文化同樣受到來自中國的閩粵移民影響，康熙 33 年（1694）高拱乾所修，記載臺灣歷史之官方地方志——《臺灣府志卷七‧風土志‧歲時》，其中記載臺灣歲時特別

標注「漢人用此禮，土番無也」，此時記載臺灣歲時風俗之事是指新舊漢人移民的活動，不包含當時高山族、平埔族原住民等不同地域社群。此處依各月歲時活動記述，從「元旦」說起，依序有「元旦」、「元宵」、「清明」、「端午」、「乞巧會」、「中元」、「中秋」、「重九」、「冬至」、「歲除」等歲時節令活動的記載，文末有「凡此歲時所載，多漳、泉之人流寓於台者；故所尚，亦大概相似云。」〔註1〕，可見於此時臺灣已有新年、端午、中秋三大傳統節慶，且為漳、泉移民帶入，節令活動大致延續漳、泉之俗。以下分論清領時期新年、端午、中秋三大節慶風俗。

一、新年節慶

　　「豐年多黍多稌。亦有高廩、萬億及秭。為酒為醴、烝畀祖妣、以洽百禮。降福孔皆。」（《詩經・周頌・豐年》），詩歌記載年終慶豐收、祭先祖的活動，發展成今日的傳統年節活動，儀式、活動因時因人而增減、變易，今日所稱之「春節」也就是概指所有年節活動，其中仍以除夕、新年為主要節日。以新年來說，又稱「元旦」、「元日」、「歲旦」、「歲首」等，在西曆傳入之前是指農曆歲首的第一天，李永匡・王熹合著《中國節令史》中整理文獻資料，認為除夕之夜，新年黎明時分，燃放爆竹的年節習俗是自漢代既有，東漢並有每年元旦文武百官需入宮向皇帝賀年的習俗，在民間，元旦來臨之際，有合家團聚、祭祖、拜年一系列節慶活動，李永匡和王熹指出「元旦最有典型意義的活動，便是宗族、親朋鄰里、鄉村之間，走家串戶的拜年活動了」〔註2〕。從清代臺灣的地方志可看到年節活動、年節食品及相關習俗的記載。

（一）新年活動

　　首先從新年活動來看，康熙56年（1717）陳文達《鳳山縣志卷七・風土志・歲時》中記載：「元日，早起禮神、祀先畢，無貴賤，御新衣詣親友賀歲，主人出辛盤共款。往來交錯，數日仍止。」〔註3〕，所記年節活動和傳統幾乎無異。再看乾隆31年（1771）胡建偉《澎湖紀略・卷七・風俗紀・歲時》的

〔註1〕　〔清〕高拱乾：《臺灣府志》《臺灣府志・臺灣府賦役冊（合訂本）》，《臺灣文獻史料叢刊・第一輯》第2冊，（臺北：臺灣大通書局，1984年），頁190。

〔註2〕　李永匡、王熹合著：《中國節令史》，（臺北：文津出版社，1995年12月），頁134～135。

〔註3〕　〔清〕陳文達：《鳳山縣志》《臺灣縣志・鳳山縣志（合訂本）》，《臺灣文獻史料叢刊・第二輯》第30冊，（臺北：臺灣大通書局，1984年），頁85。

記載：「新正元旦，各家張燈結彩、拜賀新年，與內地相同。其男女孩童俱著新衣，而女子裝飾更爲打扮整齊。」〔註4〕從康熙到乾隆年間，新年「賀正」的拜年、互相祝賀及著新衣的年節活動，臺灣與外島澎湖都有相同活動。

年節既是延續傳統而來的活動，但歷朝歷代也各自發展出獨具時代特色的年節活動，不同地域社群也有屬於自己獨特的年節活動，李永匡・王熹合著《中國節令史》中記述清代年俗活動如下：

> 明清兩代，每年除夕至正月二十日，在京師和江南、北方民間，幾乎每天均有娛樂活動，但最爲集中的時日，則是立春、上元兩日。

> 到了清代，據《帝京歲時紀勝》載，每歲居「立春日，各省會府州縣衛遵制鞭春。京師除各署鞭春外，以彩繪按圖經製芒神土牛，舁以彩亭，導以儀仗鼓吹。交春之刻，京兆尹率兩學諸生恭進大內。」
> 〔註5〕

以上所記爲京師所有之年俗，於臺灣，康熙33年（1694）高拱乾所修《臺灣府志・卷七・風土志》中載：「元旦起至元宵止，好事少年裝束仙鶴、獅馬之類，踵門呼舞，以博賞賚，金鼓喧天；謂之『鬧廳』。立春前一日，有司迎春東郊，備儀仗、綵棚、優伶前導。看春士女，蜂出雲集，填塞市中，多市春花、春餅之屬，以供娛樂。」〔註6〕以及刊於同治十年（1872）孫爾准等修、陳壽祺纂《福建通志臺灣府・風俗・歲時》中載：「十五夜元宵，家家門首各懸花燈。別有善歌曲者數輩爲伍，製燈如飛蓋狀，一人持之前導；行遊市中，絲竹雜奏，謂之『鬧繖』。更有裝故事，向有吉事人家作歡慶歌，主人厚爲賞賚。數日之間，煙花火樹，在在映帶。」〔註7〕此處所記「鬧廳」、「鬧繖」之俗不同於京師立春時的鞭春年節活動，正是臺灣特有的年俗活動。

（二）年節飲食

年節飲食於年節文化中時有因應各地物產或風俗之不同而相異，清代年節飲食據李永匡・王熹合著《中國節令史》中所記如下：

〔註4〕　〔清〕胡建偉：《澎湖紀略》，《臺灣史料集成・清代臺灣方志彙刊》第十二冊，（臺北：文建會，2004年），頁190。

〔註5〕　李永匡、王熹合著：《中國節令史》，頁293。

〔註6〕　〔清〕高拱乾：《臺灣府志・臺灣府賦役冊（合訂本）》，頁90。

〔註7〕　〔清〕孫爾准等修，陳壽祺纂《福建通志臺灣府》（上）《臺灣歷史文獻叢刊》，（南投：臺灣省文獻委員會，1993年9月），頁211。

清代民間，元旦首要事項是祀神祭祖，同時拜尊長。在親朋互相賀歲、賀元旦、拜年時，一般要留下喝春酒；並在元旦期間，相互請客吃飯，名爲「年節酒」。此外，清人尚有在北方吃水餃（又名餛飩，煮餑餑）、南方吃元宵（湯圓）之習俗。《燕京歲時記》書載，元旦「是日，無論貧富貴賤，皆以白麵作角而食之，謂之煮餑餑，舉國皆然，無不同也。富貴之家，暗以金銀小錁及寶石等藏之餑餑中，以卜順利。家人食得者，則終歲大吉。」〔註8〕

以上所記得見清代年節飲食以吃餃子（餑餑）爲主，關於臺灣年節飲食習俗，康熙61年（1722）黃叔璥《臺海使槎錄・卷二・赤崁筆談・習俗》中載：「正月元旦，家製紅白米糕以祀神，於五鼓時拜賀親友。」〔註9〕，所記「紅白米糕」爲臺灣當地年節食品。胡建偉《澎湖紀略・卷之七・風俗紀・歲時》中，記載除夕活動：「又做年糕相送，謂之『一年高一年』。其糕一塊，約有二、三十斤重，俱以糯米粉爲之。此澎湖之俗也。」以爲年糕相送是澎湖特有的年俗。但查看道光12年（1833）周凱纂輯《廈門志・卷十五・風俗記・歲時》亦有提及除夕「舂米麥，爲磁粿、餑餑之屬。以糕、豚相遺謂之『饋歲』」〔註10〕，及光緒8年（1883）林焜熿纂輯、子豪續修《金門志・卷十五・風俗記・歲時》亦有「除夕，家更春帖、燃爆竹。舂米麥爲粿、餑餑之屬，以糕豚相饋，謂之饋歲」〔註11〕的記載。以上記載臺灣清代年節飲食，仍有吃餃子（餑餑），且多了「紅白米糕」、「年糕」、「粿」等臺灣、金門、澎湖及廈門特有的年節食品。

（三）特殊節俗

乾隆18年（1754）董天工《臺海見聞錄・卷二・漢俗》中記載以「內地習見者不錄。計八條」之漢俗，第一條：「竊花正月元夜，未字之女偷折人家花枝、竹葉，爲人詬罵，謂異日必得佳婿。范巡方咸有詩二截：『女郎元夜踏

〔註8〕 李永匡、王熹合著：《中國節令史》，頁293。

〔註9〕 〔清〕黃叔璥：《臺海使槎錄》《臺海使槎錄・清一統志臺灣府・臺灣輿圖地彙鈔・番社采風圖考（合訂本）》《臺灣文獻史料叢刊・第二輯》第21冊，（臺北：臺灣大通書局，1984年），頁40。

〔註10〕 〔清〕周凱：《廈門志》（下冊）《臺灣文獻史料叢刊・第二輯》第40冊，（臺北：臺灣大通書局，1984年），頁644。

〔註11〕 〔清〕林焜熿纂輯，子豪續修：《金門志》《臺灣文獻史料叢刊・第二輯》第38冊，（臺北：臺灣大通書局，1984年），頁387。

蒼苔，攀折青枝笑落梅。底事含羞佯不采？月明犬吠有人來』。『難將心事語人知，暗祝燈前有所思。爲是傾城顏色好，不教開到落花時』。」〔註12〕董天工所記在正月元夜未婚女子「竊花」以覓得良君是「內地習見者不錄」之漢俗，此俗也見於黃叔璥《臺海使槎錄・卷二・赤崁筆談・習俗》中：「上元節，未字之女偷折人家花枝竹葉，爲人詬詈，謂異日必得佳婿」〔註13〕，但黃叔璥言此爲「上元節」的習俗。胡建偉《澎湖紀略・卷之七・風俗紀・歲時》記載「元宵，……是夜男女出遊，以竊得物件爲吉兆。未字之女，必偷他人的蔥菜。諺云：偷得蔥，嫁好公〔註14〕；偷得菜，嫁好婿。未配之男，竊取他家牆頭老古石。諺云：偷老古，得好婦。又婦人竊得別人家餵豬盆，被人咒罵，則爲生男之兆，周年吉慶云。」〔註15〕，所記澎湖之俗也是在元宵，甚至連男子也可於此日「偷老古，得好婦」，元宵也是重要春節節日之一，不論是在元日或是元宵有此「竊花、偷石」的習俗，都是清代可見臺灣特有的年俗。

（四）年節擺飾

清光緒二十年（1895）由雲林縣訓導倪贊元所編輯《雲林縣采訪冊・斗六堡・歲序》中載：「除夕，家換新門聯、放火砲，所謂爆竹一聲除舊、桃符萬戶更新也。」〔註16〕此爲可見資料中最早記載新年貼桃符的地方志。《嘉義管內采訪冊・打貓南堡・歲序》中記：「除夕，家家用紅紙書門聯，貼於門首。備牲醴祀祖先、神祇，燒金紙，放炮，取爆竹除歲桃符之義。」〔註17〕，

〔註12〕　〔清〕董天工：《臺海見聞錄》，《全臺文》第 56 冊，（臺中：文听閣，2007年），頁 39。

〔註13〕　〔清〕黃叔璥：《臺海使槎錄》《臺海使槎錄・清一統志臺灣府・臺灣輿圖地彙鈔・番社采風圖考（合訂本）》，《臺灣文獻史料叢刊・第二輯》第 21 冊，臺北：臺灣大通書局，1984 年，頁 40～41。

〔註14〕　筆者按：「嫁好公」依前後文來解，應是指女子欲嫁得好丈夫之意，且因是臺地諺語應爲閩南語發音，但依教育部《臺灣閩南語常用辭典》網頁所查詢，丈夫應書爲「翁」，此處書爲「公」（參看教育部《臺灣閩南語常用辭典》電子書，網址：〈http://twblg.dict.edu.tw/holodict_new/index.html〉，檢索日期：2016年 7 月 7 日），或是當時閩南語書寫習慣所然，本文依原文引出，仍以「嫁好公」爲示，但特附註說明之。

〔註15〕　〔清〕胡建偉：《澎湖紀略》，頁 155。

〔註16〕　〔清〕倪贊元輯纂：《雲林縣采訪冊》，《臺灣史料集成・清代臺灣方志彙刊》第 36 冊，（臺南：國立臺灣歷史博物館，2011 年），頁 70。

〔註17〕　〔清〕《嘉義管內采訪冊》《新竹縣制度考・安平縣雜記・苑裡志・嘉義管內

此處所記為傳統富含祈福意涵的年節擺飾，也可見清領時期臺灣已有貼桃符的習俗。

（五）朝賀之儀

新年節慶活動除慶豐收、祈求來年的順遂，互相祝福之外，從漢朝以來尚有「朝賀」之儀，以表達對執政者的敬意。明清兩代對此儀更為重視，李永匡・王熹合著《中國節令史》中說：「每年正月初一日，據《大明一統賦》載，宮中有『正旦百官朝賀』天子的禮儀活動。清代的元日太和殿朝賀禮儀，便沿自明代。」〔註18〕清代沿襲明代發展出更繁複、熱鬧的禮儀，朝賀之禮依李永匡・王熹合著《中國節令史》中描述為：

> 卯正一刻（六點十五分），乘四人抬亮轎出隆福門，……步行到慈寧門檻外，率諸王、貝勒等爵及一、二品大臣、將軍等，到皇太后住處行慶賀禮，其餘文武官員都在午門外行禮。

> 辰初（七點鐘）時，乘十六人抬畫轎出乾清門至中和殿，陞寶座受內大臣、侍衛，以及內閣、翰林院、詹事府、禮部、樂部、都察院等衙門官員禮後，再到太和殿陞座，諸王、貝勒等爵及文武大臣官員和來京蒙古王公、台吉等行慶賀禮。〔註19〕

以上記述清代宮廷朝賀之禮需依照時間、依序行禮，禮儀備至，而臺灣距京城遙遠，但仍可從記載臺灣歷史的地方志中看到「朝賀」之儀，乾隆六年（1742）劉良璧纂輯《重修福建臺灣府志・卷九・典禮》中載：「凡遇萬壽聖節、元旦、冬至，文武各官於前一日齋沐，率所屬赴明倫堂習儀。至期，四鼓穿朝服，齊到萬壽亭，文武分東西班，行三跪九叩禮。同知為糾儀官。至若萬壽聖節前後三日，文武各官俱穿朝服，五鼓到萬壽亭坐班。其慶賀禮，與元旦、冬至同。」〔註20〕朝賀者自漢朝到清代都以文武百官為主，朝賀的儀式或有更迭但移植到臺灣儀禮依舊繁複，朝賀儀式以敬天子的意義在臺灣更有昭顯天威之意，這是明清新年節慶除庶民文化意義之外，尚富尊崇皇家的時代意義，帶有濃厚的官方色彩。

采訪冊》，《臺灣史料集成・清代臺灣方志彙刊附編》第 40 冊，（臺南：國立臺灣歷史博物館，2011 年），頁 503～504。

〔註18〕 李永匡、王熹合著：《中國節令史》，頁 277～278。

〔註19〕 李永匡、王熹合著：《中國節令史》，頁 284。

〔註20〕 〔清〕劉良璧纂輯：《重修福建臺灣府志》《臺灣文獻史料叢刊・第二輯》第 23 冊，（臺北：臺灣大通書局，1984 年），頁 247。

二、端午節慶

三大傳統節慶之二的端午節也是移植而來的節慶，和新年、中秋的團圓氛圍大有不同，加上五月五日的端午時值年中炎熱的開始，渡海來臺的移民初來乍到對臺灣多變的海島氣候無法適應，常染上疫病甚至死亡，因此發展出於端午藉午日「純陽之氣」祛除瘟疫、避邪驅鬼的科儀，這是否和傳統端午節慶有不同的節慶意涵？以下試從文獻資料整理清領時期端午節慶在臺灣所發展出的不同節令民俗風貌。

端午由來已久，別稱也多，除端午之外還有端陽、重午、端午、重五、五月五、端節、蒲午、蒲節、天申節、詩人節等名稱〔註21〕，明清時，北京人又稱此日為女兒節、五月節〔註22〕。在臺灣還有午日節、五日節、午月節、五月節、肉粽節等名稱。名稱多意味起源多歧，這自然是節慶活動因地而異的特質所產生，李岩齡和韓廣澤合著《中國古代詩歌與節日習俗》將端午起源整理成四種：「紀念屈原說；吳越民族圖騰說；起源於三代夏代說；惡月惡日趨避說。」〔註23〕同時李岩齡和韓廣澤也注意到這是因風俗文化因時因地而異，在考察端午起源時要綜合各種因素來看。趙函潔《臺灣端午節起源與節日習俗研究》論文中對端午起源的看法如下：

> 現代的臺灣人普遍認為端午節是為了紀念屈原，與學界所研究者提出的避邪說出現分歧。……筆者認為有可能是隨著共同心理而流傳下來，所以發生時代雖無可考，但是人們保護自身、趨吉避凶的心理卻是恆常不變。……只是因為屈原的亡故傳說，與愛國忠貞的詩人形象勝出，讓端午節與屈原的傳說影響至今不墜。〔註24〕

端午起源尚未有定論，但由端午起源的討論中可以確認的是端午於臺灣除了屈原故事的連結還有趨吉避凶的節令意涵。

（一）節慶活動

端午龍舟競渡亦是端午節俗中的要項，對此項習俗的由來，李永匡‧王

〔註21〕李永匡、王熹合著：《中國節令史》，頁138。
〔註22〕李岩齡、韓廣澤合著：《中國古代詩歌與節日習俗》，（臺北：百觀出版社，1995年7月），頁160。
〔註23〕李岩齡、韓廣澤合著：《中國古代詩歌與節日習俗》，頁161。
〔註24〕趙函潔：《臺灣端午節起源與節日習俗研究》，（嘉義：國立中正大學中文所碩士論文，2008年6月），頁106。

熹合著《中國節令史》中以爲：「龍舟競渡的習俗，在屈原之前便業已存在。但是，到了漢代，乃至以後，這項競渡儀式才與民人的端午娛樂方式，更與祭奠屈原發生了關係。」〔註25〕只是到了明清兩代，端午競渡之俗有了改變，李永匡・王熹說：「每年端午節，民間有各種娛樂活動。明清兩代，此節南北方娛樂風尚不同。北方京師除宮中有龍舟競渡外，民間則『無競渡俗，亦競遊耍』……清代，遊樂聚飲之節風更盛。……而地處江南的吳郡，端午則有龍船競渡的娛樂活動，且盛況空前。……與此同時，各種水上宴飲、岸上市易、民間雜耍，伴之舉行，以爲遊人助興。」〔註26〕清代的競渡只在特定的地區舉行，且和屈原的牽連已幾近無，更增添許多娛樂性質、飲宴歡樂的節慶氣氛。

依以上所述，清代的端午節慶活動各地各有不同的習俗，龍舟競渡爲江南之俗。於臺灣，地方志中也記載了端午時以龍舟競渡爲節慶活動之俗，如康熙三十四年（1695）高拱乾纂輯《臺灣府志・卷七・風土志・歲時》，對端午競渡的記載爲：「端午日，……所在競渡，雖云弔屈，亦以辟邪；無貴賤，咸買舟出遊。中流簫鼓，歌舞凌波；遊人置竿船頭，挂以錦綺，捷者奪標而去。」〔註27〕，此時龍舟競渡的傳說故事是以屈原爲主題，但又強調是爲辟邪，查看《荊楚歲時記》關於端午競渡的記述，如下：

> 是日競渡。採雜藥按五月五日競渡。俗爲屈原投汨羅日。傷其死所。故並命舟楫以拯之。舸舟取其輕利。謂之飛鳧。一自以爲水車。一自以爲水馬。州將及土人。悉臨水而觀之。蓋越人以舟爲車。以楫爲馬也。邯鄲淳曹娥碑云。五月五日。時迎伍君。逆濤而上。爲水所淹。斯又東吳之俗。事在子胥。不關屈平也。越地傳云。起於越王勾踐。不可詳矣。是日競採雜藥。〔註28〕

古籍所記競渡的由來傳說紛紜，不一定和屈原有所牽連，競渡主要目的其實是「競採雜藥」，爲「驅邪避毒」，臺灣因多變的海島氣候加上端午正值炎夏時有蚊呐孳生，而多瘟疫疾病，因此發展出於端午藉午日「純陽之氣」祛除瘟疫，競渡目的正和此相符。但需要注意的是後面所記：「無貴賤，咸買舟出

〔註25〕李永匡・王熹合著：《中國節令史》，頁139。

〔註26〕李永匡・王熹合著：《中國節令史》，頁299～300。

〔註27〕〔清〕高拱乾：《臺灣府志》《臺灣府志・臺灣府賦役冊（合訂本）》，頁191。

〔註28〕〔梁〕宗懍：《荊楚歲時記》，《中國哲學書電子化計劃》，檢索日期：2016年7月8日。

遊。中流簫鼓，歌舞凌波；遊人置竿船頭，挂以錦綺，捷者奪標而去。」此時的競渡是遊樂聚飲，充滿娛樂的成份。

　　再比對其他清代臺灣方志所載端午競渡，已不見屈原故事，如康熙五十六年（1718）《諸羅縣志・卷八・風俗志・漢俗》：「笨港、鹹水港等處，劃舟競渡，遊人雜；亦有置竿掛錦，捷者奪標以去。」〔註29〕，或如黃叔璥《臺海使槎錄・卷二・赤崁筆談・習俗》（1722）中記載：

　　五月五日，清晨然稻梗一束，向室內四隅熏之，用楮錢送路旁，名
　　曰送蚊；門楣間艾葉、菖蒲，兼插禾稗一莖，謂可避蚊蚋，榕一枝，
　　謂老而彌健。彼此以西瓜、肉粽相饋遺。祀神用諸紅色物。自初五
　　至初七，好事者於海口淺處用錢或布爲標，杉板魚船爭相奪取；勝
　　者鳴鑼爲得采，土人亦號爲龍舟。午時，爲小兒女結五色縷，男繫
　　左腕，女系右腕，名曰神鍊（三月盡、四月朔望、五月初一至初五日，
　　各寺廟及海岸各船鳴鑼擊鼓，名曰龍船鼓，謂主一年旺相）。〔註30〕

記述競渡一事出現了「龍舟」和「龍船鼓」，且強調競渡之船其實是「杉板魚船」但「土人亦號爲龍舟」，此處的土人應是指原住民，可見其時龍舟活動已加入臺灣原住民的風俗，這是民間的活動，以民間的庶物爲工具，但爲與傳統連接冠上龍舟、龍船鼓之稱，卻未見有屈原傳說，節令主軸仍是「驅邪除疫」，不僅臺灣，金門和廈門在清代，端午之俗亦是以驅邪除疫爲此節令的軸心，再融入各地物產及因應氣候節宜發展出相異的節俗活動〔註31〕。

〔註29〕　〔清〕不著撰人：《諸羅縣志》《諸羅縣志・澎湖紀略（合訂本）》，《臺灣文獻史料叢刊・第一輯》第12冊，（臺北：臺灣大通書局，1984年），頁152。

〔註30〕　〔清〕黃叔璥：《臺海使槎錄》《臺海使槎錄・清一統志臺灣府・臺灣輿圖地彙鈔・番社采風圖考（合訂本）》，頁41。

〔註31〕　〔清〕林焜熿纂輯、子豪續修《金門志・卷十五・風俗記・歲時》（1883）記載：「端午，門懸蒲、艾、榕、蒜、桃枝並俗所稱『火香仙人掌』等物。摺紅布畫八卦，掛楣端；裂小紅紙書對聯，粘門柱。卷紙如花炮，中實硫磺，曰磺煙。然煙書吉祥字於屏戶，並燃放於堂奧房隅間皆遍，云可闘毒。作粽相饋遺。小兒戴繭虎作彩勝，臂繫五色絲曰長命縷。婦女揀香草蒜瓣剪絲象小虎，貼艾簪之。飲雄黃酒，以酒擦兒頂鼻，噀房壁床下，以去五毒。沐蘭湯，採百草搗藥。或鏤小舟，駛池沼浦港；乘潮泝，駕艇鼓樂，唱太平之曲或競渡爲戲。午祀神，以紙爲人，寫一家生辰焚之，名爲辟瘟。」參看林焜熿纂輯，子豪續修：《金門志》，頁388。；周凱纂輯《廈門志・卷十五・風俗記・歲時》（1833）記載：「五月五日端午，懸蒲艾、桃枝、榕枝於門（乃俗所稱火香、仙人掌等物），粘符。製綵勝及粽相饋遺（婦人小兒，臂系『續命縷』，簪艾虎、繭虎及符。飲雄黃酒，並以酒擦兒頂鼻，噀房壁床下，以去五毒。

（二）節慶習俗

李永匡・王熹合著《中國節令史》中說明清代端午習俗：如下

> 清代，端午節習與明代大致相仿，但亦有所不同，即更加豐富多彩。
> 在京師民間，人民均在端午用各種年節食品奉祀祖先。同時，還飲
> 雄黃酒、菖蒲酒以避蟲毒，吃粽子、舉行家宴以賀節。對此，《帝京
> 歲時紀勝》便載，每逢端午（端陽）時，家家均「懸朱符，插蒲龍
> 艾虎，窗牖貼紅紙吉祥葫蘆。幼女剪綵疊福，用軟帛緝逢老健人、
> 周秦、蒜頭、五毒老虎等式，抽做大紅硃雄葫蘆，小兒佩之，宜夏
> 避惡。家堂奉祀，蔬供米粽之外，果品則紅櫻桃、黑桑椹、文官果、
> 八達杏。午前細切蒲根，伴以雄黃，曝而浸酒。飲餘則塗抹兒童面
> 頰耳鼻，並揮灑床帳間，以避蟲毒。」〔註32〕

在以上的說明中，關於清代端午習俗的記載是以民間活動為主，且清代端午
節習以「避惡、避蟲毒」的儀式為歲時文化主軸，這是因應歲時氣候所產生
的風俗，自古皆然〔註33〕。清代用以「避惡、避蟲毒」的物品中有「朱符」、
「蒲龍艾虎」、「紅紙吉祥葫蘆」、「大紅硃雄葫蘆」，飲「雄黃酒」、食「粽子」，
以求平安。其中蒲為菖蒲、艾為艾草，均是古來相傳可辟邪之植物，以之製
成龍虎貌亦有其涵義，且菖蒲製龍、艾草製虎也是慣習，李岩齡和韓廣澤在
說明此習時說：「無論是以艾、以繭、以綾羅，都要製成虎形，這與虎的雄強
威猛和古人對虎的觀念有關。《風俗通》云：『虎者陽物，百獸之長也。能噬
鬼魅，……亦辟惡。』在人們心目中，這興風狂嘯的老虎為百獸之王，是能

浴百草湯，曰『蘭湯』。以紙為人，寫一家生辰焚之水滸，名曰『辟瘟』）。競
渡於海濱（龍船分五色，惟黑龍不出）；富人以銀錢、扇帕懸紅旗招之，名曰
插標；即古『錦標』意。事竟，各渡頭斂錢演戲，仔船為主；或十餘日乃止
（明林希元〈石潯競渡詩〉：『杯酌交酬後，樓臺雨過時；半江沉夕照，高閣
起涼颸。波靜魚龍隱，人喧鷗鷺疑；未看競渡戲，先動屈原悲』。『結閣臨江
渚，攜杯對晚暉。龍舟隨地鬥，梅雨逐風微。雲斂山爭出，天空鳥獨飛；海
鷗渾可狎，知我久忘機』）。」參看〔清〕周凱：《廈門志》（下冊），頁 642。

〔註32〕 李永匡・王熹合著：《中國節令史》，頁 298～299。

〔註33〕 李岩齡和韓廣澤對端午因應歲時氣候所產生的風俗有更進一步的說明：「綜合
以上諸說，對端午節的形成可以勾勒出一個南北融合的大致輪廓。端午節的
節期和夏、商、周三代夏至風俗及惡月惡日之說有關。夏季悶濕、炎熱，瘴
氣毒蟲肆虐，易生疾病，於是夏季就被蒙上了不祥的陰影，而其中的五月五
日更被視為惡月惡日。為了驅除疾疫，相應的禊祓活動，如浴蘭、除瘟等亦
隨之產生，而食用某些夏令食品、划船驅疫等也是禊祓、驅除活動的組成部
份。」李岩齡、韓廣澤合著《中國古代詩歌與節日習俗》，頁 164～165。

吃鬼魅鎮妖辟邪的神獸，所以要模製其形象，保佑平安。」〔註34〕但菖蒲的製型就有多種形式，李岩齡和韓廣澤也對此習說明：「古人認爲五月菖蒲成熟，採之懸於門首，或用以浸製藥酒飲用，即可禳毒。端午懸菖蒲最簡單易行的是折幾枝懸掛在門上；加工之後，還可以製作成蒲劍、蒲人、蒲龍、蒲葫蘆等。」〔註35〕。除以菖蒲浸酒，清代也有飲雄黃酒及蘸酒書兒童額上以辟邪之俗。

　　關於臺灣於清代的端午節俗，康熙三十四年（1695）高拱乾纂輯《臺灣府志・卷七・風土志・歲時》中記載：

　　　　端午日，昔人取艾懸户，採蒲泛酒；今合艾蒲共懸之，謂蒲似劍也。
　　　　以五色長命縷繫兒童臂上，復以繭作虎子帖額上；至午時，脫而投
　　　　之。所在競渡，雖云弔屈，亦以辟邪；無貴賤，咸買舟出遊。中流
　　　　簫鼓，歌舞凌波；遊人置竿船頭，挂以錦綺，捷者奪標而去。人家
　　　　遞爲角黍食之；按「風土記」，取陰陽包裹未分之義也。〔註36〕

從此記載中，見到幾項清代臺灣端午習俗，其一爲「合艾蒲共懸之，謂蒲似劍也」和以前「取艾懸户，採蒲泛酒。」之俗，略有不同，「蒲」爲菖蒲、「艾」爲艾草，均是古來相傳可辟邪之植物，梁・宗懍撰《荊楚歲時記》云：「五月五日，謂之浴蘭節。四民並蹋百草之戲，採艾以爲人，懸門戶上，以禳毒氣。以菖蒲或鏤或屑以泛酒。」〔註37〕可見此俗古既有之，有懸掛於門戶上，也有將菖蒲製酒，皆爲「禳毒氣」（禳有去除、解除之意）。其二爲「以五色長命縷繫兒童臂上」，「五色長命縷」〔註38〕於《荊楚歲時記》中也說是爲驅邪避毒之用；其三爲「以繭作虎子帖額上」，特別作成虎形，是因虎爲吃鬼魅鎮

〔註34〕李岩齡、韓廣澤合著：《中國古代詩歌與節日習俗》，頁168。
〔註35〕李岩齡、韓廣澤合著：《中國古代詩歌與節日習俗》，頁168。
〔註36〕〔清〕高拱乾：《臺灣府志》《臺灣府志・臺灣府賦役冊（合訂本）》，頁191。
〔註37〕〔梁〕宗懍《荊楚歲時記》，《中國哲學書電子化計劃》，檢索日期：2016年7月8日。
〔註38〕〔梁〕宗懍《荊楚歲時記》云：「此日蓄藥以蠲除毒氣，以五綵絲繫臂。名曰闢兵。令人不病瘟。又有條達等組織雜物。以相贈遺。取鴝鵒。教之語按孝經援神契曰。仲夏□始出。婦人染練。咸有作務。日月星辰鳥獸之狀。文繡金鏤。貢獻所尊。一名長命縷。一名續命縷。一名闢兵繒。一名五色絲。一名朱一作百索。名擬甚多。赤青白黑以爲四方。黃居中央。名曰襞方。綴於胸前。以示婦人蠶功也。詩雲繞臂雙條達。是也。或問闢五兵之道。抱樸子曰。以五月五日。」〔梁〕宗懍：《荊楚歲時記》，《中國哲學書電子化計劃》，檢索日期：2016年7月8日。

妖辟邪的百獸之王，且「至午時，脫而投之」。其他清代臺灣方志所載也和此類似，如康熙五十六年（1718）《諸羅縣志・卷八・風俗志・漢俗》有：「端午日，家製角黍，懸艾及菖蒲於戶。以五色長命縷繫兒童臂；復以繭作虎子，帖頭上，至午脫之。」〔註 39〕清代民間端午習俗以「驅邪避毒」為歲時文化主軸，這是因應歲時氣候所產生的風俗。

且此時臺灣的節令風俗多由漳、泉移入，尚未有屬於臺灣在地的習俗融入，清嘉慶三年（1799）李元春輯《臺灣志略・卷一・風俗》云：

> 居台灣者，皆內地人，故風俗與內地無異。正月元日，慶新歲；上元，燈節；二月，春社；清明，掃墳墓；端午，戲龍舟，懸蒲、艾祓除；七月七夕，乞巧結緣；十五日，仿盂蘭會；八月，秋社；九月九日，登高，放紙鳶；冬至，餉米團；十二月二十四日，祭灶送神；卒歲，臘先祖及諸神祠；皆與內地無異。昏喪沿俗禮，以貧富為豐歉，悉類內地。〔註40〕

李元春記載臺灣風俗之事，特別說明「居台灣者，皆內地人，故風俗與內地無異。」，強調此時的端午節俗仍延續舊有傳統而行。

（三）節慶飲食

談到端午應節食品，角黍和肉粽都是指以竹葉包裹糯米煮熟而食之物。一般以為和屈原傳說有關，但李岩齡和韓廣澤合著的《中國古代詩歌與節日習俗》中指出：「粽子亦名角黍。漢代亦有吃粽子的習俗。《風俗通》記載：節日前一日，用菰蘆葉裡黏米，以淳濃的灰汁煮熟，在端午節吃。當時並沒有紀念意義，它與端午的避惡驅毒均屬夏令風俗。……魏晉之後，楚人才按照自己的心願，把這一時令佳品與屈原聯繫在一起。」〔註 41〕，端午食粽之俗傳入臺灣，康熙五十九年（1720）陳文達編纂《鳳山縣志・卷之七・風土志・歲時》中記載：「端午，家蒸角黍，取『陰陽包裹』之義」〔註 42〕，「陰陽包裹」的意思，北宋《太平御覽・飲食部九・粽》中引晉周處《風土記》說明：「《風土記》曰：俗以菰葉裹黍米，以淳濃灰汁煮之，令爛熟，於五月五

〔註39〕　〔清〕不著撰人：《諸羅縣志》《諸羅縣志・澎湖紀略（合訂本）》，頁 152。

〔註40〕　〔清〕李元春輯：《臺灣志略》《臺灣志略・赤崁集・澎湖臺灣紀略・澎湖續編（合訂本）》《臺灣文獻史料叢刊・第二輯》第 22 冊，（臺北：臺灣大通書局，1984 年），頁 35～36。

〔註41〕　李岩齡、韓廣澤合著：《中國古代詩歌與節日習俗》，頁 192。

〔註42〕　〔清〕陳文達編纂：《鳳山縣志》《臺灣縣志・鳳山縣志（合訂本）》，頁 86。

日及夏至啖之。一名粽，一名角黍，蓋取陰陽尙相裹未分散之時像也。」〔註43〕，用生於陰柔之水的菰葉來包裹被稱作「火谷」的黍即爲「陰陽包裹」，此說也未和屈原有關，其實是爲「夏至」而吃，是夏令風俗之一。

　　道光十年（1831）陳淑均的《噶瑪蘭廳志‧卷五（上）‧風俗（上）‧民風》中記載：

> 端午日作角黍相遺送，各門楣懸艾插蒲，用雄黃酒，書午時對聯以
> 辟邪。祀神以西瓜桃果之品。至午後焚稻稿一束，遍薰幃帳，棄諸
> 道旁，名曰送蚊。〔註44〕

道光年間的端午節俗，是互相餽贈「角黍」、飲用「雄黃酒」、「書午時對聯以辟邪」，依舊是爲避惡驅毒的風俗，較之傳統端午節令風俗更強調避惡驅毒，這是因時地、氣候而產生變易，也可視爲端午節俗的在地化。

　　由上述清代的文獻可見，端午節俗移植臺灣未久就因時地、氣候而產生變易，於此時節慶的歡樂氣氛少些，多是驅疫辟邪的科儀，屈原故事雖還在，但僅爲聯繫傳統而存在，未帶有政治意涵。

三、中秋節慶

　　中秋節慶團圓意象從「月圓」而來，追溯節日起源，李岩齡和韓廣澤於《中國古代詩歌與節日習俗》一書中指出：「南北朝時，中秋還沒有成爲節日。……漢魏以後，由祭月、拜月演化出賞月的風俗。……約定俗成的中秋賞月則始於唐代。……所謂『一年明月，神氣與之清冷』，這正是人們約定俗成的一種行爲。於是中秋節成爲中華民族的傳統節日。」〔註45〕由以上所述，中秋節慶的源由來自祭月、拜月的儀式，原是秋收之時對天地表達感謝，演化成人們欣賞美月的樂事，成爲娛樂性質頗高的傳統節慶。在歷史長河中，中秋節俗與產生於民間關於月亮的傳說故事相融，嫦娥、吳剛、月兔、桂樹、賞月、月餅，漸與中秋節慶密不可分，完成今日的中秋團圓意象。本文不在探溯中秋起源與傳說，談論重點在於中秋節慶的共時性，比較節慶在相同時間、不同地方的異同。

〔註43〕〔北宋〕李昉：《太平御覽》，《中國哲學書電子化計劃》，檢索日期：2016 年
　　　　7 月 8 日。
〔註44〕〔清〕陳淑均：《噶瑪蘭廳志》，《臺灣文獻史料叢刊‧第一輯》第 17 冊，（臺
　　　　北：臺灣大通書局，1984 年），頁 192。
〔註45〕李岩齡、韓廣澤合著：《中國古代詩歌與節日習俗》，頁 229。

（一）節慶活動

明清時，八月十五日爲中秋節，明清兩代習俗大致相同，清代節慶活動，李永匡・王熹合著的《中國節令史》整理如下：「清代，中秋又稱八月節、八月半、團圓節。浙江雲和民間此夜由『兒童陳月餅，羅拜於庭，謂之拜月』，拜月後合家吃月餅、瓜果。（同治《雲和縣志》）。京師民間除祭月、拜月外，『是時也，皓魄當空，彩雲初散，傳杯洗盞，兒女喧譁』，（《燕京歲時記》）一派佳節氣氛。」〔註46〕，中秋節慶活動以拜月爲主軸，並有闔家團圓、吃月餅之景。除此清代民間另有「放水燈」一類的娛樂活動，李永匡・王熹合著的《中國節令史》記：「清代，此俗依舊，名放河燈，且民間兒童，手持荷葉燈，羣遊天街，稱鬥燈會以爲嬉戲作樂。」〔註47〕。

中秋節慶活動移植到臺灣，如劉良璧《重修福建臺灣府志・卷六・風俗》中記載：

> 八月十五日日中秋，祭當境土地，張燈演戲，與二月二日同；「春祈而秋報」也。是夜，士子遞爲讌飲賞月。製大月餅，名爲「中秋餅」，硃書「元」字，擲四紅奪之，取「秋闈奪元」之兆。山橋野店，歌吹相聞，謂之「社戲」。更有置筆墨、紙硯、香囊、瓶袋諸物，羅列市廛，賭勝奪彩；負則償值。〔註48〕

臺灣中秋節慶活動中的祭拜爲「祭當境土地」，並有「社戲」及博弈遊戲節慶活動，「社戲」是舊日村里中，迎神賽會時演出的野臺戲〔註49〕，此時應是爲酬謝土地公而演出的，而以筆墨、紙硯、香囊、瓶袋諸物爲籌碼的博弈遊戲，其實反映了臺人好賭爭勝的習慣，清代「開臺進士」鄭用錫（1788～1856）有〈戒賭〉〔註50〕一詩提到賭博的壞處以告誡其兒孫避免誤入歧途，反映臺

〔註46〕 李永匡、王熹合著：《中國節令史》，頁302。
〔註47〕 李永匡、王熹合著：《中國節令史》，頁302。
〔註48〕 〔清〕劉良璧纂輯：《重修福建臺灣府志》，《臺灣文獻史料叢刊・第二輯》第23冊，（臺北：臺灣大通書局，1984年），頁98。
〔註49〕 參看教育部《重編國語辭典修訂本》電子書，網址：〈http://dict.revised.moe.edu.tw/cgi-bin/cbdic/gsweb.cgi〉，檢索日期：2016年7月7日。
〔註50〕 鄭用錫〈戒賭〉：「莫以豬奴戲，而誇適意豪。初猶涓水滴，繼竟極天滔。得馬知非福，亡羊悔補牢。一場眸轉瞬，萬貫火銷膏。盧雉聲爭喝，輸贏券執操。技無殊局博，囊已罄泉刀。金或奢爲注，臺審債可逃。手談雖小趣，珍重戒兒曹。」，余美玲：《臺灣古典詩選注・5・歲時與風土》，（臺南：國立臺灣文學館，2015年11月），頁513。

人好賭爭勝的習慣，清代方志也多提到臺人好賭的風氣，尤其節慶之時臺人認為是最適合以賭博消閒解悶。不過，也有非以賭博為樂的節慶活動，如陳淑均《噶瑪蘭廳志・卷五・風俗（上）》載：

> 八月中秋夜，遞為讌飲賞月，製大月餅硃書元字，骰擲四紅者奪之。
> 取秋闈奪元之兆也。更有硃墨、紙筆、瓶袋、香囊諸物，羅列几案，
> 掛一燈牌於門首，以猜取詩謎，亦雅致也。〔註51〕

是以「博餅」占卜及「猜取詩謎」的遊戲為樂，「博餅」之俗由科舉求仕而來，科舉廢除後保留其中占卜吉凶的功能且變成中秋節慶活動。至於澎湖的中秋節慶活動更是富有浪漫氣氛，見胡建偉撰《澎湖紀略・卷七・風俗紀》（1771）中載：

> 中秋節，燕飲賞月、以月餅相遺，亦與內地相同，無足異者。惟於
> 是夜風晴月朗時，買扁舟一葉，放乎中流；斯時微波不動，星月交
> 輝，水天一色，極目無際，心曠神怡，恍如置身瓊樓玉宇之中，真
> 奇觀也。〔註52〕

由文獻中的描述看見節慶中因月色美好而有乘舟賞月的閒情雅致。

清代中秋節慶活動，連橫《臺灣通史》中記載如下：

> 八月十五日，謂之中秋，各祭社公。張燈演戲，與二月初二日同；
> 春祈而秋報也。兒童建塔點燈，陳列古玩。士子遞為讌飲。製月餅，
> 硃書元字，擲四紅奪之，以取秋闈奪元之兆。夜深時，婦女聽香，
> 以卜休咎。〔註53〕

所記中秋節俗有祭祀土神（土地公）、博餅、聽香等節俗，此時的中秋仍是饒富歡樂氣氛的佳節，其中「兒童建塔點燈，陳列古玩。」於清朝的臺灣中秋節俗記載中並未見到，查看《閩台歲時節日風俗》一書的〈福州富有特色的歲時節俗〉一文，提到福州當地的中秋節俗就有類似此俗的記載，記載如下：

> 仲秋節，福州吉祥山（河口嘴）和南後街等均有出售泥塑，俗稱「土
> 人仔」。……尚有小孩子精緻的小古董、小桌椅、小炊具等玩具，花
> 樣繁多，品種多樣，小巧玲瓏，栩栩如生。買回來的「土人仔」等
> 擺在廳堂中陳列；窮人家買不起「土人仔」等玩具，只好自己動手

〔註51〕〔清〕陳淑均：《噶瑪蘭廳志》，頁189。
〔註52〕〔清〕胡建偉撰：《澎湖紀略》，頁192。
〔註53〕連橫：《臺灣通史》，頁600。

用瓦片造塔、造房子，以泥土堆假山，用泥巴塑「土人仔」等玩具。

〔註54〕

連橫於《臺灣通史》所記或許正是福州此俗，另董平章（1811～1870）〈八月十四日閱陸放翁宴西樓詩中二語云萬里因循成久客一年容易又秋風與余情景肖輒次韻寫懷〉詩：「忽憶兒童呼禮塔，故鄉明日是秋中。」並自注：「閩俗中秋夕，寺僧於塔上張燈，人家兒女亦設土木小塔，香花供佛，群羅拜，稱爲禮塔。」〔註55〕，董平章爲福建閩縣（今福州）人又自注「兒童呼禮塔」爲閩俗，此處所述更符合連橫所記的「兒童建塔點燈」，也確認此爲福州地區的中秋節俗，但此俗僅在《臺灣通史》中見到記載，推測連橫祖籍爲福建，雖出生於臺南但一生中多次往來福建、臺灣，所記中秋節慶活動可能爲兩地的節慶活動。

（二）節慶習俗

於清代，中秋傳統仍有拜月之俗、並有闔家團圓、吃月餅之景，且清代於中秋還有偷瓜送子之俗流傳，李岩齡和韓廣澤合著的《中國古代詩歌與節日習俗》中，整理相關資料有以下之述：「中秋之日，也是求子良機。……把葫蘆掛在床上，作爲求子象徵。但是更普遍的求子方法是中秋送瓜求子。在南方不少地方，都有『摸秋求子』風俗。『摸秋』者，偷瓜也。……江蘇、湖南、貴州均有偷瓜送子之俗。」〔註56〕這裡說明了清代中秋節慶特殊的習俗，此節習是否也跟著移民者的腳步來到臺灣？以下將從記載臺灣歷史的地方志中查看比對。

高拱乾《臺灣府志・卷七・風土志・歲時》（1718）中載：

中秋，祀當境土神。蓋古者祭祀之禮，與二月二日同；春祈而秋報也。是夜，士子遞爲燕飲賞月；製大面餅，名爲「中秋餅」，以紅硃書一「元」字，用骰子擲四紅以奪之，取「秋闈奪元」之義。山橋野店，歌吹相聞；謂之「社戲」。〔註57〕

〔註54〕 福建省民俗學會、龍巖市文化局編：《閩台歲時節日風俗》，（廈門：廈門大學出版社，1992年10月），頁82。

〔註55〕 〔清〕董平章撰：《秦川焚余草》，《中國哲學書電子化計劃》，檢索日期：2016年7月25日。

〔註56〕 李岩齡、韓廣澤合著：《中國古代詩歌與節日習俗》，頁253。

〔註57〕 〔清〕高拱乾：《臺灣府志》《臺灣府志・臺灣府賦役冊（合訂本）》，頁192。

臺俗中秋亦有祭神之俗，但所祭拜者非「月」，而是「當境土神」，高拱乾所記二月二日歲時習俗為：「二月二日，各街社里逐戶斂錢宰牲演戲，賽當境土神；名曰『春祈福』。」〔註58〕所謂「當境土神」即今日所稱之「土地公」，土地公原為古代「社神」（土地之神）。劉還月於《台灣人的歲時與節俗》一書中對祭土地公之俗有如下說明：

> 中秋時節，當大夥沈浸在闔家團聚，共邀賞月的美好時光，也是許
> 多地方祭祀土地公和樹王的佳期，傳統的歲時舊習中，有春祈秋報
> 之俗，意思是指春天二月初二祭祀土地公，祈求豐收，秋天則於八
> 月十五日祭祀土神，以感謝護佑豐收，代代相傳，家家戶戶莫不備
> 月餅祭土神。〔註59〕

二月的祭神是「春祈」，八月十五的祀神就是「秋報」了，土地神護佑民間，是和庶民最親近的神祇，一年當中除播種季節，祈求保佑豐收的春祈，也不忘在豐收之後感謝神明護佑，臺灣的中秋節慶富含更多祈福與感恩的文化意涵，《詩經‧國風》言：「其風不同，其俗必異。」移植到臺灣的節令，融入在地人文思想，有了不同節俗表現與節俗意涵。

　　中秋節俗在清代有偷瓜送子之俗流傳，移轉到臺，並未在清代記載臺灣歷史的方志中見到偷瓜送子之俗記載，但周凱纂輯《廈門志‧卷十五‧風俗記‧歲時》（1833）中卻記載了類似為祈求好姻緣而有的習俗，記載如下：「中秋，街市鄉村演戲，祀土地之神；與二月同，春祈而秋報也。夜薦月餅、芋魁，祀神及先；親友相餽遺（婦人拈香牆壁間，竊諦人語，以占休咎；俗謂之『聽香』）。」〔註60〕當中提到「聽香」之俗意義是女子為求得好姻緣，這樣的風俗也在林焜熿纂輯、子豪續修《金門志‧卷十五‧風俗記‧歲時》中見到：「中秋，村市各祀土地神，與二月同；春祈而秋報也。夜薦月餅、芋，祀先祖、家神；親友相餽遺。婦人拈香牆壁間，竊聽人語，以卜休咎；與上元同。」〔註61〕的記載，此處未載「聽香」一詞，但敘述過程相同，又提到此俗與上元同，查看《金門志》中記載上元節俗為：「上元祀神。……或拈香

〔註58〕　〔清〕高拱乾：《臺灣府志》《臺灣府志‧臺灣府賦役冊（合訂本）》，頁191。
〔註59〕　劉還月：《台灣人的歲時與節俗》，（臺北：常民文化事業股份有限公司，2000年2月），頁243。
〔註60〕　〔清〕周凱：《廈門志》（下冊），《臺灣文獻史料叢刊‧第二輯》第40冊，（臺北：臺灣大通書局，1984年），頁643。
〔註61〕　〔清〕林焜熿纂輯，子豪續修：《金門志》，頁389。

僻巷，竊聽人語，以卜休咎，名曰聽香；蓋即古『鏡聽』遺意。」此俗即是未婚女子爲擇佳偶或未育婦女爲求子嗣而來，和偷瓜送子之俗有異曲同工之妙。這兩段記載都非臺灣本島所見之俗，但廈門、金門居民和臺灣往來密切，當有可能互爲影響。

（三）節慶飲食

清代中秋飲食如李永匡、王熹合著：《中國節令史》中所述：「清代，中秋又稱八月節、八月半、團圓節。浙江雲和民間此夜由『兒童陳月餅，羅拜於庭，謂之拜月』，拜月後合家吃月餅、瓜果。（同治《雲和縣志》）。京師民間除祭月、拜月外，『是時也，皓魄當空，彩雲初散，傳杯洗盞，兒女喧譁』，（《燕京歲時記》）一派佳節氣氛。」〔註62〕以家人共享中秋月餅爲節令飲食。臺灣中秋的節慶飲食，屠繼善《恒春縣志‧卷九‧物產（鹽法）》中記：「月餅：大小如碟，十枚爲一疊，俱圓如月；中秋祀月、賞月及投贈用之」〔註63〕，說明了月餅形狀及中秋節時的應用；劉良璧纂輯《重修福建臺灣府志》中記：「八月十五日日中秋，……是夜，士子遞爲讌飲賞月。製大月餅，名爲『中秋餅』，硃書『元』字，擲四紅奪之，取『秋闈奪元』之兆。」〔註64〕所記「中秋餅」是爲飲宴賞月而製，餅上書「元」字，擲骰子博月餅是爲了取「狀元奪魁」的好彩頭，多了積極正面的節慶意涵。再看周凱纂輯《廈門志‧卷十五‧風俗記‧歲時》（1833）中所記載：「中秋，街市鄉村演戲，祀土地之神；與二月同，春祈而秋報也。夜薦月餅、芋魁，祀神及先；親友相餽遺。」〔註65〕「芋魁」一物，就是現在所說的「芋頭」，廈門中秋所食之物和臺灣略有不同，月餅和芋魁要先祭神及祖先，表達對神祇、祖先護佑的感謝，之後才讓親友共享。

從記載臺灣歷史的地方志中查看比對，中秋節俗移植至臺灣因時地、風俗而產生變易，節慶活動以祈福與感恩爲主軸，添入臺地盛行風俗如博弈於其中，大大不同於源起「拜月」的中秋節俗，甚至關於月亮的傳說故事於臺灣中秋意象中也淡薄了許多。

〔註62〕 李永匡‧王熹合著：《中國節令史》，頁302。

〔註63〕 〔清〕屠繼善：《恒春縣志》《恒春縣志‧臺東州採訪冊‧小琉球漫誌（合訂本）》，《臺灣文獻史料叢刊‧第一輯》第8冊，（臺北：臺灣大通書局，1984年），頁190。

〔註64〕 〔清〕劉良璧纂輯：《重修福建臺灣府志》，頁98。

〔註65〕 〔清〕周凱：《廈門志》（下冊），頁743。

　　清領時期臺灣的歲時風俗於各地方志中所見的記載多以庶民節俗爲主，在比對移植前後風俗異同之後已見清代臺灣除了由閩粵移民傳入的風俗之外，也逐漸在臺灣當地風俗的基礎上，發展出具有臺灣在地特色的風俗內容。

第二節　清領時期臺灣三大節令詩書寫特色

　　臺灣古典詩的開展從明末來臺的明太僕寺卿沈光文（1612～1688）而起，沈光文的詩文創作以詩的成就最高，臺灣古典詩在其及之後的縉紳遺老積極創作之下開展了精彩的臺灣古典詩史，臺灣古典詩書寫題材多樣豐富，書寫者視角的不同更使詩作內容多元多變，有清以來，臺灣的風土民情因移民的移入與殖民者的植入再加以臺灣在地元素的融入使之成爲臺灣特有的多元風土文化，也架構起一個寬裕且多面向的書寫空間，臺灣古典詩的創作也在這個空間恣意揮灑，其中書寫歲時節令的古典詩是否也是探尋臺灣多元風土文化的資料之一，伊冷在其選編的《歷朝歲時節令詩》一書的〈前言〉中云：

> 歲時節令詩，是中國古典詩歌的一個重要組成部分，是中國傳統農耕文明的產物。其數量之多，內容之豐富，令人目不暇接、歎爲觀止。作爲一面鏡子，它爲人們描繪出兩千多年來廣闊的社會生活畫卷，展現了古老的華夏文明產生發展變遷的歷史軌跡，折射出一個民族的文化心態。〔註66〕

伊冷說明了歲時節令詩有足夠的資料，足以從中探尋風俗文化，余美玲在其選編的《台灣古典詩選注‧5‧歲時與風土》一書的〈總敘〉也說明針對歲時節令所選的古典詩，首首都提供了臺灣歲時節慶的豐富資料〔註67〕，本文以探討日治時期臺灣古典詩中的三大節令書寫爲主軸，日治時期古典詩發展乃延續清代而來，在探論日治時期臺灣古典詩中的三大節令書寫之前，可先探看清領時期臺灣三大節令詩書寫的特色，故本節將簡論之。

一、情景兼融的節令氛圍

　　清領時期的臺灣古典詩發展以文學活動者來看，是以清廷派來的流宦官員與寓臺文人爲主，這些文人多爲科舉出身，以傳統儒教經典養成，並以古

〔註66〕伊冷等選注：《歷朝歲時節令詩》，（北京：華夏出版社，1999 年 4 月，頁 1。
〔註67〕余美玲：《臺灣古典詩選注‧5‧歲時與風土》。〈總敘〉頁 38。

典漢詩爲主要的創作場域，其所創作出的古典詩歌表現傳統漢詩底蘊，尤其以情景兼融的寫作手法來呈現詩歌中的情境氛圍，在描寫所見之景時兼抒己懷，此一特色於三大節令詩的書寫中也可見到。如清咸豐舉人陳維英（1811～1869），所寫〈元旦〉二首，其詩云：

幾聲爆竹滿城春，門外桃符處處新。
此際務閑多樂景，花街柳巷盡遊人。
前呼後應滿鄉中，市井閭閻處處同。
此日人心俱禮讓，相逢口便道恭恭。〔註68〕

此詩從爆竹聲開啓年節的熱鬧場景，門外桃符、滿街遊人及互道恭喜的畫面，呈現新年節令喜氣歡樂的氛圍，詩中不只突出年節的喜氣洋洋，詩人愉悅充滿希望的心情也在詩句中流露。另一位清代詩人林占梅（1821～1868）的〈元旦試筆故作吉祥語〉也以年節時盛開的各種花卉形塑新年歡樂新氣象，其詩云：

蓬蓬大地不藏春，天遣東風萬象新。
求得牡丹富貴易，梅花清福屬何人。
遙瞻福祿自天申，嫋嫋東風氣原新。
從此門庭應迪去，梅花齊放下枝春。〔註69〕

詩從春字鋪陳「萬象新」，「牡丹花」與「梅花」襯托出新年豐富多彩的畫面，全詩出現兩個「新」字和兩個「春」字，顯現詩人祈望來年美好之情。除新年詩作可見詩人以情景兼融的寫作手法來呈現詩歌中的情境氛圍之外，清康熙四十四年（1705）臺灣府海防同知孫元衡古典詩作中的端午節令書寫也呈現出此特色，其〈端午〉詩云：

五日當庭斫綠瓜，蒲觴聊與酌流霞。
香羅細葛思難到，白海青潮景未斜。
稉稻垂楣同艾葉，扶桑照眼勝榴花。
心知南國音書少，醉聽回帆鼓一撾。〔註70〕

〔註68〕《全臺詩》第5冊，（施懿琳主編，全臺詩編輯小組編撰：《全臺詩》第1～35冊，臺南：國家臺灣文學館，2004～2014年），頁193。本研究資料來源因有多處參考自《全臺詩》內容，爲避免資料的贅述，爾後引用該書冊內容，皆於《全臺詩》後標注後標注冊數與頁數，不再羅列出版項目。

〔註69〕《全臺詩》第7冊，頁73。

〔註70〕《全臺詩》第1冊，頁335。

首句「當庭斫綠瓜」即呈現端午炎熱節令食降暑瓜果的實景,「稉稻垂糧同艾葉,扶桑照眼勝榴花。」更是臺地風物的實寫,「心知南國音書少,醉聽回帆鼓一撾。」此句道出離鄉後難獲得故鄉音訊的惆悵心情,只能飲酒、聽競渡鼓聲來分憂。中秋團圓佳節,詩人更常以情景兼融的寫作手法來表現對中秋明月的喜好心情及「每逢佳節倍思親」的心緒,如清雍正十年(1732)舉人林翼池所書寫的〈中秋夜望月〉詩云:

> 風捲浮雲盡,冰輪出海東。井梧金破碎,庭桂玉玲瓏。
>
> 素彩流銀漢,清輝瀉碧空。夜闌猶不寐,酣醉月明中。〔註71〕

全詩看似將中秋節時賞月所見極力描摹,末句「夜闌猶不寐,酣醉月明中。」寫出對美好月景流戀不捨的心情。清代廣西柳州府馬平縣(今柳州市)人楊廷理(1747～1816)寓臺多年,派任噶瑪蘭通判時書有〈噶瑪蘭中秋〉二首,詩云:

> 聞說朝晴暮雨天,中秋始見月重圓。
>
> 茆簷新蓋劫灰盡,冰境高懸景色妍。
>
> 聖化昭明含內外,神靈照耀徹中邊。
>
> 乾坤運化真無跡,共仰清光話往年。
>
> 我亦相隨笑口開,不孤跋涉賦重來。
>
> 九月雲淨除纖翳,百里途平絕點埃。
>
> 丹桂園中思舊植,紅菱池面記新栽。
>
> 夜深秋思無端集,香霧清輝詠幾回。〔註72〕

詩以描寫於噶瑪蘭(今宜蘭)過中秋時所見中秋月夜美景,並由此思念起家鄉景物,既有中秋節令情景的描寫又有詩人心緒的流露,正是情景兼融的寫作手法。

「情景交融」的詩歌創作手法於傳統漢詩寫作中為常被詩人所運用,童慶炳於〈情感的二度審美轉換——「情景交融」說淺釋〉一文中視「情景交融」為:「中國詩學中具有鮮明民族傳統的一種理論」〔註73〕,童慶炳進一步說明:「情與景相契合而生意象。景中含情或情中寓景,詩的意象就會自然呈

〔註71〕《全臺詩》第 2 冊,頁 126。
〔註72〕《全臺詩》第 3 冊,頁 226。
〔註73〕童慶炳:《中國古代心理詩學與美學》,(臺北:萬卷樓圖書有限公司,1994年 8 月),頁 57。

現出來。如果情與景的關係處理得特別好，達到水乳交融的水平，那麼詩的意象就構成並昇華爲意境，而意境乃是詩的極致。」〔註74〕，這可見「情景交融」詩歌創作是古典漢詩中一項重要的創作技巧，清領時期的古典漢詩人大多具有深厚漢學素養，自然可於此時期的三大節令詩中見到詩人運用此技巧來創作詩歌。

二、思鄉情濃的節令思緒

　　古典詩人以詩抒情，或抒發平日生活中所見所感，或由節令氛圍引發所感，有時直抒胸臆，有時含蓄內蘊，形成古典漢詩的書寫特色，南朝詩人江總在歸鄉路上，書寫重陽節時的感懷，留下「心逐南雲逝，形隨北雁來。故鄉籬下菊，今日幾花開。」（長安九日詩）的詩句，正是由節令氛圍引發思鄉情緒的書寫。前已述，清領時期臺灣古典詩的活動者以清廷派來的流宦官員與寓臺文人爲主，詩人流寓背景反映在其所創作的詩文之中，最常見的爲濃烈的思鄉思親之情，尤其於三大節令詩中更可見思鄉情濃的節令思緒書寫，如清屏東詩人張維垣（1827～1892）於同治十年（1871）取中辛未科進士，派任浙江省遂昌縣知縣，後又調任北京，任考試官，欽加同知銜〔註75〕，於寓外期間所寫〈南京客次元旦試筆〉三首之一，詩云：

> 南京遙望繞雲霞，四面青山眷眼賒。
> 首祚不妨身作客，新陽奚復鬢添華。
> 題詩紙上書狂草，品茗窗前雪舞花。
> 難免故鄉頻入夢，飄零幾載未還家。〔註76〕

全詩未見描寫新年歡樂氣氛，反而有「難免故鄉頻入夢，飄零幾載未還家。」的詩句盡述對家鄉思念心情。再如清康熙四十四年（1705）臺灣府海防同知孫元衡的〈中秋夜對月（中秋賞月）〉，詩云：

> 海闊偏宜月，天南不覺秋。自憐家尙在，甘與夢同遊。
> 香瘴潛浮桂，狂潮欲上樓。一杯鄉國酒，休爲看花留。〔註77〕

詩句中的「自憐家尙在，甘與夢同遊。」及「一杯鄉國酒，休爲看花留。」道出賞月時引發對家鄉的殷殷思念心情。清乾隆三年（1738）舉人陳輝〈中

〔註74〕 童慶炳：《中國古代心理詩學與美學》，頁58。
〔註75〕 張維垣生平資料參看《全臺詩》第9冊，頁1。
〔註76〕 《全臺詩》第9冊，頁19。
〔註77〕 《全臺詩》第1冊，頁266。

秋書感〉一詩也表現了思鄉情濃，其詩云：

> 碧漢無塵一色秋，疏星片月淡雲收。
>
> 霜露桂樹寒香滿，露滴桐梢瘦影幽。
>
> 幾曲微吟依海岸，半空清響起江樓。
>
> 誰家玉笛橫吹裏，卻把關山惹客愁。〔註78〕

詩句多寫中秋月夜美景，最後一句「卻把關山惹客愁」，一個「愁」便道盡客居在外的旅人佳節時思鄉心情。再有寓臺多年的清朝官員楊廷理於寓臺期間所書寫的〈中秋述懷〉一詩：

> 疏櫺朗照客愁新，臥對姮娥溯舊因。
>
> 十五年來良夜月，萬千里外久勞人。
>
> 星移物換今如昨，霧隱雲騰屈又伸。
>
> 妄冀蹉跎將壽補，開樽豁卷度芳辰。

詩序：

> 憶自乙卯（1795）八月初十日卸臺道篆，越日登舟內渡。丙辰（1796）八月初八日由熱河往伊犁，是日宿密雲縣。丁巳（1797）至壬戌（1802）六年戍伊犁。癸亥（1803）七月初十日到京。左足患瘡，由張家灣買舟南還，是日在舟中。甲子（1804）廣寓患疴。乙丑（1805）七月初一赴閩，是日在老隴道上。丙寅（1806）都中候銓。丁卯（1807）在臺，八月十四日馳赴淡北防緝朱逆。戊辰（1808）秋闈監試。己巳（1809）待渡廈門。庚午（1810）駐噶瑪蘭。計十五年來此日大半塵勞，不勝惆悵，口占以志。〔註79〕

詩序中說明自乙卯（1795）八月初十日抵臺赴任後十五年所經歷事，且多爲「塵勞」之事，雖是口占之作但於佳節中所引發的惆悵思緒更是深刻。施瓊芳（1815～1868）的〈旅邸中秋〉一詩也道出思鄉之情，其詩云：

> 月娥應笑筆才殫，佳景離情詠兩難。
>
> 此夜秋清銀色界，故鄉人倚玉蘭干。
>
> 笙歌異地操音別，風露中宵怯袖單。
>
> 羈客衷懷遊客興，歡愁各自到更殘。〔註80〕

〔註78〕《全臺詩》第 2 冊，頁 186～187。

〔註79〕《全臺詩》第 2 冊，頁 226。

〔註80〕《全臺詩》第 5 冊，頁 387。

詩的開頭便以「佳景離情詠兩難」點出由中秋佳景引發的離情，最後的「羈客衷懷遊客興，歡愁各自到更殘。」詩句，更以羈客和遊客的愁與歡心情的對比來突顯旅居寓外的遊人思情。清領時期中秋節令書寫尚有直書對家人思念心情之作，如清道光二十四年（1844）舉人徐一鶚的〈中秋憶內〉之一，其詩云：

> 青天故故月輪遲，獨夜愁心萬里知。
>
> 事業蹉跎羞馬齒，文章貧賤累蛾眉。
>
> 五年已付三年別，兩地還添異地悲。
>
> 癡拙最憐小兒女，秋風衣帶瘦難支。〔註81〕

寫於中秋佳節的詩歌，詩句中卻未能有一字一句的美景描繪，字字句句流露對久別家人難抑的思念之情。由以上清領時期臺灣古典詩中的三大節令書寫，可見到流宦官員與寓臺文人流露濃烈的思鄉思親之情，這思鄉情濃的節令思緒書寫亦是清領時期臺灣三大節令詩書寫特色之一。

三、臺灣風情的節令書寫

清領時期的臺灣古典詩，初期以寓臺的遊宦詩人為書寫者，延續明末具強烈民族意識、濃厚家國思念的詩歌內涵而來，中後期逐漸有本土詩人加入書寫，古典詩文開展了不同的風貌，以自然景觀、人文風物為書寫主題，詩歌內涵逐漸有在地化的社會關懷；以時代的歷史事件書寫，詩人也能以隱晦文字記下史事。從藝術層面來說，依舊保有古典詩歌描摹景物的技巧，及記史詩歌的比興托諷。在文化層面上，此時期詩歌所呈現的風土民情，尤其更接近臺灣百姓真實生活，也能反映臺人真實心情，詩作內含對民瘼的關心特色，著實蘊含時代風土文化意義，其中三大節令的詩歌書寫中更是將臺灣在地風土民情具體呈現，這臺灣風情的節令書寫即是清領時期臺灣三大節令詩另一個書寫特色。從新年節令詩歌來看，有如鄭用錫（1788～1858）的〈消閒雜詠〉二十五首中副詩題：「元旦新門神到任」一詩，詩題便寫出臺俗中有於過年時更換新的門神繪像，其詩云：

> 頭銜初換喜新遷，印綬長披玉闕前。
>
> 從此門前無狗盜，勞他鎖鑰管年年。〔註82〕

〔註81〕《全臺詩》第8冊，頁473。
〔註82〕《全臺詩》第6冊，頁134。

詩中說明門上貼以門神繪像可庇佑家戶平安。清同治癸酉（1873）舉人唐贊袞書有〈臺俗：元旦，地方官出門拜客，必以鼓樂導前，舊例如此，固亦未禁革也，戲紀以詩〉一詩，其詩云：

> 元辰盛儀仗，六街鳴金鑷。群從袂成幃，掠風馬蹄驕。
>
> 縱橫走冠蓋，輿前沸笙簫。渾如新嫁娘，紅鷥舞絳宵。〔註83〕

詩題中即指明詩中所寫為臺灣當地的元旦舊例，且為官方習俗非民間風俗。端午節令詩中可見關於臺灣節令風俗的描寫亦有多首，如鄭大樞的〈風物吟〉，十一首之四，詩中即描寫臺灣端午競渡的熱鬧情形，其詩云：

> 海港龍舟奪錦標，纏頭三五錯呼么。
>
> 行看對對番童子，嘴裏彈琴鼻裏簫。〔註84〕

再有陳肇興（1831～？）〈端午飲家與三茂才舍中聞大軍登岸口占示喜〉詩中有「益智未能聊食粽，辟災無術只懸蒲。」〔註85〕，寫出了端午食粽及懸蒲以避災的習俗。清代古典詩中記載風土民情以竹枝詞為最多，翁聖峰《清代臺灣竹枝詞之研究》書中指出「清代台灣出現許多種采風作品，竹枝詞也是其中一種。」〔註86〕，於《全臺詩》中所見有清同治四年（1865）舉人張書紳的〈端午竹枝詞〉四首，詩云：

> 艾劍蒲旗比戶懸，登盤桃李賽芳鮮。
>
> 花生荇菜新尤物，祭祖無瓜笑不虔。
>
> 雄黃滲酒為驅邪，五毒張羅送海涯。
>
> 祇有蝸牛偏自在，容留池畔伴青蛙。
>
> 角黍兒童興最長，甜鹹不管每偷嘗。
>
> 祖公未拜香先點，雞肉無如粽味香。
>
> □聞簫鼓鬧溪邊，水淺無從賽彩船。
>
> 臭袋香囊依俗佩，龍舟鬚亦有人纏。〔註87〕

詩中所記臺灣端午節風俗有懸蒲艾於門前、以瓜祭祖、雄黃製酒以驅邪及食

〔註83〕《全臺詩》第 12 冊，頁 606。

〔註84〕《全臺詩》第 2 冊，頁 74。

〔註85〕《全臺詩》第 9 冊，頁 273。

〔註86〕翁聖峰：《清代臺灣竹枝詞之研究》，（臺北：文津出版社有限公司，1996 年 4 月），頁 47。

〔註87〕《全臺詩》第 10 冊，頁 308。

角黍，並有龍舟競渡之節令活動，正和《臺灣府志・卷七・風土志・歲時》所記載：「端午日，昔人取艾懸戶，採蒲泛酒；……。所在競渡，雖云弔屈，亦以辟邪」〔註88〕及《嘉義管內采訪冊・打貓南堡・歲序》所記載：「五月五日，端午節。俗名五日節。門首各插菖蒲、艾、松枝，飲雄黃酒，以竹葉包糯米為粽，所謂『角黍』。親朋以此投贈，亦以此祀神祇、祖先。」〔註89〕之俗相同。

另於陳香編著的《臺灣竹枝詞選集》所見有〈新正竹枝詞〉五首，其詩云：

> 嘻嘻哈哈過新年，爆竹高陞敬寶先。
>
> 龍眼乾茶甜大禮，拜人人拜織穿梭。
>
> 新衣新帽又新鞋，童子逍遙任逛街。
>
> 不得罵人兼罵狗，猜拳喝酒盡開懷。
>
> 虔誠祭祖敬甜茶，蜜餞堆盤不用貑。
>
> 昨夜封刀今鎖井，門楣競尚掛紅紗。
>
> 年糕老幼果饞腸，炒飯無多比嘴嚐。
>
> 青菜鯉魚同口喫，財源廣進始能長。
>
> 廟戲咿啊鑼鼓喧，男男女女愛科渾。
>
> 看人人看人如浪，忽而東村忽北村。〔註90〕

五首詩中記載了清代過新年燃爆竹、親友相互拜年、著新衣帽、祭祖敬茶、看廟戲、吃年糕和各種年菜等等習俗，提供了清領時期年節風俗的參考。中秋節令則有光緒辛卯秀才，臺灣竹塹人林知義所書寫的〈中秋竹枝詞〉四首，其詩云：

> 芒花競插不知由，拔竹偷蔥各忍羞。
>
> 謂是太陰生誕日，一年盛典在中秋。
>
> 剝柚人言可禦窮，年年剝柚餇稚童。
>
> 稚童不識窮何物，有柚分嘗笑臉同。

〔註88〕〔清〕高拱乾：《臺灣府志》《臺灣府志・臺灣府賦役冊（合訂本）》，頁191。

〔註89〕〔清〕《嘉義管內采訪冊》《新竹縣制度考・安平縣雜記・苑裡志・嘉義管內采訪冊》，頁37～38。

〔註90〕陳香：《臺灣竹枝詞選集》，（臺北：臺灣商務印書館發行，1983年4月），頁256～257。

　　豐原月餅出名鬆，竹塹糖多氣味濃。

　　粵製不能閩製比，說來瘦肉遜莎蓉。

　　女去聽香男趕場，各隨興趣各煩忙。

　　聽香卜遂心中願，猜謎須搜枯槁腸。〔註91〕

第一首詩中所記清代中秋節時有婦女偷蔥拔竹以求覓得好夫婿之習，比對《澎湖紀略·風俗紀·卷之七·歲時》所記載：「是夜男女出遊，以竊得物件爲吉兆。未字之女，必偷他人的蔥菜。」〔註92〕之俗相似；第二首詩中所說的「柚」則爲《臺灣府志·卷七·風土志·土產》中所記：「果之屬……柚（實大，而皮加厚，稍遜內地）」〔註93〕，爲臺灣當地的水果；第三首詩中所說的月餅則清代方志中多有記載，如《臺灣府志·卷七·風土志·歲時》所記爲：「中秋，……是夜，士子遞爲燕飲賞月；制大麵餅，名爲『中秋餅』」〔註94〕是臺灣中秋時特別製作的節令食品；第四首詩所說的「聽香」、「猜謎」則與《廈門志·卷十五·風俗記·歲時》中所記：「中秋……婦人拈香牆壁間，竊諦人語，以占休咎；俗謂之『聽香』」〔註95〕及《噶瑪蘭志略·卷十一·風俗志·土習》中所記：「八月中秋，……更有硃墨紙筆，瓶袋香囊諸物，羅列几案，掛一燈牌於門前，以猜取詩謎，亦有雅致。」〔註96〕之俗相同。清領時期三大節令詩中呈現臺灣新年、端午、中秋三大節令的風土民俗，接近臺灣百姓眞實生活，也反映臺人過節時的心情感受，此種表現臺灣風情的節令書寫亦是清領時期臺灣三大節令詩書寫特色。

小　結

　　整理清領時期臺灣新年、端午及中秋節令民俗，得知清代臺灣節令民俗除了由閩粵移民傳入的風俗之外，也逐漸融入臺灣當地民俗，發展出具有在地特色的風俗儀式及節令意涵，新年節慶於清領時期，是在「紅白米糕」、「年糕」、「粿」等年節食品、「竊花、偷石」的年俗及「鬧廳」和「鬧傘」的年節

〔註91〕陳香：《臺灣竹枝詞選集》，頁262～263。

〔註92〕〔清〕胡建偉：《澎湖紀略》，頁154。

〔註93〕〔清〕高拱乾：《臺灣府志》《臺灣府志·臺灣府賦役冊（合訂本）》，頁200。

〔註94〕〔清〕高拱乾：《臺灣府志》《臺灣府志·臺灣府賦役冊（合訂本）》，頁192。

〔註95〕〔清〕周凱：《廈門志》（下冊）《臺灣文獻史料叢刊·第二輯》第40冊，頁642。

〔註96〕〔清〕陳淑均：《噶瑪蘭廳志》，頁109。

活動中發展出臺灣特有的新年節慶文化，即使因統治者為昭顯天威而保有繁複的元旦朝賀儀式，使得清領時期臺灣新年節慶除庶民文化意義之外，尚富尊崇皇家的時代意義。端午節俗移植臺灣未久就因時地、氣候而產生變易，於此時節慶的歡樂氣氛少些，多是驅疫辟邪的科儀，屈原故事雖還在，但僅為聯繫傳統而存在，未帶有政治意涵。中秋節俗移植臺灣也因時地、風俗而產生變易，節慶活動以祈福與感恩為主軸，也添入臺地盛行風俗如博弈於其中，在傳統節令基礎上呈現在地化的節令風俗。

這些節令民俗除了從記載風俗的文獻探尋，從清代寓臺文人及本土文人所創作的三大節令詩中也見到書寫臺灣多元的節令文化，詩中描寫臺灣百姓真實年節習俗及反映臺人過節時的心情感受，呈現臺灣新年、端午、中秋三大節令的風土民俗，使古典漢詩發展到清領後期已具臺灣在地特色，除此表現臺灣風情的節令書寫的特色之外，清領時期由於文學活動者仍以流宦官員與寓臺文人為主，即使是在三大節令書寫上，此時期的詩作仍有「情景兼融的節令氛圍」及「思鄉情濃的節令思緒」的詩歌特色表現，實因清領時期的古典漢詩人大多具有深厚漢學素養，古典漢詩創作技巧中的「情景交融」運用及以詩抒情的書寫特色自然成為清領時期臺灣三大節令詩書寫特色。

從記載風俗的文獻探尋、整理清領時期新年、端午及中秋節令民俗的發展，並透過探析臺灣古典詩中三大節令書寫特色，得見清領時期在精采獨具特色的臺灣節令民俗文化背景中，以民俗化的詩歌特色譜寫而成臺灣古典詩中的三大節令書寫。

第三章　日治時期新年節令詩的民俗及文化意義

　　本文第二章已提及，從記載臺灣歷史的地方志可看到臺灣新年活動的情形，清領時期「賀正」拜年、互相祝賀及著新衣的年節活動，臺灣與外島澎湖、金門都有相同活動。日治時期的新年節令因舊曆改行新曆，開始有日式新年儀式、擺飾及飲食的植入，如賀年儀式中多了「投刺賀」的名片交換活動，及門口掛國旗、掛設七三五繩（稻草繩）、設門松等新年擺飾，年節飲食中還出現類似傳統「年糕」的「鏡餅」等日式年節食品，這些臺灣節令民俗文化的變易，從記載臺灣地方志及日治時期為瞭解臺灣風俗習慣而進行的舊慣調查所留下的資料可探得一二。本文試從能涵蓋庶民生活層面，擴及整個歷史社會的變遷，並具有時代性及在地性意義的臺灣古典詩中的新年節令詩，探討其中的民俗及文化意義。

第一節　新年節令詩中的民俗

　　日本對臺統治一開始，便以現代化為理由，將臺灣人民依循生活的陰曆改為陽曆，並漸進式的要求臺灣人民改過新曆新年而使臺灣新年有了新曆新年與舊曆新年的區分，日本統治臺灣五十年期間，新舊曆新年在儀式、擺飾及飲食上有維持傳統、強迫植入或部份改易，也有互相融合的民俗呈現。以殖民的手段來說，改曆是殖民者用以「同化」被殖民者的其中一項，殖民者欲藉由文化來「同化」，但文化較之語言根植於庶民生活更深，即使日本以統

治者之姿，在文化競逐的場域上扮演著強勢的一方，但庶民仍以柔軟而堅毅的力氣維護著傳承自祖先的文化傳統，因此在過新年時，要過新曆的還是舊曆的？儀式上該依循傳統還是接受日式儀式的植入？代表年俗精神的擺飾、飲食又該如何呈現？在在令當時臺人為難，不同時期而有不一樣的應對表現，林玉茹：〈過新年：從傳統到現代臺灣節慶生活的交錯與嫁接（1890～1945）〉一文整理從清末到日治時期臺灣人過新年模式的變化，在 1908 年前庶民只過舊曆新年，但奉職官衙及學生需參與政府的新年活動；1919 年統治者展開積極同化運動，城市及中上階層民眾大部份改過新曆新年，商店也於新曆新年期間休業，且「為了讓臺灣人能徹底改曆，包括張貼門聯、燃放爆竹、吹春、祭神拜祖、到寺廟燒香拜佛、炊年糕、寺廟撞鐘等傳統舊曆新年的習俗，也直接嫁接至原來的日式儀禮當中」，也就是在 1920 年代之後，臺人過著兩個新年；但 1937 年皇民化運動開始，「臺人雖然仍繼續過舊曆年，但儀式逐漸隱形化，至少已看不到賀正、燃爆竹以及貼門聯的現象。另一方面新曆新年祝賀典禮成為戰爭宣傳的最佳時機」，於後戰事擴大，舊曆新年的節慶風俗更逐一被廢，惟有農村因固有依舊曆而行的生活習慣，無法捨棄舊曆新年的文化傳統，其他具反抗意識的臺人則將儀式隱形，表面配合著過新曆新年，私下仍過舊曆新年〔註1〕。

面對新年因新舊曆改易而來的變化，創作古典詩歌的文人，或在擊鉢吟中附和、配合當局，或以詩歌頌揚皇恩，或刻意呈現盛世太平之象，書寫以日式儀禮進行的新年景象，但也有如林獻堂之類具反抗精神的文人藉詩歌的隱晦，暗藏傳統文化的印痕，在歌詠字句中鑲嵌臺灣禮俗文化精神，低調而柔軟地表達被殖民者的反抗。以下將《全臺詩》及《台灣漢詩數位典藏資料庫》中所收錄和臺灣新年有關的節令詩，整理出「賀年民俗」、「年節飲食民俗」及「年節擺飾民俗」三方面的文化呈現：

一、賀年民俗

（一）朝賀之儀

新年的首日，古以「元旦」稱之，古來帝王會於元旦之日舉行禮儀隆重的朝會接受文武百官的朝拜慶賀，於地方為官者也有賀正之儀，此俗在清朝

〔註1〕 林玉茹：〈過新年：從傳統到現代臺灣節慶生活的交錯與嫁接（1890～1945）〉，（《臺灣史研究》第 21 卷第 1 期，2014 年 3 月），頁 36～38。

舉人，曾任臺灣兵備道的唐贊袞〈臺俗：元旦，地方官出門拜客，必以鼓樂導前，舊例如此，固以未禁革也。戲紀以詩〉詩中可見：

　　　元辰盛儀仗，六街鳴金鑣。群從袂成幄，掠風馬蹄驕。

　　　縱橫走冠蓋，輿前沸笙簫。渾如新嫁娘，紅鸞舞絳霄。〔註2〕

清代臺灣舊俗，新年的第一天，地方官出門拜客，以鼓樂陣仗當前導，儀仗盛大，特顯官威之顯赫。清朝後期，賀正拜年的繁縟漸減，但「賀王正」的傳統仍可於詩作中得見，如查元鼎（1804～？）的〈元日〉：「年矢頻教客裡更，也書春帖賀王正。」〔註3〕、林占梅（1821～1868）的〈元旦望闕〉：「北望神京叩祝遙，五雲深處奏簫韶。御爐香靄千官擁，鵠立通明侍早朝。」〔註4〕呈現元旦朝賀的傳統，清末，詩作中不直接寫朝賀之禮，字字句句卻仍帶有濃厚的元旦朝賀帝王節慶氛圍，如李望洋（1829～1901）的〈乙酉（1885）都門元旦偶詠〉：

　　　誰家爆竹暗飛聲，散入春風滿帝城。

　　　燕市曉燈開萬戶，薇垣紫氣耀神京。

　　　眾仙捧日朝天子，兆姓焚香頌太平。

　　　最是一年歡喜事，人人相見賀新正。〔註5〕

這是詩人刻意營造，未能有實際的朝賀儀式，就以「爆竹聲」、「曉燈紫氣」、「仙人捧日」的詩句來完成朝賀之禮，這在清末國家動盪之時更顯意義。

　　到日治時期，日本欲同化臺灣人民為真正的天皇子民，新年拜賀儀式中又再見到朝拜帝王的儀式，並以日式儀禮進行，蘊含濃厚大和文化精神，感化臺人之意昭然。由臺灣總督府民政部學務課所編寫的《祝祭日略義》中對元旦時所舉行的拜賀禮及國民需遵行之理，說明如下：

　　　一月一日、天皇，親拜天地四方，祈天下太平，萬民安寧，稱日四

　　　方拜。此儀天皇躬行之。歷世皆然。

〔註2〕　施懿琳主編，全臺詩編輯小組編撰：《全臺詩》第12冊，（施懿琳主編，全臺詩編輯小組編撰：《全臺詩》第1～35冊，臺南：國家臺灣文學館，2004～2014。），頁606。本研究資料來源因有多處參考自《全臺詩》內容，為避免資料的贅述，爾後引用該書冊內容，皆於《全臺詩》後標注後標注冊數與頁數，不再羅列出版項目。

〔註3〕　《全臺詩》第6冊，頁304。

〔註4〕　《全臺詩》第7冊，頁148。

〔註5〕　《全臺詩》第9冊，頁171。

四方拜者，非徒拜四方，拜伊勢神宮。天神地祇。四方諸神祠。及歷世山陵。次拜賢所皇靈殿神殿。旋受群臣拜賀。謂之朝賀。蓋古禮也。

今上天皇。當躬慈仁之德。而於歲首。先爲民人禱安寧如此。爲國民者不可不感戴聖恩。以圖報效。國民即於此日賀尊長。祝親戚朋友之壽。又拜產土諸神祠及祖先廟。皆遵聖旨也。〔註6〕

由以上所記可知，朝賀是日本古禮，來自對天皇的感戴，日俗中，元旦此日也有表達對親戚朋友的祝禱及拜祭祖先、神祇之俗。從《全臺詩》中整理相關詩作，詩題中有日本皇宮中舉行大型宴會及參拜天皇朝儀式所在「豐明殿」的，有下列九首：

〈表3-1〉：詩題中有「豐明殿」的詩作

作者	生卒年代	發表時間	詩題
鄭鵬雲	（1862～1915）	發表於1910年	〈擬元日早朝豐明殿〉二首〔註7〕
謝維巖	（1879～1921）	不詳	〈擬元日早朝豐明殿〉〔註8〕
劉獻池	（1863～？）	發表於1922年	〈元日早朝豐明殿〉〔註9〕
林逢春	（1868～1936）	發表於1922年	〈元日早朝豐明殿〉〔註10〕
王則修	（1867～1952）	發表於1922年	〈元日早朝豐明殿〉四首〔註11〕

這些詩作內容都爲歌頌天皇而作，如林逢春（1868～1936）發表於1922年的〈元日早朝豐明殿〉：

〔註6〕 臺灣總督府民政部學務課：《祝祭日略義》，（出版地不詳，臺灣總督府民政部學務課發行，1899年12月），頁1～2，《日治時期圖書全文影像系統》，網址：〈http://stfb.ntl.edu.tw/cgi-bin/gs32/gsweb.cgi/ccd=0anRFT/search〉，檢索日期：2016年9月7日。本研究資料來源因有多處參考自《日治時期圖書全文影像系統》內容，爲避免資料的贅述，爾後引用該網站內容，皆於《日治時期圖書全文影像系統》後標注檢索日期，不再羅列網址。

〔註7〕 《全臺詩》第14冊，頁63。
〔註8〕 《全臺詩》第30冊，頁478。
〔註9〕 《全臺詩》第14冊，頁294。
〔註10〕 《全臺詩》第23冊，頁539。
〔註11〕 《全臺詩》第23冊，頁270。

> 豐明金殿煥春光，出御天皇佩菊章。
>
> 寶扇潤霑宮柳露，袞衣煙惹御爐香。
>
> 黃門葦索迎春瑞，丹陛櫻花獻歲祥。
>
> 朝罷四方行拜式，神京帝祚萬年昌。〔註12〕

先描寫豐明殿金碧輝煌貌，再寫佩帶日本皇室家徽的天皇，在彷如天境的豐明殿上接受各方行朝賀之禮，詩中提及「丹陛櫻花」是植於宮殿臺階兩旁，為象徵日本民族文化精神的櫻花，突顯此為舉行日式典禮的場所，「朝罷四方行拜式」正是民政部學務課所編寫的《祝祭日略義》中所說之拜賀禮，可見此詩所寫為日式新年拜賀儀禮。再如王則修（1867～1952）〈元日早朝豐明殿〉其二：

> 富士山頭轉向春，宮中禁鼓報芳辰。
>
> 趨朝劍佩錚錚響，受賀歌章肅肅陳。
>
> 曙色漸分雙闕白，天顏遙見九重眞。
>
> 豐明殿上開瓊宴，共荷皇恩雨露新。〔註13〕

此詩提到日本奉為神山的富士山，在如中國傳統以華麗文字寫帝王宮殿、朝賀威儀的詩歌風格中，以具大和民族特徵的名物突顯日式典禮，為這類以「豐明殿」為詩題的詩作特色。以其發表時年來看，正是日本以同化政策為治臺方針的重心之時，漢詩與寫作漢詩的詩人都成為同化的工具，這些詩作表面上是詩人們妥協之作，其實詩人巧妙的以漢詩用典技巧將漢文化精神內化於詩文之中，如王則修〈元日早朝豐明殿〉其四：

> 二重橋上眾星馳，宮樹迷茫曉露垂。
>
> 聽鼓待趨三殿砌，朝端齊獻萬年巵。
>
> 御香娘娘攜袍袖，仙樂飄飄肅禮儀。
>
> 虎拜豐明伸頌祝，共歌天保九如詩。〔註14〕

「虎拜豐明伸頌祝」詩句中的「虎拜」，源於《詩・大雅・江漢》中「虎拜稽首，天子萬年。」一語，後稱大臣朝拜天子為虎拜；「共歌天保九如詩」詩句中的「九如」，源於《詩・小雅・天保》中「如山如阜，如岡如陵」等句，為祝頌人君之詞，正是詩人以傳統典故入詩，將漢文化精神內化於詩文之中的表現。

〔註12〕《全臺詩》第 23 冊，頁 539。

〔註13〕《全臺詩》第 23 冊，頁 270。

〔註14〕《全臺詩》第 23 冊，頁 270。

（二）賀正名刺的嫁接

日治時期初期的賀年活動，還是維持傳統的年節習俗，民間賀年的活動以外出拜訪親友爲主，如清末日治初期的方志——《安平縣雜記》中所記載的新年賀年活動：

> 早飯後，冠服往各親友家拜賀。名曰拜正。有乘轎者，有步行者。
> 若親友多，初二、初三方拜賀完遍。主人若在家，則冠服出迎。近時多不親行，僅遣家丁持帖往賀，兩便故也。而禮已簡矣。〔註15〕

拜訪親友的賀年活動稱之爲「賀正」，且拜年的禮俗也已趨簡，此俗鈴木清一郎所著《增訂臺灣舊慣習俗信仰》中詳述如下：

> 元旦這天，大家都要「賀正」，也就是互相拜年，通常都是拿一大疊紅紙片，用毛筆寫上自己的名字，到親友家拜年時，照例要留一張這種名片，收下這種名片的主人，通常都是貼在正廳的牆壁上，藉以誇耀自己親友之多。近年來已經逐漸使用現時式樣的名片，不過還有一部份人是印在紅紙上，這就是受臺灣固有風俗的影響。〔註16〕

「賀正」活動中拜訪親友後留下名片的習俗，從宋代的「投刺」〔註17〕而來，到清代仍有投名刺拜年之俗，且城鄉皆有此俗，並延續到日治時期，從詩人以元旦新年爲題的詩作中可見到投名刺拜年的記載，如林培張（1864～1941）〈元旦書懷〉：

> 漸老逢春易斷腸，天涯元日感流光。
> 未能免俗賡椒頌，不解何方寄草堂。
> 無用頭顱增白髮，難償心事付黃粱。
> 寓樓名刺朝來滿，我亦隨人贈答忙。〔註18〕

〔註15〕 《安平縣雜記》，《臺灣文獻史料叢刊‧第二輯》第 35 冊，（臺北：臺灣大通書局，1984 年），頁 1。

〔註16〕 鈴木清一郎著，馮作民譯：《增訂臺灣舊慣習俗信仰》》，（臺北：眾文圖書股份有限公司，1994 年 5 月），頁 431。

〔註17〕 李岩齡、韓廣澤合著：《中國古代詩歌與節日習俗》中述：「登門拜賀總有深淺不同的情誼在。至宋代，由於親朋、同僚過多拜不過來，興起了『投刺』之風。『刺』，類似今之名片。……至宋代，每至元旦，一些人即以二寸寬三寸長，以梅花箋紙製成，上書自家姓名、地址的名刺，投贈親友，以示新年拜賀，而本人則不再親臨拜年。」（參看李岩齡、韓廣澤合著：《中國古代詩歌與節日習俗》，臺北：百觀出版社，1995 年 7 月，頁 37。）

〔註18〕 《全臺詩》第 22 冊，頁 52。

「寓樓名刺朝來滿」即是投名刺拜年的民俗呈現，此時投刺是到親友家拜訪後留下名片。林維朝（1868〜1934）的〈丙辰（1916）元旦〉：「桃符絢爛換新年，新式衣衫照眼鮮。彼此往來投賀刺，大家恭喜喜無邊。」〔註19〕，書寫在往來投刺的拜年活動中更呈現歡喜過新年的氣氛；蔡佩香（1867〜1925）亦有詩作記載此俗，其〈新年有感〉二首之一：

　　頻呼薄酒轉生愁，投刺年來俗例休。

　　屈指千家生計迫，當頭萬樹戰聲遒。

　　厭聽竹爆風除舊，不買桃符景似秋。

　　斟罷屠蘇增馬齒，漫隨浮世逐狂流。〔註20〕

詩中敘述在戰亂、生計窘魄時投刺之俗不得不休止，即使仍有爆竹聲響，年景卻仍似秋景，詩人對因戰亂而無了投刺之俗深感歎息。投名刺拜年之俗不只在熱鬧城市中有，農村新年也有此俗，蔡佩香另一首新年詩〈新年言志〉四首之三中即見「田父投名天趣好，農夫拜歲聖恩寬。」〔註21〕的詩句。

　　初期的投名刺拜年尚未受日俗影響，名刺依照舊俗多以紅紙製成，但因日式新年中也有「名片交換會」這樣類似的習俗，只是名刺形式臺日大不相同，鈴木清一郎所說「現時式樣的名片」指的就是日式名片，是以白紙製成，不同於臺式以紅紙書寫，對名刺的顏色、樣式，日方並無強制性的規定，因而有紅白兩色的名刺同時在新年拜年的場合出現，如楊爾材（1882〜1953）〈庚申（1920）元旦書懷〉二首之一所記：

　　雞唱頻頻欲曙天，囊分紫赤佩迎年。

　　鄰翁打酒留賓飲，稚子穿衣鬥客妍。

　　名刺參差紅又白，松枝蒼翠插還懸。

　　椒觴何必今朝勸，自問無慚壽永綿。〔註22〕

「名刺參差紅又白」此句所寫正是賀年場合上同時可見紅白兩色的賀正名刺。因此賀正名刺於顏色上並無更易，而是儀式上的嫁接呈現了日治時期受日俗影響產生的變易，宋代以來的「投刺」之俗主為對親友表達恭賀新年的祝福，方式是到各地親友家拜訪，日治以前，臺灣沿用此儀，如《安平縣雜

〔註19〕《全臺詩》第23冊，頁416。

〔註20〕《全臺詩》第22冊，頁354。

〔註21〕《全臺詩》第22冊，頁527。

〔註22〕《全臺詩》第34冊，頁336。

記》中所記載爲「持帖往賀」，但同樣在新年舉辦的日式「名片交換會」，移植到臺灣，活動方式是臺灣總督府爲拉籠地方士紳於新曆新年時舉行的新年慶典，於慶典中交換名片，於是我們見到詩作中名刺由「投」變成「換」，如葉際唐（1876～1944）〈元旦雨〉其二：「傘扶屐著爲誰教，名刺紛紛換互交。別有分呈賀年狀，淋漓惟恐透郵包。」〔註23〕，不同於林資銓（1877～1940）〈溫陵竹枝詞〉其二中：「元旦千門萬戶開，紛紛名紙往還來。兒童兩袖懷紅橘，知自尊前賀歲回。」〔註24〕，賀正名刺的年俗於日治時期有了改易，原是到親友家投名刺恭賀新年，年節熱鬧的氛圍是在親友往來互動中呈現，但日俗移入後變成親友們於「名片交換會」的新年慶典中互換名片互相恭賀，年節熱鬧的氣氛中帶有強烈政治意味。

（三）舊曆與新曆新年的競逐

　　1909 年（明治 42 年）11 月 30 日日本政府公告廢除太陰曆（農曆），改行新曆，改曆一事對臺人是一件大事，臺人原本的生活，不只民俗宗教活動是依農曆日期來訂定，農民耕作也依農曆而行，甚至婚喪嫁娶也要看農曆上可行的日子來決定，想要改變並非易事。再加上初期「舊慣溫存」的政策並未完全禁止舊曆的使用，因而，逐漸形成了二元的現象：日本人、政府機關、官方機構、學校及社會團體等使用新曆，而本地人（大多數爲農民、商人）、廟宇等則仍沿用舊曆。查看新年節令詩作，詩人們也紀錄下改曆之事，如黃守謙（1871～1927）〈奉春王正月〉：

> 粵昔堯帝命羲和，敬授人時用意多。
> 朔望由來驗蓂莢，晝推日晷夜星河。
> 四季遞更測永短，平秩東作進南訛。
> 三十六旬餘置閏，徒知日月走如梭。
> 我國當年頒鳳曆，遙遙法則仰陶唐。
> 先皇明治維新後，潤色江山汲西洋。
> 從違無心祇擇善，仍將正朔求精詳。
> 地球繞日圓行過，三百六十五日強。
> 差分積四成一日，即茲置閏曆稱陽。
> 世界文明出合轍，不向冰輪論曙光。

〔註23〕《全臺詩》第 28 冊，頁 430。
〔註24〕《全臺詩》第 29 冊，頁 249。

　　鯤島廿年旭旗下，漸知向上望扶桑。

　　盡把桃符換松竹，共奉春王豈改良。

　　葭灰吹管過十日，千門萬戶景翻新。

　　馬齒增添鴻禧祝，悉是屠蘇醉裡人。

　　君不見三代盛世有因革，歲首竟非盡建寅。

　　又不見武陵桃花記改歲，堪共昔時生蕃稱遺民。

　　況復敕諭光日月，國憲常重國法遵。奮發步趨依母國，勿忘年計在
　　初春。〔註25〕

詩作從上古皇帝依四季日夜變化推演而制定的曆法說起，鳳曆也稱歲曆，含
有曆數正朔之意，來自《左傳・昭公十七年》：「我高祖少皞，摯之立也，鳳
鳥適至，故紀於鳥，為鳥師而鳥名，鳳鳥氏曆正也」〔註26〕之典故，強調舊
曆沿用已久，也有提示舊曆才是正曆之意。但統治者漸進式的推行新曆，詩
人只能「說服」自己新曆的實行是「從違無心祇擇善」、「世界文明出合轍」，
「說服」自己接受改曆事實。不過，這「接受」可是花了一番時間，「鯤島廿
年旭旗下，漸知向上望扶桑。」，這也只是表面的接受，表面上可以「盡把桃
符換松竹」，依舊有「歲首竟非盡建寅」的無奈，「建寅」之典來自《淮南子・
天文訓》：「天一元始，正月建寅。」〔註27〕指以夏曆正月為歲首的曆法，即
古來生活中所依歸的曆法，全詩對改曆之事表達無奈之情，多處用典以隱晦
文字表達心中不願接受改曆的心情。

　　日本政府雖在 1909 年（明治 42 年）11 月 30 日才公告廢除太陰曆，但其
實一入臺，日人便以明治維新的延伸帶入現代化的西曆行事，從當時的詩作
中也可見到新曆實行的時間，如黃茂清（1868～1907）〈辛丑（1901）元旦〉
及〈壬寅（1902）元旦〉兩首詩作詩句中都提及改曆的時間：

〔註25〕　《全臺詩》第 20 冊，頁 268～269。

〔註26〕　《左傳》，《中國哲學書電子化計劃》，網址：〈http://ctext.org/chun-qiu-zuo-zhuan/
　　　　　zhao-gong-shi-qi-nian/zh?searchu=%E9%B3%B3&searchmode=showall#result〉，
　　　　　檢索日期：2016 年 9 月 5 日。本研究資料來源因有多處參考自《中國哲學書
　　　　　電子化計劃》內容，為避免資料的贅述，爾後引用該網站內容，皆於《中國
　　　　　哲學書電子化計劃》後標注檢索日期，不再羅列網址。

〔註27〕　〔漢〕劉安：《淮南子》，《中國哲學書電子化計劃》，檢索日期：2016 年 9 月
　　　　　5 日。

〈辛丑（1901）元旦〉

頌獻椒花列上臺，南瀛景色類蓬萊。

迎年松竹光盈戶，祝歲衣冠彩映杯。

紙醉金迷新世界，鶯歌燕舞畫樓臺。

樽前暢飲屠蘇酒，無限春風送暖來。

正朔頒行異舊時，如今六度祝年禧。

劉伶此際更耽酒，賈島昨宵亦祭詩。

萬里春風開筆硯，一元旭日麗門旗。

昇平景象清閒福，坐對南山進滿巵。〔註28〕

〈壬寅（1902）元旦〉

舊人今日說新年，深恐寒梅笑眼前。

甕底猶餘辭灶酒，案頭尚剩祭詩篇。

廳開粉署官非昔，帖寫宜春字亦妍。

卅載光陰仍故我，還憑翰墨作因緣。

東皇又報著鞭先，祝歲頻斟酒數千。

萬戶風光華世界，十分春色綠門天。

旌旗映日輝元旦，冠蓋爛雲賀始年。

正朔頒行今七載，屠蘇送暖醉陶然。〔註29〕

寫於辛丑（1901）元旦的詩中記「正朔頒行異舊時，如今六度祝年禧。」，改曆的時間推算為1895年；寫於壬寅（1902）元旦的詩中記「正朔頒行今七載，屠蘇送暖醉陶然。」，推算出新曆推行時間為1985年，亦即日本入臺那一年，可知日人一入臺便改行西曆。

即使在對臺統治一開始就推行新曆，但臺人對改曆一事實在難以接受，對此詩人也在詩作中傳達心情，如蔡佩香〈乙丑（1925）元旦試筆〉：

一年兩度慶芳辰，下筆淋漓獨有神。

老眼怕看新曆日，放懷雅愛舊吟身。

編修歲律人間改，煥發東風大地春。

墨瀋混成元旦酒，攤箋作楷猶勞人。

磨礪如何筆一枝，揮時不為歲寒欺。

〔註28〕《全臺詩》第18冊，頁120。

〔註29〕《全臺詩》第18冊，頁126。

　　蠶聲食盡猶強健，春色無端漫笑嬉。

　　世俗偷將忙裡過，詩家興會□中癡。

　　和風旭日臨書勁，草就龍蛇力不疲。〔註30〕

蔡佩香寫作此詩已是改曆後三十個年頭，「一年兩度慶芳辰」，還是過著兩個新年，「老眼怕看新曆日」，老和新兩字對比，尤其用「怕」來表現出念舊的心情，再一句「放懷雅愛舊吟身」，還是舊的好，全詩看似「試筆」之作，暗含對新曆實行的無奈與抗拒。除了蔡佩香還有一位對舊曆年制念念不忘的詩人，從其詩作中就可看出，即林臥雲（1881～1965）〈元夜即景〉，其詩云：

　　壬午新曆迎元旦，恰值陰曆團圓夜。

　　一天星斗無纖雲，皎潔當頭光四射。

　　人對梅花淑氣清，豈圖大地復轟鳴。

　　一震再震三四震，春酣夢斷神爲驚。

　　危坐燈前起長嘆，我生不幸遭斯難。

　　戰氛又起太平洋，世事紛然戚友散。

　　風流韻事苦無多，酒泛金蘭獨嘯歌。

　　浩劫劇憐經疊疊，只添如雪鬢雙皤。〔註31〕

「壬午新曆迎元旦，恰值陰曆團圓夜。」詩人寫壬午新曆新年和舊曆除夕剛好爲同一天，作此詩是記新曆元旦還是陰曆團圓夜？壬午爲 1942 年，改行新曆已將近四十七年，如果以新曆記年記事，可直書新曆即可，詩人卻特意再提舊曆，1937 年皇民化運動推動後，統治者也不再容許舊曆年的存在，林玉茹：〈過新年：從傳統到現代臺灣節慶生活的交錯與嫁接（1890～1945）〉一文將此時期（1937～1945）的新舊曆新年的競逐視爲「舊曆新年的隱形」〔註32〕，臺灣人表面過新曆新年，舊曆新年時則低調的過，林臥雲寫作此詩已是舊曆新年的「隱形期」，且戰事頻仍，心情的灰暗與積累的痛苦無法可解，「只添如雪鬢雙皤」，書寫新年，全詩卻無一絲新年氣氛。

　　改曆一事影響深遠，也未因日治時期的結束而消失，林獻堂（1881～1956）是當時特具反抗精神的詩人，常藉詩文表達心志，如〈辛卯（1951）元旦在遯樓向南遙拜祖先雲鵬聞之以詩見贈次韻答之〉，此詩寫於 1951 年已是日治

〔註30〕《全臺詩》第 22 冊，頁 547。

〔註31〕《全臺詩》第 32 冊，頁 232。

〔註32〕林玉茹：〈過新年：從傳統到現代臺灣節慶生活的交錯與嫁接（1890～1945）〉，頁 28～36。

結束後第六年，林獻堂避居日本，日本所用為新曆，但詩題中以「辛卯」紀年，詩中更直書對改曆一事的不適應，其詩云：

> 履端清曉好風吹，稽首南瀛有所思。
> 木本水源長不忘，秦正漢臘習難移。
> 儒家祠祀悲皆廢，禹域河山復可期。
> 獨在扶桑過佳節，菊花開遍是歸時。〔註33〕

詩題中的「遙拜祖先」為不忘根的心志，也是傳統過年時的重要節儀，「木本水源長不忘，秦正漢臘習難移。」不忘本，也難以改變對祖先流傳下來的正曆傳統，「儒家祠祀悲皆廢」此句點出皇民化運動對漢文化的破壞，林玉茹：〈過新年：從傳統到現代臺灣節慶生活的交錯與嫁接（1890～1945）〉一文中以為林獻堂面對新舊曆新年的心情，是將舊曆新年儀式隱形化，並將心中堅持的傳統文化精神化成詩句，多數臺灣人也和林獻堂一樣，或藉詩句或藉低調進行的節儀以保留傳統年節文化精神，使得「舊曆年成為另一個殖民地人民文化抵抗的場域」〔註34〕。

二、年節飲食民俗

在年節文化裡食物成為一種符號〔註35〕，為一種能指符碼，指涉出各種飲食文化面向的所指意義。如吃餃子，象徵招財進寶；吃魚，象徵年年有餘；吃年糕，象徵步步高升等。飲食文化符碼在各個時代因年節活動、信仰使其所指意義有所異同，即使在同一朝代，不同地區相同飲食文化符碼的所指也有在地性的差異，但所有符碼的共同所指都在顯現人們對新年的祈求與祝

〔註33〕 《全臺詩》第33冊，頁105。

〔註34〕 林玉茹：〈過新年：從傳統到現代臺灣節慶生活的交錯與嫁接（1890～1945）〉，頁31。

〔註35〕 胡易容、趙毅衡編：《符號學：傳媒學辭典》對飲食符號的說明：「飲食具有象徵文化的特點。飲食象徵文化作為一種非語言的資訊傳遞方式，是一個具有完整結構的象徵系統，分別由飲食象徵符號和飲食象徵意蘊兩個子系統構成。飲食象徵文化通過主體把外在的飲食活動與其內在的觀念意識，心理狀態及思維方式有機地整合起來，它是飲食文化中兼有生理、心理、社會三重屬性的典型表現形式。比如，在壽宴中吃壽麵，是以麵條之長來象徵長壽；元宵節吃湯圓，是以湯圓之圓來象徵團圓等等。」胡易容、趙毅衡編：《符號學：傳媒學辭典》，（臺北：秀威資訊科技股份有限公司，2014年10月），頁70～71。

福；來到由日本統治臺灣的日治時期，飲食文化符碼因「和漢」不同民族，即使有強迫性的加入欲使成為相同所指，但根深於庶民生活當中的文化並不容易被改變，因而符碼的所指仍有所異同，以下試從日治時期新年節令詩中，詩人最常引入詩中的「年糕」、「屠蘇」、「五辛盤」等三種年節食品，探究年節飲食民俗及文化意義。

（一）年糕

關於年節的飲食，清末日治初期的方志──《安平縣雜記》於節令中的「除夕」之日記載如下：

> 除夕之日，各家均備饌盒、牲醴、葷素、菜品、年糕等物以祀神、祭祖。先焚香點燈燒紙，燃曝竹隆隆不絕，神前及祖宗位前均供甜料一小碟、隔年飯隔年菜各一小鍾（隔年菜以波薐菜為之，一根而已，不折斷，名曰長年菜，過年每人須食一根）、發粿一小塊，上插通草製麗春花，有雙蕊者（俗名雙春）；紅柑磁碟，有用一碟者。
> 〔註36〕

此處提到的年節食品有「饌盒、牲醴、葷素、菜品、年糕」等祀神、祭祖之物；「甜料」、「長年菜」、「發粿」、「紅柑」等春節特殊食品，其中的「年糕」一物，《安平縣雜記》又記載於節令中的「二十五日」，記載如下：

> 二十五日，各家齋戒焚香，莫敢狎褻。俗傳天神下降。除夕前數日，各親友競以糖粿（一名年糕）、紅柑、甜料、雞鴨等物相饋送。道上往來不絕。〔註37〕

這段記載將「年糕」以「糖粿」稱之，後又註明「又名年糕」，以語言習慣推測「糖粿」應是從閩南語而來，光緒二十三年（1897）蔡振豐纂輯的《苑裏志‧下卷‧風俗考》中記：「除夕，……炊米粉為粿，曰年糕」〔註38〕，可見所說就是以米製成的年節食品，這項食品即以「年」命名，可見和新年的連結頗深，鈴木清一郎在《增訂臺灣舊慣習俗信仰》一書還特別說明了「年糕的製作」，如下：

〔註36〕　《安平縣雜記》，頁4。

〔註37〕　《安平縣雜記》，頁4。

〔註38〕　〔清〕蔡振豐纂輯：《苑裏志》《新竹縣制度考‧安平縣雜記‧苑裡志‧嘉義管內采訪冊》，《臺灣史料集成‧清代臺灣方志彙刊附編》第40冊，臺南：國立臺灣歷史博物館，2011年，頁409。

從十二月二十四日起，就開始準備做年糕，最遲也要在二十六日做。

按照本省的舊有風俗，年糕大體分成四種，即「甜粿」、「發粿」、「包仔粿」、「菜頭粿」。

所謂「甜粿」，就是甜年糕，是用糯米磨成水粉，然後混以砂糖蒸熟，乍看之下呈土紅色，如果用白砂糖就呈土白色，過年期間只要用油一煎就可以吃，也有塗上雞蛋來炸著吃的，蒸軟了也很好吃。〔註39〕

鈴木清一郎清楚點出「年糕」是用糯米製成的糕點類食品，「乍看之下呈土紅色，如果用白砂糖就呈土白色」，鈴木清一郎特別提到年糕的顏色，由不同的顏色的砂糖做出不同顏色的年糕，除此還說明了年糕的吃法。年糕的吃法，詩人也將其寫入詩中，如「櫟社」創社九老之一的傅錫祺（1872～1946）書寫有〈年糕限先韻〉三首的詩作，如下：

韶光容易又新年，蒸就甜糕滿豆籩。

客至無須別為黍，每和春酒進賓筵。

糕餌炊成正月天，春盤流盡老饕涎。

香甘好下屠蘇酒，片片山妻手自煎。

甜糕熟後供神前，春日人家處處然。

東國也傳新節物，饅頭個個大於拳。〔註40〕

傅錫祺此詩盡寫「年糕」，寫何時製、寫如何炊、寫煎過的年糕好吃到配酒都合適，詩中還提到「春日」時民間家家戶戶會以甜糕來祀神，點出除了新年時臺人有炊製甜糕祀神之外，還有其他的時候也有此俗，且此俗多於春季時分，查看《安平縣雜記》中記有其他節令也食粿的記載，正月十五日上元節的記載中有「晚間，均以年糕祀其祖先。」〔註41〕；記二月二日，則有「各街境里堡鳩金備牲醴粿品演戲，為當境土地祝壽（里社之神，一名福德正神）。」的記載〔註42〕，其中的「粿品」也就是甜糕。傅錫祺此詩的末兩句特別提到「東國也傳新節物，饅頭個個大於拳。」，「東國」是指韓國，傅錫祺此處所說的「饅頭」，在余美玲：《台灣古典詩選注·5·歲時與風土》一書的解釋如下：

韓國迎接新的一年，最重視就是年夜飯。其飯菜要求要遵循傳統，

〔註39〕 鈴木清一郎著，馮作民譯：《增訂臺灣舊慣習俗信仰》，頁652。

〔註40〕 《全臺詩》第21冊，頁42。

〔註41〕 《安平縣雜記》，頁1～2。

〔註42〕 《安平縣雜記》，頁1～2。

而且得靠媳婦親自製作。比如要煮「五穀飯」、要做「打糕」，包韓式「饅頭」、「餃子」。這些食物都是象徵祈願與包含新年美好祝福的食物。傅錫祺取其吃象徵美好圓滿的「饅頭」與臺灣吃「年糕」取其步步高升之意相比擬。〔註43〕

傅錫祺於詩中特地提及韓國的年節食物「饅頭」，兩地的年節食物都有祈願美好新年的義涵，其實突顯臺灣年節食物的符碼同時會以食用的方式及諧音來呈現其所指意義，年糕所蘊含的文化意義在日常語言中呈現。再看，黃純青（1875～1956）的〈狀元吟十首有序・賀年一例〉：

詩序：

科舉制度時代，及第狀元為絕頂榮譽。而狀元思想，遂成為風俗。噫！科舉制度之魔力，何其大也。略舉其事，賦七絕十首，名之曰狀元吟。

詩句：

年糕一皿酒盈罇，恭賀新年笑語溫。

乾果福圓餤兩顆，祝君生子中狀元。〔註44〕

黃純青詩中和傅錫祺〈年糕限先韻〉三首組詩相同也提到以年糕來佐酒，詩的第二句以「笑語溫」同時傳達新年的歡樂與和親友享用美食的溫暖。其詩序中說明此時的社會以中狀元為絕頂榮耀，因此新年期間食用以龍眼製成的「福圓」有祝福高中狀元之意，日治時期科舉已廢，但舊俗年習承繼傳統文化而來，年節的祈願中祈求功名騰達自是其中一項，即使在異族統治之下的年節，年節習俗中本具的文化意涵更顯重要，詩人特地於詩序中說明，別有用心。

特地在漢詩中書寫「年糕」的，還有臺南詩人林逢春的〈臺灣節序故事雜詠・新正之年糕〉，其詩云：

韶光容易到新春，糯米砂糖合煮珍。

獨怪劉郎題未敢，後人炊好祀明神。〔註45〕

〔註43〕 余美玲：《臺灣古典詩選注・5・歲時與風土》，（臺南：國立臺灣文學館，2015年11月），頁65～66。

〔註44〕 黃純青：《晴園詩草》，《臺灣先賢詩文集彙刊・第二輯》第15冊，（臺北：龍文出版社股份有限公司，1992年），頁106。

〔註45〕 《全臺詩》第23冊，頁574。

林逢春此詩的前兩句寫新年製作年糕之事，第三句引用唐代劉禹錫，吃糕時忽然想作一首用糕字韻的詩，但苦無史實而作罷之典〔註46〕。引用此典故看似怪劉郎未留下好的詩句，其實是歎息年糕由來史事的無可考，或世人多不知年糕的文化意義，只知在年節時炊好年糕以祀神。林逢春〈臺灣節序故事雜詠〉共有八首，分別是「新正之年糕」、「上元之浮圓子」、「清明之薄餅」、「端午之肉粽」、「七夕之糖粿」、「中秋之月餅」、「重陽之麻餈」及「冬至之菜包」，所寫全為臺灣節令飲食，因林逢春為臺南人，其中「冬至之菜包」所記為臺南地區特有的節令食品，「上元之浮圓子」說到浮圓子（即湯圓）的團圓意象、「端午之肉粽」寫屈原的忠心故事、「七夕之糖粿」則有七夕的乞巧，以詩記下節令飲食文化，並融入傳統節令文化意義於詩作中，提供後人參看臺灣風土民情的珍貴資料。

談述年糕來歷的詩作，還有黃水文（1914～？）〈年糕，副題目：甜粿〉：

詩序文：過年時製年糕，則「甜粿」、「鹽粿」、「發粿」、「菜頭粿」

（鹽粿）皆徵兆吉利。

年糕來歷說紛紛，甜粿徵甘自古聞。

供奉案頭神鑑納，甘臻歲歲永歡欣。〔註47〕

詩中未說明年糕的來歷，只說年糕的「甜」從古流傳下來，以此「甜」來祈願未來年年的美好，年糕的文化義涵除了以語言呈現還以食物的滋味延展。

新年詩作除書寫臺式年糕，也有詩人以日式節令飲食文化入詩，如葉際唐（1876～1944）的〈新年四詠‧鏡餅〉，寫的是日式的年糕：

〔註46〕 清‧徐珂編撰《清稗類鈔》中收錄關於年糕的記事：「年糕擣糯米而成，本為饋歲之品。至光、宣時，則以為普通之點心，常年有之矣。有以菜、肉煮為湯者，有以火腿、筍、菜炒之者，味皆鹹。其甜者，則為豬油夾沙而加以桂花、玫瑰花，可蒸食。錢塘程訥齋有詩詠之曰：『人心多好高，諧聲製食品。義取年勝年，藉以祈歲稔。粵稽所由來，餌餈名既泯。沿久遂失真，劉郎詩料窘。我本卑棲人，糲糰餐堪哂。欲更上層樓，翹首待挈引。』」〔清〕徐珂編撰：《清稗類鈔》，《中國哲學書電子化計劃》，檢索日期：2016 年 9 月 10 日。錢塘程訥齋詩中的劉郎也是指劉禹錫一事。

〔註47〕 黃水文：〈年糕，副題目：甜粿〉，《台灣漢詩數位典藏資料庫》，網址：〈http://lgaap.yuntech.edu.tw/literaturetaiwan/poetry/04/04_01_01.htm〉，檢索日期：2016 年 9 月 12 日。本研究資料來源因有多處參考自《台灣漢詩數位典藏資料庫》內容，為避免資料的贅述，爾後引用該網站內容，皆於《台灣漢詩數位典藏資料庫》後標注檢索日期，不再羅列網址。

　　蒸糯搗就趁新春，彷彿菱花案上陳。

　　好與年糕同一視，團圓說待補吳均。〔註48〕

首句寫鏡餅的製作方法和臺俗不同，日式年糕製作過程中還要經過「搗」的
功夫，第二句寫的是鏡餅的另一種形狀〔註49〕，後二句，葉際唐提及南朝梁
史學家吳均，吳均撰寫《齊春秋》，卻因實錄史事而惹怒梁武帝，後更以「其
書不實」為由，下令焚毀。鏡餅與年糕同是以糯米製成的年節食品，在文化
意義上，年糕有「步步高昇」的祈福，而鏡餅則帶有團圓意涵，於日人強迫
改新曆、改過新曆年的時候，臺人對文化流逝的擔心可想而知，葉際唐在寫
日式年節飲食鏡餅的詩作中以吳均寫史之典故，暗示此時實寫史實的不易，
也顯露將臺人文化真實留存的希冀與用心。

　　其他紀錄日式年糕——鏡餅的詩作，從日治時期的雜誌如《詩報》、《文
苑》中也可見，如「讀我詩社」的課題中，即有以「鏡餅」為題，其中天鐸
所作：

　　新炊粢食迓春光，搓出團圓意味長。

　　供奉畢羅三寶架，也如明月照中堂。〔註50〕

此詩寫鏡餅的製作及其所蘊含的團圓意象；另一位社員獻三所寫：「年糕炊擬
祝春王，潔比菱花白比霜。」則是寫鏡餅顏色及形狀；另一社員茂松則以「形
似菱花妙異常，迥殊麵脆帶油香。」詩句寫鏡餅的另一種形狀及日式鏡餅和
臺灣傳統年糕的吃法、滋味都不相同；另一社員丹初的詩句：「不須麵粉共調
糖，一樣蒸糯搗更忙。」寫出臺日式年糕的製法不同。但在詩社課題吟詩中，
少見如葉際唐或林逢春用史事來諷今的手法，多見奉承之語，如另一社員華
袞的詩句：「牢丸製就潔非常，我愛無塵比壽光。」、錫玄的詩句：「糯米春來
依吉利，神前供奉免懸羊。」及鐵鏦的詩句：「爭獻年糕同一例，千門萬戶慶

〔註48〕《全臺詩》第28冊，頁333。

〔註49〕楠田實〈正月事物緣起物語〉一文中，說明鏡餅之名的由來是因其形狀像古
　　　　時的鏡子。楠田實：〈正月事物緣起物語〉，《臺中州教育》卷5第1期，（臺
　　　　中：臺中州教育會出版），頁98。《日治時期圖書全文影像系統》，檢索日期：
　　　　2016年9月7日。

〔註50〕龍文出版社編輯部：《詩報：日治時期台灣傳統文學大成1930～1944》，（臺北：
　　　　龍文出版社，2007年），1939年2月1日，170期，頁10～11。本研究詩作
　　　　來源因有多處擷取自《詩報》內容，為避免出版資料的贅述，爾後引用該報
　　　　內容，皆於《詩報》後標注年份與頁數，不再羅列出版項目。

春王。」〔註51〕，都表現了願捨舊俗年糕而接受鏡餅爲年節食品之意。

「年糕」文化符碼對臺人是由「糕」與「高」的字音連結，以對未來能「步步高升」的祈願爲所指；「鏡餅」文化符碼則以圓形爲祈求團圓的所指，臺日相同的符碼所指都是對新的一年的祈福，但日式鏡餅的「白」卻衝擊著視「白」爲不祥的臺人，尤其過新年時臺人慣以紅色烘托節慶氣氛，對多數臺人而言還是無法接受在過新年時擺上白色供品，因此鏡餅只短暫存在臺灣的新年文化中，隨著日治時代的結束而消逝。

（二）屠蘇

年節飲食中最常出現在古典詩歌中就是「屠蘇」，「屠蘇」是一種內浸中藥材的酒，鈴木清一郎在《增訂臺灣舊慣習俗信仰》一書中將「屠蘇」以「屠蘇散」稱之，書中講述由來如下：

> 據華記曆俗的記載：「所謂『屠蘇』，乃是草庵的名稱，說古時有一個人居住在草庵中，每年除夕，他都要送一帖藥到里閭，裝進囊中泡在井裡，到元旦時打井水裝進酒罈，然後讓全家人喝，有去百病和避邪的作用。可是今天只知道這個處方，卻不知道其人之名，所以才簡稱『屠蘇』，也就是酒的意思。」……另外又有一種說法，就是當元旦喝屠蘇酒時，所以要讓年幼的先喝，是因爲年幼的人需要得年；至於老年人的後喝，是因爲他們已經失去很多年。說到屠蘇酒，在日本更爲流行，而且勢在必喝。臺灣只是有此一說，很少看見有人喝。〔註52〕

依鈴木清一郎所說喝屠蘇酒的習俗以日本爲盛〔註53〕，臺人只是有此一說其實並不時興在新年時飲用屠蘇酒，飲屠蘇之俗於梁·宗懍《荊楚歲時記》中便有正月初一：「於是長幼悉正衣冠。以次拜賀。進椒柏酒。飲桃湯。進屠蘇酒。」〔註54〕之語，可見新年飲屠蘇是自古而有的習俗，在臺灣，清代方

〔註51〕 以上所引詩句皆出於《詩報》，1939 年 2 月 1 日，170 期，頁 10～11。

〔註52〕 鈴木清一郎著，馮作民譯：《增訂臺灣舊慣習俗信仰》，頁 432～433。

〔註53〕 楠田實〈正月事物緣起物語〉一文在文章開頭便說明，寫作此文是爲了讓臺灣人民了解改曆之後引入的日式新年節令事物，「屠蘇」也被列入其中，並說明此俗於日本平安朝時即有，也具有驅邪延命的功效。楠田實：〈正月事物緣起物語〉，頁 96，《日治時期圖書全文影像系統》，檢索日期：2016 年 9 月 9 日。

〔註54〕 〔梁〕宗懍：《荊楚歲時記》，《中國哲學書電子化計劃》，檢索日期：2016 年 9 月 10 日。

志中此俗見記載於高拱乾《臺灣府志》中：「元日……過此日爲常。是時屠蘇
爲政，醉人酣劇，相望於道，至五日乃止；謂之『假開』」〔註55〕，到日治，
此俗可能已漸式微，但屠蘇已是傳統年節飲食代表符碼，因而詩人依舊常引
屠蘇入詩句，唐‧顧況有「還丹寂寞羞明鏡，手把屠蘇讓少年。」(《歲日作》)、
宋‧陸游有「半盞屠蘇猶未舉，燈前小草寫桃符。」(《除夜雪》)等詩句，臺
灣新年節令詩中也時常可看到屠蘇入詩句，如清代澎湖通判胡健也有「滿酌
屠蘇人盡醉，椒花銀勝祝千秋。」(《元旦次前韻》)之類提及屠蘇的詩句，再
看施瓊芳（1815～1868）的《元旦旅次》，其詩云：

> 客中送歲客心悲，新年送客人爲誰。
> 東君爲客留別久，長亭繫馬柳千絲。
> 報道東君不須繫，陌頭此日無行旗。
> 尋常征騎忙於火，也爲春光一驛遲。
> 春光淡蕩行客路，客心宛轉冶春詞。
> 錦城萬戶宜春帖，終讓春風與客宜。
> 今朝客飲異鄉酒，家宴屠蘇少一卮。
> 屠蘇辛烈辟瘟惡，村醪醇厚解相思。
> 兩地歲杯同一醉，那須芳草怨天涯。
> 青山紅樹萬千里，何處繁華不我隨。
> 即今韶光雖九十，最難春早客閒時。
> 眼前有酒不行樂，辜負鶯花笑客癡。
> 鶯囀來朝驚旅夢，花開來日觸歸期。
> 春情客興誰輕重，試問花神知不知。〔註56〕

不只提及屠蘇，還點出屠蘇酒的特性：「屠蘇辛烈辟瘟惡」，反倒是「村醪醇
厚解相思」，新年時節無法返家和家人團聚，傳統年節酒太過辛烈無法解相
思，村民所釀的酒味道醇厚正好可解。吳槐於〈新舊年年終年初行事考〉一
文中，對屠蘇酒詳盡的說明，其說明屠蘇酒的成份如下：

> 屠蘇酒是調合了防風、桔梗、山椒、肉桂、白木等的藥材裝入於紅

〔註55〕〔清〕高拱乾：《臺灣府志‧臺灣府賦役冊（合訂本）》，《臺灣文獻史料叢刊‧
　　　第一輯》第 2 冊，(臺北：臺灣大通書局，1984 年)，頁 190。
〔註56〕《全臺詩》第 5 冊，頁 401。

色的布製鱗形袋中，浸酒而成的，據說在元旦飲了，一年中都能辟
邪氣而延年益壽。〔註57〕

依吳槐的說明，屠蘇酒具有辟邪及延年益壽的功效，尤其在元旦時飲用最好。
吳槐的〈新舊年年終年初行事考〉一文中還說明了臺灣並無飲屠蘇之俗，反
而是日本過年必飲，其說明如下：

在今天，日本的過年也必飲這屠蘇酒。其飲法是家族全員先齊向著
東方，由年幼者及於年長之順序來飲，為正式的飲法，是合乎飲年
酒禮節的正式飲法。〔註58〕

在台灣已無飲屠蘇酒的習俗，可是在昔日應該有才對。查閱了被台
灣尊為百儀式殿堂的家禮（宋朱熹著），在行事裡明白的記著元旦飲
屠蘇一事。〔註59〕

依鈴木清一郎及吳槐所說，喝屠蘇酒的習俗為古俗，臺人已無此俗，日治時
期又因日式節俗的引入而再次出現於臺地新年飲食之中。值得探討的是，儘
管臺灣新年不見飲屠蘇之俗，臺灣新年節令詩中卻常看到以屠蘇書寫新年氣
氛，於日治前或是因古俗尚在，且屠蘇本富有傳統年節意涵，詩人本就常寫
入新年詩作之中，到日治時期已無此俗，詩人卻又常書寫入詩，除了運用屠
蘇本有的傳統年節意涵之外，多了一層時代意涵，因此時屠蘇的文化呈現是
表現在文學作品之中，其文化符碼的所指不只是驅邪求平安的祈福，而可能
帶有時代及政治意義的所指，以下從提及屠蘇的詩作中探討。

　　先看，清末到日治初期的節令詩中詩人們提及屠蘇的詩句，如林占梅〈壬
戌（1862）元日〉：

黯淡春光黯淡天，畫闌時尚擁衾眠。

屠蘇酒熟唇難點，商陸香沈手未燃。

病態三分歡趣減，賀聲一派客情虔。

無聊趺坐匡床久，笑比窩居賈浪仙。〔註60〕

及〈元旦花前小宴述懷〉：

瑞日曈曈正曙天，屠蘇新釀出佳筵。

〔註57〕 林川夫主編：《民俗臺灣》第三輯，（臺北：武陵出版有限公司，1990 年 3 月），
　　　　頁 173。

〔註58〕 林川夫主編：《民俗臺灣》第三輯，頁 173。

〔註59〕 林川夫主編：《民俗臺灣》第三輯，頁 175。

〔註60〕 《全臺詩》第 8 冊，頁 205。

會宜花下浮三白，又在詩中過一年。

報國無謀唯助餉，生兒好學勝營田。

身閒最易光陰老，自笑光陰浪擲偏。〔註61〕

二首詩書寫新年的節令詩作都有「屠蘇」，〈壬戌（1862）元日〉一詩，「屠蘇酒熟唇難點」寫屠蘇酒的辛辣難入口，似乎不是慣喝的酒，林占梅1862年作此詩，正是清末動盪不安之時，詩人的煩憂之情盡顯詩中，全詩意興闌珊，寫年節全無年節歡樂氣氛。〈元旦花前小宴述懷〉一詩，首句便以「瑞日瞳瞳正曙天」（日本國旗也稱「太陽旗」，白色旗面上一輪紅日居中）點出已是日人統治的時代，屠蘇新釀或許是暗指此為「新」的節俗，下一句「會宜花下浮三白」引《說苑·善說》中「魏文侯與大夫飲酒，使公乘不仁為觴政曰：『飲不釂者浮以大白。』」〔註62〕的典故，原指罰酒之意，後引申為滿飲，透露詩人藉酒消愁之意，但其實還是藉詩抒懷，這是同一時代詩人們共同的心聲。前已述，臺人於新年已無特別飲用屠蘇酒的習俗，飲屠蘇酒僅是文獻記載中的古俗，且自古詩人便愛引屠蘇入詩，林占梅寫於1962年元日的詩中，或只是詩人仿古人而作，未必真是臺地新年節俗。

從新年詩句中確可見到飲屠蘇節俗在日治時期的傳入，如曾德鳳〈壬申（1932）元旦〉一詩：

日和蘇酒忽生香，癘疫消除降吉祥。

柳暗花明春鳥唱，滿城錦繡快心□。〔註63〕

「日和蘇酒」點出屠蘇酒為日式節俗，「忽生香」則寫原本沒有此俗。原是傳統已有的屠蘇酒詩人卻以「日和蘇酒」稱之，並用「忽」字突顯心中的不能接受，但下一句還是帶出屠蘇酒「癘疫消除降吉祥」的傳統節令飲食意義。日人改行新曆引入日式新年節令飲食，儘管屠蘇曾經是傳統年節飲食中的一項，臺人還是不能完全接受，如鄭家珍（1866～1928）〈新曆元旦紀事〉一詩：

初日瞳瞳映草蝦，千門插竹紀年華。

朝來隨例新禧祝，招飲屠蘇又幾家。〔註64〕

〔註61〕 《全臺詩》第7冊，頁274。

〔註62〕 〔漢〕劉向：《說苑》，《中國哲學書電子化計劃》，檢索日期：2016年9月19日。

〔註63〕 《台南新報·詩壇》1932年1月9日，第10769號，頁6，《台灣漢詩數位典藏資料庫》，檢索日期：2016年9月19日。

〔註64〕 《全臺詩》第16冊，頁350。

所記爲新曆新年之事，不得不改過新曆新年，門前必須跟隨日式節俗插竹以祝新年，但飲屠蘇之俗卻不是家家戶戶都跟進，表面以新曆行事，其實依舊俗過新年。

　　以新年節令爲詩題，是日治時期詩社的重要課題，一方面來自官方對新年集會的熱衷，另一方面也是詩人表現對官方逢迎的好機會，因此以新年爲題的節令詩數量相當多，多數的詩歌以歌頌皇恩、讚揚盛世爲主，屠蘇亦常出現在詩句當中，如林瑞期〈戊寅元旦感懷〉：

扶桑兆慶旭旗新，氣轉洪鈞大地春。

綠結門松呈瑞色，屠蘇暢飲樂芳辰。〔註65〕

扶桑爲日本別稱，旭旗指日本國旗，門松爲日式新年擺飾，此詩爲日式節俗意象描寫，末句的「屠蘇暢飲樂芳辰」，以屠蘇入詩似有傳統年節味道，其實只是酒的代稱之詞。再如賴楊柳〈賦祝庚午元旦〉一詩：

鴻鈞一轉履端初，紀歲蒼松列錦魚。

酩酊屠蘇香齒頰，刷刊名剌賀蓬閭。

漫敲羯鼓桃花放，偏掛龍旗旭日舒。

有惠東皇欣庶草，椒花獻頌此封書。〔註66〕

「紀歲蒼松列錦魚」爲日式新年節飾門松與鯉魚旗，全詩寫新年熱鬧繁華之景，主要還是歌頌皇恩、讚揚盛世，此類詩作所呈現的文化意義在於日式節俗引入臺地後的新年景象呈現。

　　雖然新年節令詩以頌讚及書寫節慶意象之類爲多，但從日治時期的報紙上還是可以看見新舊年俗相交疊時，人們的矛盾心情，如金丸浪仙〈丙寅元旦〉一詩，其詩云：

郡市偏嫌新俗起，閭閻卻喜舊儀存。

屠蘇幾盞迎年酒，傳自家翁及外孫。〔註67〕

此詩爲丙寅（1926）年所寫，1909 年日本政府公告廢除太陰曆，但未全面禁

〔註65〕風月俱樂部、南方雜誌社編：《風月・風月報・南方・南方詩集》，（臺北：南天書局有限公司，2001 年 6 月），1938 年 1 月 16 日，56 期，頁 21。本研究詩作來源因有多處擷取自《風月報》內容，爲避免出版資料的贅述，爾後引用該報內容，皆於《風月報》後標注年份與頁數，不再羅列出版項目。

〔註66〕《台南新報・藝苑》1930 年 1 月 10 日，第 10046 號，頁 6，《台灣漢詩數位典藏資料庫》，檢索日期：2016 年 9 月 19 日。

〔註67〕《台南新報・詩壇》1926 年 1 月 1 日，第 08581 號，頁 29，《台灣漢詩數位典藏資料庫》，檢索日期：2016 年 9 月 19 日。

用，由城市先實施新曆，但平民百姓還是喜歡舊俗，連最能接受現代化新物的城市百姓都不喜歡新俗，反而鄉間居民還慶幸著能過舊曆新年，兩種新年的感受截然不同，而迎年的屠蘇酒是「傳自家翁及外孫」，屠蘇酒即是古俗也是由外傳來的，面對這「舊俗新習」詩人心中更加矛盾。

日治時期的屠蘇文化符碼，因政治環境的改變，呈現帶有時代及政治意義的所指，已非單純以驅邪求平安的祈福而存在。

（三）五辛盤

新年節令詩中也常見到新年飲食「五辛盤」，梁・宗懍《荊楚歲時記》中記正月初一之俗時所記「五辛盤」爲：「於是長幼悉正衣冠，以次拜賀。進椒柏酒，飲桃湯，進屠蘇酒，膠牙餳，下五辛盤。」〔註68〕可見「五辛盤」是年節的食品之一；《荊楚歲時記》也引周處《風土記》說明了五辛盤的由來：

> 周處風土記曰：元日造五辛盤。正月元日，五薰鍊形。注，五辛所
> 以發五藏之氣，即大蒜、小蒜、韭菜、雲臺、胡荽是也。莊子所謂，
> 春正月，飲酒茹蔥，以通五藏也。食醫心鏡曰：食五辛以闢癘氣，
> 敷於散出葛洪鍊化篇。〔註69〕

從以上記載可以知道「五辛」指的是以五種辛辣的菜置於盤上，並且是在正月元日備好，食用可通五臟使人精神好，並可「闢癘氣」，和飲屠蘇爲驅疫避邪具同樣的年節飲食意涵，這是年節食五辛一開始的意義。年節習俗會因時、因地、因人而變易，五辛盤的食用文化意義也在時間的推移中變化，明・李時珍《本草綱目・菜一・五辛菜》：「五辛菜，乃元日立春，以蔥、蒜、韭、蓼蒿、芥辛嫩之菜，雜和食之，取迎新之意，謂之五辛盤。」〔註70〕，到明代「五辛盤」是在立春食用，其習俗意義添加了「迎新」意涵，「五辛盤」並同時存在於新年和立春的習俗中。此俗傳到臺灣，清代文獻中見到相關記載，最早見於康熙33年（1694）高拱乾所編《臺灣府志卷七・風土志・歲時（漢人用此禮，土番無也）》：

> 元日蚤起，少長咸集，禮神、祭先、羹飯後，詣所親及朋友故舊賀

〔註68〕〔梁〕宗懍：《荊楚歲時記》，《中國哲學書電子化計劃》，檢索日期：2016年9月19日。

〔註69〕〔梁〕宗懍：《荊楚歲時記》，《中國哲學書電子化計劃》，檢索日期：2016年9月19日。

〔註70〕〔明〕李時珍：《本草綱目》，《中國哲學書電子化計劃》，檢索日期：2016年9月19日。

歲；主人出辛盤相款洽，俗謂之「賀正」。〔註71〕

在臺地，「五辛盤」是屬於年節飲食，於此的變易是以五辛盤招待來訪賓客，並以「賀正」稱之，在驅疫避邪的意涵之外多了共享與祝福的意涵。直到光緒21年（1896）的《臺灣通志‧雜識‧風俗》中還見到此俗相同的記載，並於文末說明：「凡此歲時所載，皆漳、泉之人流寓於臺者；故所尙亦大概相似。」〔註72〕，可見此爲漳、泉之移民帶來的舊俗，到了清末日治初期的《安平縣雜記》中記載的新年飲食中就未見到「五辛盤」的記載了〔註73〕，以下試從新年節令詩中探析「五辛盤」的年節飲食文化意義。

和屠蘇一樣，以新年爲題的古典詩中也常見到「五辛盤」，如清代詩人章甫（1760～1816）〈庚戌（1790）元日即句〉二首之一：

爆竹連聲響，晨興氣象新。歲尊今日首，歷入去年春。

堂上周雙甲，盤中列五辛。兒孫上椒酒，相與慶良辰。〔註74〕

此詩描寫新年景象，「堂上周雙甲」作者自註「時雙親年登六秩」，在向長輩拜年時準備了五辛盤，並以用椒草浸制的酒向長輩敬獻，以示祝壽、拜賀之意，此詩藉由年節食物來構造節俗意象。再有如鄭用錫（1788～1858）〈送神迎神作〉：

閶闔鵷班玉筍聯，如何諸佛亦朝天。

雲車風馬家家送，卯酒辛盤度度虔。

乞奏綠章香一縷，拈投杯珓酒當筵。

郵程計汝無多日，只在新年接舊年。〔註75〕

此詩寫的是「送神迎神」，也是準備了五辛盤，這是除立春中有食「五辛盤」的習俗之外又見到其他的日子有備「五辛盤」之俗，查看康熙33年（1694）高拱乾所編《臺灣府志卷七‧風土志‧歲時（漢人用此禮，土番無也）》中，

〔註71〕 〔清〕高拱乾：《臺灣府志‧臺灣府賦役冊（合訂本）》，頁190。

〔註72〕 〔清〕《臺灣通志》，《臺灣文獻史料叢刊‧第一輯》第11冊，（臺北：臺灣大通書局，1984年），頁629。

〔註73〕 《安平縣雜記‧節令》：「正月元旦，各家均梳洗更換新衣服。自子刻起，至卯刻止，開門焚香點燈燭燒紙（俗名燒金。用半粗幼紙裁長六寸、闊四寸、蓋蘇木膏壽字印於其上，中間安錫箔約二寸許，拭以槐花，使成黃色，名曰壽金。有大花、二花之分，每百葉大錢十六文至十四文不等）。貼新桃符，放爆竹，列各樣糖料於盒以供神（糖料有寸金棗、花生粒、桔紅糕等名目）。名曰開正。」《安平縣雜記》，頁1。

〔註74〕 《全臺詩》第3冊，頁320。

〔註75〕 《全臺詩》第6冊，頁77。

送神迎神的記載如下：

> 臘月二十四日，各家拂塵。俗傳百神將以是夕上閶闔謁帝，凡神廟
> 及人家各備儀供養，並印幡幢、輿馬儀從於楮上焚而送之，謂之「送
> 神」。至來歲孟陬四日，具儀如故；謂之「迎神」。〔註76〕

當中並無備「五辛盤」的記載，清末日治初的《安平縣雜記》則記載了送神
迎神時所備的祭品：

> 二十四日，各處寺廟及人家，均備茶果牲醴，買紙印幡幢輿馬儀從
> 一張，焚而送之，名曰「送神」。

> 二十五日，各家齋戒焚香，莫敢狎褻。俗傳天神下降。除夕前數日，
> 各親友競以糖粿（一名年糕）、紅柑、甜料、雞鴨等物相饋送。道上
> 往來不絕。〔註77〕

當中還是不見「五辛盤」的記載，鄭用錫將「五辛盤」寫入詩中或許只爲突
顯年節氣氛，並非實記年節風俗。再看與丘逢甲、許南英三位並稱爲清季三
大詩人的臺南詩人施士洁（1856～1922）〈元旦病中和芝生韻〉二首之二，一
詩云：

> 萬家爆竹刺桐城，老子呻吟作和聲。
> 擁被身惟防冷煖，垂幃目不辨陰晴。
> 五辛未敢登槃薦，百醜翻嫌對鏡明。
> 舉世欣欣儂戚戚，使人到此意難平。〔註78〕

此詩爲施士洁病中所作，寫元旦卻無年節歡樂氣氛，首句「萬家爆竹刺桐城」
爲新年意象書寫，卻又對照著「老子呻吟作和聲」的悲苦情境，此時寫有驅
邪意涵的「五辛盤」卻是「未敢登槃薦」，對生病的詩人未有所助益，但此詩
引「五辛盤」入詩，除構造年節詩歌意象之外，詩人或許也欲藉「五辛盤」
的驅邪符碼，祈求自身健康的恢復。

　　「五辛盤」於日治時期的文化意義，還值得一探的是以當時報紙、雜誌
爲書寫場域的詩人作品，如劉時燠發表於 1940 年 1 月 15 日出刊《風月報・
詩壇》中的〈皇紀二千六百年元旦紀念〉，詩云：

> 乾坤佳氣萃瀛東，日出扶桑一點紅。

〔註76〕　〔清〕高拱乾：《臺灣府志・臺灣府賦役冊（合訂本）》，頁192。
〔註77〕　《安平縣雜記》，頁1～2。
〔註78〕　《全臺詩》第12冊，頁182。

> 天意綿綿皇統錫，民心翼翼國基崇。
>
> 金甌無缺萬都異，玉□相傳一系同。
>
> 紀念二千年六百，辛盤卯酒意何窮。〔註79〕

詩中「辛盤卯酒」指「五辛盤」和「卯酒」，「五辛盤」前已有說明，「卯酒」
是指早晨喝的酒，典故出自唐·白居易《醉吟》：「耳底齋鐘初過后，心頭卯
酒未消時。」一詩，劉時燠此詩以歌頌日本統治當局為寫作目的，卻以「辛
盤卯酒」這帶有濃厚漢民族色彩的文化符碼作結，詩人似乎有特別的用心；
劉懷德發表於 1941 年 1 月 1 日《風月報》的〈元旦偶筆〉一詩，也有相同的
手法，其詩內容如下：

> 舉筆剛逢歲序新，辛盤卯酒喜重陳。
>
> 厭乘風浪安吾素，無恙琴書只自珍。
>
> 讀史難忘黎閣火，題詩願寄草堂春。
>
> 年來不盡滄桑感，饘粥虀鹽保此身。〔註80〕

1941 年已是日治後期，日人對臺人的思想控管更加嚴密，異族統治下被壓抑
的民族文化意識，藉由飽含文化符碼的年節食物傳達心思，既隱晦又不失節
令詩書寫年節意象的詩歌特色。

再看吳士茂〈新年雜詠〉一詩：

> 罕逢一月兩重春，三友齊門近效人。
>
> 古曆半留存紀念，新年總奉作佳辰。
>
> 依然□黍開元旦，亦備辛盤薦福神。
>
> 停課兒童忙更甚，遍書名刺賀鄰親。〔註81〕

此詩寫出臺人面對兩個新年的矛盾心情，「亦備辛盤薦福神」及「遍書名刺賀
鄰親」都是舊曆新年的年節習俗，官方將新曆新年定為休假日，因此而停課
的兒童卻為了舊曆新年的年俗忙碌著，這正是只在表面過新曆新年的模式，
「辛盤」於此詩中更發揮了其帶有漢文化傳統的年節符號意義。

日治時期亦有一些熱愛漢詩的日本文人書寫節令詩歌，也將富含漢文化
傳統符碼的「辛盤」寫入詩中，如伊藤貞次郎（1859～？）的〈辛亥元旦〉：

> 元旦先看大地圖，偏欣皇德四方敷。

〔註79〕《風月報》1940 年 1 月 15 日，第 101 期，頁 24。

〔註80〕《風月報》1941 年 1 月 1 日，第 121 期，頁 27。

〔註81〕《詩報》1936 年 1 月 1 日，120 期，頁 1。

梅聯珠玉薰瓶裏，旭破雲霞照海隅。

八道河山迎紫氣，七鯤煙瘴絕萑符。

太平有象人和合，椒酒辛盤亦可愉。

詩註：

豐山曰前聯佳對，袖海曰規制正大。

東軒曰氣象渾厚，八水曰起句奇拔。〔註82〕

伊藤貞次郎因家學淵源，又曾研習經史，漢學基礎深厚〔註83〕，對「椒酒」、「辛盤」此類來自漢文化的飲食應不陌生，因此寫入詩中以示年節氣氛，也可表現其對漢文化的熟悉，但全詩所呈現的詩歌意象仍是日式新年的氛圍，日籍詩人以漢文書寫備具漢文化傳統的節令詩，黃美娥認為此與「植基『臺灣趣味』的創作美學有關」〔註84〕，日籍詩人以異國情調看待臺灣風土，並以漢詩書寫臺灣節令風情，提供參看了解日治時期臺灣節令民俗的不同視角。

三、年節擺飾民俗

　　上一節中談到，年節文化中飲食成為一種能指符碼，指涉出各種面向的所指意義。年節文化的另一種符碼則是年節擺飾，如貼於門上的「桃符（春聯）」從驅避鬼怪的物品到開運招福的祈求，顯現民俗文化隨著時間演變而自然產生的變易，不變的是，「桃符」於年節文化中始終是過新年的重要標誌。除了「桃符」，臺灣新年還有燃放爆竹的年節儀式、各有涵義的年節供品或菊花、蘭花一類含有新年祈福意涵的盆栽等，都各具不同新年擺飾民俗文化意涵。日治時期，實行改新曆，新年習俗逐漸加入日式習俗，臺灣過新年的景象有了多樣的面貌呈現，且因飾物顏色與樣式的文化認知差異而產生衝突，先看連橫《臺灣通史》中所記載的年節活動：

　　元旦，各家先潔室內，換桃符，鋪設一新。三更後，開門祀神，燃華燭、放爆竹，謂之開春。次拜長上，晉頌辭。出門訪友，投刺賀。見面，道吉祥語。客至，饗以甜料檳榔，一品即行。親友之兒女至，

〔註82〕伊藤貞次郎：〈辛亥元旦〉，《台灣漢詩數位典藏資料庫》，檢索日期：2016年9月19日。

〔註83〕伊藤貞次郎的生平參看余美玲：《台灣古典詩選注・5・歲時與風土》，頁325。

〔註84〕黃美娥：〈日、臺間的漢文關係——殖民地時期臺灣古典詩歌知識論的重構與衍異〉，《臺灣文學研究集刊》第二期，（臺北：臺灣大學臺灣文學研究所，2006年11月），頁6。

以紅線串錢贈之，或百文、數十文，謂之「結帶」。是日各家皆食米
丸，以取團圓之意。或絕葷，祀井門。爆竹之聲，日夜不絕。〔註85〕

依連橫所記，「換桃符」、「燃華燭」、「祀神」、「放爆竹」、「結帶」及「食米丸」
這些都是臺灣原來的新年習俗。1937年（昭和12年）楠田實〈正月事物緣起
物語〉一文中提及爲讓國民（指臺人）適應新體制的生活，特地介紹日本傳
統年節事物，包括了「門松」、「注連繩」、「屠蘇」等，並在文後附有〈正月
行事の新體制〉註明此爲國民精神總動員臺北州支部正月行事的新體制，包
括了門松裝飾和神社參拜〔註86〕。吳槐〈新舊年末年始行事考〉（1943）一文，
則記載了改曆後的情形：「時至今日，『綵』與『春聯』幾乎已不可見，代之
而起的是七五三與門松。」〔註87〕，從以上的文獻記載可看出新年擺飾的變
易，年節擺飾作爲文化符碼，在日治時期是否也成爲殖民與被殖民者文化競
逐的其中一項？臺人又是如何於日人植入日式擺飾時保留臺灣文化符碼的原
始意義？以下試從「臺俗新年擺飾的隱形化」與「日俗新年擺飾的張揚」來
探新年節令詩中年節擺飾的民俗及文化意義。

（一）臺俗新年擺飾的隱形化

臺灣歲時節俗依農曆而行，尤以象徵團圓、祥和的農曆過年爲最重要，
年節擺飾是其中能彰顯出年節文化的活動之一，特別是能從中看見臺灣歲時
文化的意涵。詩人寫作歲時詩歌，也常將新年擺飾寫入，首先以清咸豐九年
（1859）舉人陳維英（1811～1869）的〈元旦〉二首之一爲例，其詩云：

幾聲爆竹滿城春，門外桃符處處新。

此際務閑多樂景，花街柳巷盡遊人。〔註88〕

此詩爲傳統新年節令詩歌的寫作類型，所記爲新年時燃爆竹、換桃符，熱鬧
歡樂的街景，呈現傳統年節民俗文化，清·鄭用錫〈除夕〉一詩亦有燃爆竹、
換桃符的年俗描寫，以示新年的到來：

忽忽光陰逆旅身，祭詩此夕話艱辛。

〔註85〕 連橫：《臺灣通史》，《臺灣文獻史料叢刊·第二輯》第20冊，（臺北：眾文圖
書股份有限公司，1994年），頁598。

〔註86〕 楠田實：〈正月事物緣起物語〉，頁94～101，《日治時期圖書全文影像系統》，
檢索日期：2016年9月7日。

〔註87〕 林川夫主編：《民俗台灣》第七輯，（臺北：武陵出版有限公司，1991年3月），
頁261～265。

〔註88〕 《全臺詩》第5冊，頁193。

頻聞爆竹千家響，又換桃符一度新。

粢餌甑炊寒具品，椒花甕釀隔年春。

老夫疏懶渾無事，隨例衣冠拜歲辰。〔註89〕

翻閱日治初期的新年節令詩還可見到類似的景物書寫，如林豪（1831～1918）
〈戊辰（1868）元旦即席作〉：

爆竹聲闌萬戶春，年年如願祝良辰。

但求酒價隨寒減，更望詩情與歲新。

昨夜懷鄉猶有淚，今朝索負始無人。

強顏席上同談笑，怕見杯中鬢似銀。〔註90〕

首句「爆竹聲闌萬戶春」就寫爆竹和春聯，由爆竹聲帶入新年的場景。再看
許南英（1855～1917）的〈元日用貢覺除夕原韻〉：

正是和風旭日天，鼕鼕臘鼓鬧春前。

除年爆竹催寒盡，迎歲梅花得氣先。

行樂女兒歡綵勝，宜春門戶貼紅箋。

他鄉度歲閒無事，有酒提壺酩酊然。〔註91〕

「正是和風旭日天」點出已是日本統治的時期，爆竹、紅箋（春聯）還是詩
人書寫新年景物、氣氛的景物，詩中並說出「除年爆竹催寒盡」，引用新年燃
爆竹是爲驅惡的傳說〔註92〕。陳朝龍（1869～1903）〈竹塹竹枝詞〉二十三首
之九：「歲時遺俗紀元正，連日家家爆竹聲。」〔註93〕，寫爆竹爲歲時遺俗，
透露臺灣的新年習俗處於變易之中；初期，日人治臺仍採「舊慣溫存」政策，
讓臺人仍舊依原有的節俗過新年，詩人亦可以舊曆新年爲題書寫，如黃贊鈞
（1874～1952）〈舊曆元旦〉二首：

玉漏催殘曙色呈，佳音先報曉雞聲。

幾時繞道臘除舊，此日又聞月賀正。

〔註89〕《全臺詩》第 6 冊，頁 94。

〔註90〕《全臺詩》第 9 冊，頁 354。

〔註91〕《全臺詩》第 11 冊，頁 363。

〔註92〕〔梁〕宗懍：《荊楚歲時記》：「正月一日。是三元之日也。謂之端月按史記
云。正月爲端月。……先於庭前爆竹。以闢山臊惡鬼」，〔梁〕宗懍：《荊楚
歲時記》，《中國哲學書電子化計劃》，檢索日期：2016 年 9 月 19 日。

〔註93〕陳漢光編：《臺灣詩錄》（下），（臺中：臺灣省文獻委員會，1984 年 6 月），
頁 1136～1137。

自是皇恩天共大，故教民俗曆無更。

海隅幸被熙朝化，合獻椒花頌聖明。

爆竹一聲萬戶開，瞳瞳瑞旭映樓臺。

遊春兒女參神去，賀歲賓朋投刺來。

宅換桃符紅貼錦，酒斟柏葉綠盈杯。

閭閻再度行嵩祝，到處歡呼響若雷。〔註94〕

從黃贊鈞的詩中可以看到「舊慣溫存」政策下「故教民俗曆無更」，臺人仍可依舊年俗過新年，因此詩中不但可以見到爆竹、投刺賀正、桃符及飲柏酒的傳統年俗，還看到「瞳瞳瑞旭映樓臺」，依日本年俗過新年時懸掛國旗的景象。陳占明（1872～？）的〈辛亥（1911）新年〉：

迎年爆竹一聲中，萬戶桃符處處紅。

獻酒三朝開旭日，圍爐雙袖舞春風。

池冰破玉調長慶，楊柳垂金逼永豐。

殿裡燈光傳漢代，稱觴祝歲古今同。〔註95〕

書寫辛亥（1911）新年的景物中有爆竹聲、有桃符，還有在豐明殿舉行的日式朝賀儀禮，此詩中仍出現臺日習俗兼有的新年景象，以「稱觴祝歲古今同」作結，舉杯敬酒祝賀新年的心意，無論古今或臺日，不同時間、不同民族，對新年的祈望都是相同。

1919 年爲日本以同化政策統治臺灣開始的時間，以此爲界〔註96〕，1919年之後書寫新年年景，臺俗擺飾將漸式微，詩人書寫心情也漸低落。謝汝銓（1871～1953）發表於 1921 年的〈敬次□根先生新年所感韻〉二首：

淑氣初回四海春，朵雲遙錫藻詞新。

公門桃李今方盛，我亦南溟一舊人。

〔註94〕 《全臺詩》第 26 冊，頁 169。

〔註95〕 《全臺詩》第 21 冊，頁 373。

〔註96〕 依林淑惠〈日本殖民台灣時期統治政策之演變〉一文整理日本統治臺灣政策的分期，綜合各項資料歸納如下：「日本殖民台灣五十年餘，不論居於何種視野，採取何種分期，大都會以 1919 年 11 月首任文官總督田健治郎就職爲分水嶺。本文綜合學者高賢治及台灣省文獻委員會的分期架構，以 1919 爲分野，將日本殖民台灣五十年餘，分爲日治前期（漸進同化政策時期，以及日治後期（懷柔同化政策與皇民化運動時期）。」林淑惠：〈日本殖民台灣時期統治政策之演變〉，《正修通識教育學報》第 9 期，2012 年 6 月，頁 87。

　　　　一樣春風到小軒，桃符不貼立松門。

　　　　堂前未飲屠蘇酒，先向東方拜至尊。〔註97〕

「桃符不貼立松門」明指貼桃符的舊年俗已被立「門松」的新年俗所取代，所謂「門松」，是指日人於正月置於門前的一對松或竹子，為了將「年神」迎進家門而有的裝飾物〔註98〕，日人視松竹為吉祥、代表長壽之物，和漢民族以為松竹是高尚人格的象徵不同，也全無新年節慶的意涵，此為日式節俗植入的衝突點之一。除了門松，另一項日式節俗的植入於王中滿的〈祝大正十二年元旦〉可見：

　　　　履端一到小春天，萬里同風祝大千。

　　　　濟濟欣逢新歲月，翻翻畢革舊時編。

　　　　嶺頭梅蕊傳春信，天外故人送賀箋。

　　　　到處桃符及結草，居然共慶泰豐年。〔註99〕

大正12年為西元1924年，漸進式的同化在年俗中可見跡痕，除了「門松」，詩人寫「到處桃符及結草」，「結草」就是楠田實〈正月事物緣起物語〉一文中所說日本傳統年節事物「注連繩」〔註100〕，臺俗「桃符」有辟邪與開運招福的文化意涵；日俗「結草」也蘊含了招福的文化意義，新舊年俗共存，文化意涵相近，詩人才有「居然共慶泰豐年」之嘆。

　　　在統治者還施以懷柔同化政策之時，尚可見詩人書寫新年的詩歌保有年

〔註97〕《臺灣日日新報‧詩壇》1921年1月5日，第四版，《台灣漢詩數位典藏資料庫》，檢索日期：2016年9月29日。

〔註98〕陳勤建主編：《民俗視野：中日文化的融合和衝突》中對門松的說明如下：「門松是用松、竹、梅做成的。常常把年糕做成圓形粘在柳枝上，作為梅的代用品。首先在家裡的玄關兩側用竹子打樁，用繩子把竹子綁住，再把松和梅的枝子用紙卷起來綁在竹子的根部。竹子的上部用注連繩連起來，做成門的形狀。」陳勤建主編：《民俗視野：中日文化的融合和衝突》，（上海：華東師範大學出版社，2006年6月），頁27。

〔註99〕《台南新報‧詩壇》1923年1月1日，第7485號，頁5，《台灣漢詩數位典藏資料庫》，檢索日期：2016年9月29日。

〔註100〕陳勤建主編：《民俗視野：中日文化的融合和衝突》對注連繩的說明如下：「所有主要的房間、收藏室、廁所的出入口處都要掛注連繩。編注連繩的時候，中間要留出7—5—3根的三撮乾稻草，有時候留1—5—3根，並結上ホンカ（穗長）（一種蕨類植物）。並且，在所有與神佛有關的場所都要掛注連繩，而且要將穗子的前面一端面向家的方向。這裡包含了『為了讓福氣到家裡來』的意思。」陳勤建主編：《民俗視野：中日文化的融合和衝突》，頁27。

節的歡樂之情，如刊於《台南新報》的賴楊柳〈癸酉元旦〉：

> 元日和融雪已銷，賀春絡繹馬蹄驕。
>
> 焚香放爆雲遮寺，插竹編松錦拂橋。
>
> 新換桃符光燦燦，初懸旭瀛正搖搖。
>
> 泰階有兆昇平樂，獻頌椒花不寂寥。〔註101〕

及刊於《詩報》的江蘊和〈除夕有感〉：

> 臘盡冬殘除夕夜，爆聲傾耳迎新禧。
>
> 明朝鳳紀書元日，萬戶桃符旭日旗。〔註102〕

賴楊柳及江蘊和這兩首詩歌的寫作時間分別為 1933 年跟 1938 年，詩中呈現臺日年節擺飾交融的情境，這個時期林玉茹稱之為「兩度迎年：規訓與不完全同化（1919～1936）」的時期，其說明如下：

> 改曆和推行新曆新年成為同化政策的重點之一。1920 年代以後《臺灣日日新報》當中有關舊曆新年的報導也越來越少，城市和中、上階層的臺灣人逐漸普遍過新曆元旦，且進一步發展出各種新儀式或活動，並非如前僅是虛應故事地擺門松、掛稻草繩而已。〔註103〕

由林玉茹的說明中可以猜想在 1920 年代之後，新年擺飾因臺人接受新曆新年的程度更高，過新曆新年時自然多以日式節儀為主，但對部份詩人來說，或許只是表面不得不接受，在書寫春節詩歌時難免流露悲歎之情，如黃石輝（1900～1945）於 1924 年發表的〈新歷元日雜詠〉三首：

> 古來景象已全殊，國習民風漸向趨。
>
> 聞道結繩曾代字，而今竟又代桃符。
>
> 廢除陰曆學西人，過卻陽春歲又新。
>
> 且喜門前樹三友，尚存一點古精神。
>
> 新例還兼舊例行，半新半舊說文明。
>
> 已無戶口桃符貼，猶聽隆隆爆竹鳴。〔註104〕

〔註101〕《台南新報·詩壇》1933 年 1 月 5 日，第 11128 號，頁 8，《台灣漢詩數位典藏資料庫》，檢索日期：2016 年 9 月 29 日。

〔註102〕《詩報》1938 年 1 月 18 日，169 期，頁 3。

〔註103〕林玉茹：〈過新年：從傳統到現代臺灣節慶生活的交錯與嫁接（1890～1945）〉，頁 19。

〔註104〕《台南新報·詩壇》1924 年 1 月 4 日，第 7853 號，《台灣漢詩數位典藏資料庫》，檢索日期：2016 年 9 月 29 日。

對主張臺灣文人應該用鄉土語言描寫臺灣事物的黃石輝而言，以古時用來代字的「結草」作為新年的飾物，並取代上面書寫有吉祥文字的桃符，著實難以接受，立「門松」的年俗因松竹即是古來稱為歲寒三友其二，勉強有所連結，勉為其難的接受，「新例還兼舊例行，半新半舊說文明。」，日本文化本受漢文化影響甚多，在日式節儀的植入臺俗之時，常有似曾相識之感，但此時導入臺灣的日俗又是已經過大和文化的浸潤，其文化意涵早已和漢文化有不同的解讀，詩人因而有「半新半舊」之感，偏偏又以「現代化」為口號，說這些令人混淆的節俗才是「文明」，幸好還有隆隆爆竹聲稍稍得到些許安慰，三首詩作都顯露了詩人對新年日俗的移入與舊俗的被掩蓋心裡的難過。

　　從描寫新年的詩歌中可看到，桃符是最先被取代的新年擺飾，爆竹聲因爆竹和日本「左義長」〔註105〕之俗相近，在日治時期還鳴放了一段時日，從黃石輝的詩中見到「已無戶口桃符貼」，鑽道軒主人的〈元旦試筆〉也提到了桃符的消逝：

　　　　蕭齋曉起正芳辰，把筆寒窗署歲新。

　　　　敢學義之書似鐵，且同平仲詠宜春。

　　　　硯田種植無豐歲，學海波瀾有要津。

　　　　時世總難遵古禮，桃符恐被笑頑民。〔註106〕

「桃符恐被笑頑民」，新年貼飾桃符或許不僅是被笑頑民而已，詩人輕描淡寫中透露許多無奈。再看林再添的〈詠元旦〉：

　　　　門聯不用貼桃箋，世界維新萬事遷。

　　　　鏡餅堂中呈瑞氣，旭旗戶外繞祥煙。

　　　　竹松連綠迎新歲，車馬紛馳樂少年。

　　　　憶□圍爐前夜事，團欒歡飲醉如仙。〔註107〕

及林清敦的〈新年詞〉：

〔註105〕 劉曉峰對「左義長」的說明如下：「古日本的燃竹之俗稱為『左義長』。我所說的上古日本的爆竹，指的就是這一燃竹之俗。因為鞭炮最早其實起源於燃竹爆響，所以唐以前燃竹之風，正是後代放鞭炮的起源。」劉曉峰：《東亞的時間 歲時文化的比較研究》，（北京：中華書局，2007年10月），頁341。

〔註106〕 《詩報》1931年3月1日，7期，頁4。

〔註107〕 《風月報》1939年2月15日，第80期，頁25。

> 玉曆頒新朔，寅恭協紫宸。天桃開□歲，瑞穗結迎春。
>
> 旭日中天麗，祥雲大地臻。皇民風漸化，藻繪起精神。〔註108〕

這兩首詩的發表日期都是在 1939 年，這個時期是林玉茹所謂的「皇民化的抑制：臺灣人的抵抗與舊曆新年的隱形（1937～1945）」〔註109〕，臺人於此時依規定只能過新曆新年，詩人在書寫春節時自然以描寫日式新年的擺飾為主，全不見臺地傳統年俗，且詩中充滿歌頌皇朝之詞，和傳統帶著庶民文化的新年詩歌已不相同。陳柏樵〈元旦〉一詩也是發表於 1939 年，除描寫新曆新年的「日化」更直指皇民化的實行現況，更是全無臺俗擺飾的描寫，其〈元旦〉詩如下：

> 鳳紀書元萬象新，門前三友慶良辰。
>
> 家家已見皇民化，松飾高懸正朔遵。〔註110〕

林鍾英〈新曆元旦（是日命市內各戶插松竹迎歲）〉一詩更寫出皇民化政策下，統治者壓抑臺灣傳統節令文化的積極，其詩內容如下：

> 履端建子久除寅，嚴命家家正朔遵。
>
> 門外竹松同拜歲，山中草木未知春。
>
> 猶存田舍桃符舊，已換人間鳳曆新。
>
> 投刺賀年忙不了，布衣獨得此閒身。〔註111〕

「嚴命家家正朔遵」，嚴厲的命令要家家戶戶都遵行以陽曆為正朔，原該熱鬧歡樂的春節裡盡是肅穆的氣氛，門戶擺飾是日式的門松，連傳統投刺的年俗也沒了，但既是舊曆新年隱形的時期，詩人在詩中亦暗點出舊曆新年的隱身之處，「猶存田舍桃符舊」，舊曆新年隱身在農村裡，只是更為低調，不更換新的桃符只以舊桃符延續傳統新年的舊俗。

依新年詩作寫作時序來看臺俗新年擺飾的隱形化，以 1937 年之後最為明顯，林玉茹以為是因此時期戰事緊急而來，「新年儀式和活動於是成為皇民精神動員和戰爭宣傳的最佳時機，其儀式也隨著戰爭形勢的轉變，而強烈帶有

〔註108〕《詩報》1939 年 4 月 17 日，199 期，頁 2。

〔註109〕林玉茹：〈過新年：從傳統到現代臺灣節慶生活的交錯與嫁接（1890～1945）〉，頁 28。

〔註110〕《詩報》1939 年 4 月 17 日，199 期，頁 21。

〔註111〕林鍾英：〈新曆元旦（是日命市內各戶插松竹迎歲）〉，《梅鶴齋吟草》（1998）卷一，《台灣漢詩數位典藏資料庫》，檢索日期：2016 年 9 月 29 日。

效忠天皇、軍事化的色彩」〔註112〕，臺灣新年擺飾多以紅色帶喜氣的飾物為主和戰爭的肅穆氛圍不合，再加以皇民化的迫切，臺俗新年擺飾於日治後期的隱形似乎是必然的。

（二）日俗新年擺飾的張揚

日本於統治臺灣初期，便以勵行西化為由，主張廢除舊曆改採西曆，漸進式的要求臺灣人民捨舊曆新年改過新曆新年，並植入日式新年節儀於臺地，造成臺灣新年的變容，於書寫新年的詩歌中也可見到日式新年擺飾的植入，如粘舜音（1857～1904）〈丁酉（1897）新年〉一詩：

客裡光陰又一年，出門遍睹國旗懸。

新禧慶賀庄耆集，正朔遵行俗尚遷。

豐歲競談占雨雪，內山漸化靖烽煙。

從茲臺島人心定，且喜迎春得氣先。〔註113〕

此詩呈現新年街景中，滿街懸掛日本國旗的樣貌，對照楠田實〈正月事物緣起物語〉一文所提及的日本傳統年節事物，並無懸掛國旗之俗，懸掛國旗其實是統治者刻意植入為進行思想同化的節儀，〈國民精神總動員家庭報國〉一文中便指出國民精神總動員中家庭報國的實踐項目其一即是要在祝祭日時懸掛國旗〔註114〕，尤其新曆新年為殖民政府展現文化控制的重要場域，懸掛日本國旗更具宣示帝國主權意義，因而「揭國旗」成了新年擺飾的其中一項。

以下再舉幾首相關詩作，如陳人英（1860～1926）〈敬次村上閣下癸卯（1903）元旦瑤韻〉一詩：

桃符萬戶靄書氛，賀客輪蹄輾轆聞。

舉國旌旗翻旭日，鈞天韶樂過行雲。

〔註112〕 林玉茹：〈過新年：從傳統到現代臺灣節慶生活的交錯與嫁接（1890～1945）〉，頁32～33。

〔註113〕 《全臺詩》第13冊，頁192。

〔註114〕 〈國民精神總動員家庭報國〉，《臺灣婦人界》第5卷第3期，1939年3月1日，頁19。《日治時期期刊全文影像系統》，網址：〈http://0-stfj.ntl.edu.tw.lib1. nptu.edu.tw/cgi-bin/gs32/gsweb.cgi/ccd=6QhGSj/search〉，檢索日期：2016年9月30日。本研究資料來源因有多處參考自《日治時期期刊全文影像系統》內容，為避免資料的贅述，爾後引用該網站內容，皆於《日治時期期刊全文影像系統》後標注檢索日期，不再羅列網址。

酒成柏葉欣新釀，盤頌椒花襲舊文。

自笑臺南一小草，臨風拜舞祝神君。〔註115〕

此詩寫新年懸掛國旗已是全國皆然，黃茂清〈丙午（1906）元旦〉：

松竹旌旗景物妍，千門萬戶迓新年。

極東元氣初恢復，掃北將軍正凱旋。

世界平和春似海，皇恩浩蕩日當天。

擎杯滿酌屠蘇酒，醉誦南山第一篇。

十載山河萬里春，桃源境地太平人。

天開運會消烽火，氣轉瀛寰靖海塵。

三徑菊梅迎歲豔，一龕筆硯入年新。

祭詩焚稿翻翰墨，重與江湖話舊因。〔註116〕

此詩首二句即描寫出日式新年節物松竹及懸掛國旗的新年景象，全詩稱頌戰爭勝利後的平和。再如林幼春（1879～1939）〈丁巳（1917）新元日〉二首之二：

萬戶交叉旭幟均，陽和有意作新民；

商量黍谷吹葭律，準擬春臺挾纊身。

物外夏蟲談我法，夜來秦月照今人（是日適舊臘八日，是夕有微月）。

寒廚一例長年菜（鄉俗：元日斷葷，以芥菜堆盤，謂之吃長菜），也

抵葷盤薦五辛。〔註117〕

林幼春此詩首句「萬戶交叉旭幟均」即寫新年時家家戶戶懸掛國旗的景象，「陽和有意作新民」更明說以「揭國旗」表示願成為日本新國民，後面的詩句才又以「秦月」、「長年菜」及「五辛」等傳統年俗來隱喻對舊俗的不能忘。以上四首寫「揭國旗」的新年擺飾詩歌，詩作發表的時間都是在1909年日本政府廢太陰曆之前，還在「舊慣溫存」之時，舊曆新年的活動與擺飾仍被允許，詩人卻以懸掛國旗的新年景象入詩，可見當時不論是否能接受新曆新年，於新曆新年當日定要在門前懸掛國旗，余美玲對此俗的說明如下：

作為殖民地的臺灣，與母國內地一樣展開「國家祝祭日」，祝祭日為

祝日、祭日的合稱，為國定假日，因需懸掛國旗，故又稱之「旗日」，

〔註115〕陳人英：〈敬次村上閣下癸卯（1903）元旦瑤韻〉，《智慧型全臺詩資料庫》網頁，網址：〈http://xdcm.nmtl.gov.tw/twp/b/b02.htm〉，檢索日期2016年9月30日。

〔註116〕《全臺詩》第18冊，頁145。

〔註117〕《全臺詩》第31冊，頁467。

祝日即新年（1月1日）……；祭日則有臺灣神社祭（10月28日）、春秋皇靈祭等。……種種帝國祝祭儀式的操練，既宣示著殖民者的正統性，同時培養殖民地的國民意識，凝聚國民一體感。可以說整個在權力、政治技術與知識的結合運作下，人民大眾被轉化為「新國民」。〔註118〕

由此而論，「懸掛國旗」的真正意義不是在於豐富節慶或移植日式節儀，而是以「懸掛國旗」作為宣示帝國主權的符碼，也是灌植被殖民者國家認同的強勢影像輸入。在此，需對「國家祝祭日」進一步思考，顏杏如在〈天長節鬥熱鬧：帝國的節日與殖民地臺灣社會〉一文中說明日本於明治維新時在改曆不久便公告新的祝祭日，制定新的祝祭日的目的在於使民心歸於天皇，將祝祭日移植到殖民地變成一種「日本帝國版圖內實行的『正式的』、『官方的』時間秩序，屬於帝國的、國家的時間」〔註119〕，可知屬於「祝祭日」中的「祝日」之新年於日治時期的意義已非單純的歲時節令，於擺飾上當然要以能突顯「帝國」主題為重要，「懸掛國旗」因此負起任務，是最強勢被植入的新年擺飾及從日治開始到結束一直存在的一項新年擺飾。

　　新年時懸掛國旗既然是因「國家祝祭日」而來，就非只在臺灣施行，在日本本國也可見到，臺灣詩人也將在日本本國見到之景寫下，如鄭鵬雲（1862～1915）〈元旦抵東京寓京橋區山下町對山館即事〉一詩：

履端獻瑞是元正，卓午車停入帝京。

大海波濤經瞥眼，名區景物足移情。

旌旗兩道懸御苑，燈火六街徹禁城。

筆墨不文慚大雅，一編日記喜初成。〔註120〕

詩人描寫日本本國「懸掛國旗」的場景，不是平常人家而是通往皇居御苑的大道，一路懸掛國旗，燈火燦爛，莊嚴之景令詩人筆墨羞澀。由鄭鵬雲的詩中可見「懸掛國旗」於日本本國是與天皇更密切的連結，也就是如上一段所說「目的在於使民心歸於天皇」，和實行於殖民地為「宣示帝國主權的符碼意義」略有不同。

〔註118〕余美玲：《臺灣古典詩選注・5・歲時與風土》，頁42～43。

〔註119〕顏杏如：〈天長節鬥熱鬧：帝國的節日與殖民地臺灣社會〉，收於李承機、李育霖主編：《「帝國」在臺灣・殖民地臺灣的時空、知識與情感》，（臺北：國立臺灣大學出版中心，2015年12月），頁52～55。

〔註120〕《全臺詩》第14冊，頁13。

　　1919 年田健治郎擔任臺灣總督府首任文官總督，治臺方針改採「內地延長主義」，一方面強調統治方針要使臺灣人成爲日本人，一面主張以教育及提高臺灣人政治地位以安撫臺人〔註121〕，改曆和推行新曆新年成爲同化政策的重點之一，由日人所掌控的報刊上相關舊曆新年的報導漸減，林玉茹描述此時爲：「城市和中、上階層的臺灣人逐漸普遍過新曆元旦，且進一步發展出各種新儀式和活動」，「北部強調儀式的『內地化』；南部則是將舊曆新年的風俗直接嫁接至新曆，特別規定寺廟鳴鐘擊鼓，以讓市民參拜。顯然，儘管風俗『不完全同化』，卻以臺灣人正式改曆，奉日本正朔爲第一目標。」〔註122〕，依林玉茹所說，在 1919 年以後城市的新年風貌融入更多的日式節儀，上一節已見門松、注連繩的新年擺飾與臺俗桃符的交互輝映，此處要談日式新年擺飾的張揚，便不再引用有臺日節俗互融之跡的詩作，亦即在 1919 年到 1930 年之間，因統治者未完全禁制舊曆新年，在書寫新年的詩作中仍可見舊曆新年的活動及擺飾，但 1930 年後，因日本帝國主義侵略擴張的野心更盛，對臺的統治以加速臺人之同化爲方針，欲使臺人成爲「利害與共」的日本國民〔註123〕，對關係人民思想之文化風俗的制約就更爲積極，再看新年詩歌書寫大多只寫日式節儀，日式新年擺飾的張揚於此更顯，如鄭曉青〈庚午元旦〉，其詩云：

　　　　萬户揚旗迎歲首，千門插竹慶王春。

　　　　海邦齊獻岡陵頌，歡飲屠蘇沐帝恩。〔註124〕

及林顧卿〈元旦書懷〉，詩云：

　　　　簷際高懸旭日旌，暖風元日滿春城。

　　　　門前松竹呈佳氣，街上艷謠慶太平。

　　　　德被人民同赤子，恩施雨露潤蒼生。

　　　　天庭正獻椒花頌，嵩嶽三呼萬歲聲。〔註125〕

以及彭啓明〈賦祝庚午元旦〉其二：

〔註121〕黃秀政、張勝彦、吳文星編著：《臺灣史》，（臺北：五南圖書出版股份有限公司，2011 年 4 月），頁 200～201。

〔註122〕林玉茹：〈過新年：從傳統到現代臺灣節慶生活的交錯與嫁接（1890～1945）〉，頁 32～33。

〔註123〕黃秀政、張勝彦、吳文星編著：《臺灣史》，頁 201。

〔註124〕《台南新報・藝苑》1930 年 1 月 04 日，第 10040 號，《台灣漢詩數位典藏資料庫》，檢索日期：2016 年 9 月 30 日。

〔註125〕《台南新報・藝苑》1930 年 1 月 09 日，第 10045 號，《台灣漢詩數位典藏資料庫》，檢索日期：2016 年 9 月 30 日。

> 瑞雲一片布遙空，曙色欣看遍海東。
>
> 忽見乾坤新氣象，難逢寒煥倍和融。
>
> 屠蘇暢飲微顏色，樂府饗歌表隱衷。
>
> 上苑鳥聲聞乍囀，門前旭日映旗紅。〔註126〕

三首詩都發表於《台南新報》（1921 年 5 月～1937 年 1 月），《台南新報》內容與臺南歷史、文化、物產、人民緊緊相叩，並大量刊載臺灣宗教、民俗、音樂、戲曲、遊藝等相關活動的報導，由此份報刊可窺得日治時期臺灣社會情形與庶民生活概況〔註127〕。詩作發表日期為 1930 年 1 月，詩中所寫新年擺飾則有旗、松、竹及屠蘇，除了屠蘇具有臺日共同的文化淵源之外，其他都為日式新年特有的擺飾，且詩作內容都以稱頌太平盛世為主，政治意涵更勝於新年年節氣氛。

　　1939 年之後，新年詩歌漸參入戰爭書寫，如李長庚〈戊寅元旦試筆〉：

> 竹松如例樹門前，暢飲屠蘇祝虎年。
>
> 惟願皇軍頻戰捷，日章旗耀海東天。〔註128〕

及張德豐〈元旦試筆〉：

> 捷戰高翻旭旆鮮，家家松竹□門前。
>
> 登堂快飲屠蘇酒，愛國同膺我武篇。
>
> 神社恭趨祈武連，皇宮遙拜賀新年。
>
> 逍遙自喜身□健，握管題詞寫錦箋。〔註129〕

張德豐的詩中除有旌旗、松竹、屠蘇等新年節物之外，還出現了神社祭、遙拜皇居的記載，神社參拜在戰事正盛時特別具有意義，是為祈求皇軍出征順利的重要儀式，此時新年詩歌中就有專寫參拜神社之事，如尤人鳳〈元旦參拜臺中神社〉，其詩云：

> 紛然戎馬又逢年，元日神前拜謁虔。
>
> 願禱干戈從此息，皇軍克服凱歌旋。〔註130〕

〔註126〕《台南新報・藝苑》1930 年 1 月 10 日，第 10046 號，《台灣漢詩數位典藏資料庫》，檢索日期：2016 年 9 月 30 日。

〔註127〕參看《國立臺灣歷史博物館》網站，網址：〈http://www.nmth.gov.tw/publicationmore_65_26.html〉，檢索日期：2016 年 9 月 30 日。

〔註128〕《風月報》1938 年 4 月 1 日，第 61 期，頁 30。

〔註129〕《風月報》1939 年 2 月 15 日，第 80 期，頁 26。

〔註130〕《詩報》1942 年 2 月 20 日，266 期，頁 9。

及王殿沅〈乙酉（1945）元旦〉：

> 春回大地叫晨雞，神社朝參見眾黎。
> 文物革新投刺少，干戈未定暗雲低。
> 時艱懶把瓊杯舉，門掩應無凡鳥題。
> 吾自愛吟人閴處，不妨花裡遂幽棲。〔註131〕

這幾首發表於日治後期的詩作，以新年爲主題書寫卻全無新年節慶氛圍，特意書寫參拜神社之事，此和時代背景相關，林玉茹說明日治後期神社參拜一事，以爲神社參拜是 1934 年臺灣總督府提出「一街庄一社」的神社建設方針而來，並因到 1945 年神社興建幾乎已達「一街庄一社」的地步，而使全臺於新曆新年到神社參拜成爲慣例，且隨著戰爭的激化而帶有濃厚的戰爭色彩〔註132〕，無怪乎日治後期詩人書寫新年參拜神社的詩作充滿烽硝煙火，新年的祈願也以止干抑戈爲訴求。

日治時期還有一些擅寫漢詩的日本詩人，在臺期間也創作了一些描寫臺灣風土的詩作，是由日人不同視角對臺灣新年的描述，如中村忠誠的〈城南雜詩〉四十二首選二，其詩云：

> 紅日旗翻萬戶間，嵩呼聲撼四圍山。清風一路城南暮，幾伴醉人狂舞還。（羇旅東人，每遇改歲，稱賀會飲，亂醉高歌，狼籍路上，爲巡警保護者，不下數百人。所謂軍政習氣未消歟？抑太平之象歟？）
> （其二）
>
> 爆竹朝來處處鳴，門聯新飾舊王正。春風暖入屠蘇裡，人手紅箋去市城。（臺民雖揭旭旗慶新正，又仍用寅正。改春聯燃紙炮，成迎歲之儀。紙炮封硝藥以紅紙，似兒童所玩煙火，古爆竹之遺也。人家皆貼門兩柱以聯句紅紙，每歲大除新之，呼曰春聯。元旦則人持紅刺，踵門申賀，家家團樂飲博，歇業者數日。然在路上亂醉放呼失恒態者，雖役夫賤隸幾希矣。）（其七）〔註133〕

第一首描寫了新年期間，日本國旗飛揚及眾人高呼萬歲之景，同時抨擊日人於節日飲酒過量的失態。第二首則描寫頒布新曆後臺灣人仍舊依舊曆新

〔註131〕王殿沅：〈乙酉（1945）元旦〉，《台灣漢詩數位典藏資料庫》，檢索日期：2016年 9 月 30 日。

〔註132〕林玉茹：〈過新年：從傳統到現代臺灣節慶生活的交錯與嫁接（1890～1945）〉，頁 33～34。

〔註133〕余美玲：《臺灣古典詩選注・5・歲時與風土》，頁 314。

年的節俗而過，燃放爆竹、張貼門聯、持帖訪親友。並於註語中稱讚臺人雖逢節慶也會團聚飲酒但不似日人般飲酒無度。中村忠誠書寫視角和臺灣詩人不同之處在於更真實呈現「新年之景」，不但寫臺人的新年也寫日人的新年，從其詩中可不只看到「日紅日旗翻萬戶間，嵩呼聲撼四圍山。」日式節儀的張揚，更見日人放肆狂歡的樣子對比臺人的「安靜」過年。另一位日籍詩人描寫臺灣新年則有另一種視角，即籾山衣洲的〈臺灣風俗詩〉三十八首選一，其詩云：

> 春聯戶戶映金烏，爆竹聲收寂九衢。
>
> 不見拜年人帶醉，掩門爭美牧豬奴。（歲旦）〔註134〕

籾山衣洲此詩同樣描述了新年貼春聯、燃放爆竹的景象，但也寫臺人好賭，尤其於新年期間常在家賭博，街上不見出外拜年的人們。日人對臺人於新年期間賭博之俗視為必禁之惡習，片岡巖於《臺灣風俗誌》中便記載：

> 新春期間賭博的風氣很盛，因從前元旦至元宵的期間官不禁賭博，
>
> 以官民同樂的理由任其所欲。玩的賭具有狀元籌、骨牌、紙牌、骰
>
> 子、璉寶錢攤等，現在已禁止。〔註135〕

中村忠誠所記日人與臺人於臺地各有不同的過新年之俗，及籾山衣洲所記載的臺灣過年時的賭博之習，都屬日籍詩人所提供我們觀看日治時期臺灣新年的不同視角，從此可更為廣泛的了解臺灣於日治時期的風俗，日人所創作的詩作確有其價值。

　　本節從和臺灣新年有關的節令詩中，以「賀年民俗」、「年節飲食民俗」及「年節擺飾民俗」三方面分析其中的民俗呈現，日治時期特殊的政治環境及統治者運用操作風俗文化為同化手段，使臺灣新年的民俗呈現多樣的風貌，觀看日治時期新年節令詩不能單從風俗文化層面來看，需佐以時代背景來探看，才能解讀出其真正的意涵。

第二節　新年節令詩的文化意義

　　上一節，筆者從和臺灣新年有關的節令詩中，以「賀年民俗」、「年節飲食民俗」及「年節擺飾民俗」三方面分析其中的民俗呈現，得見新舊曆新年

〔註134〕余美玲：《臺灣古典詩選注‧5‧歲時與風土》，頁317。

〔註135〕片岡巖著，陳金田譯：《臺灣風俗誌》，（臺北：眾文圖書股份有限公司，1994年5月），頁38。

在儀式、擺飾及飲食上有維持傳統、強迫植入或部份改易，也有互相融合的民俗呈現。《符號學：傳媒學辭典》中對節慶（festival）的定義如下：

> 節慶是民俗文化符號的重要形式，指在週期性的時間內，以特定主題活動方式，約定俗成、世代相傳的一種集體活動，常通過象徵性儀式表達一定的意義。〔註136〕

若依辭典中對節慶的定義來看日治時期的新年節慶，「約定俗成」及「世代相傳的一種集體活動」這兩項在此時代中是被掩蓋的，初期雖在「舊慣溫存」的政策下，臺灣新年還保有約定俗成而來的節俗，但隨同化的積極，臺灣新年連世代相傳的各種節俗活動都被迫隱形，只有「通過象徵性儀式表達一定的意義」這項在日治時期的新年節儀中特別突出，因此當我們探看日治時期新年節慶文化意涵時，不能只透過臺灣傳統節儀來看，還需連同移植自日本的節儀一起探論，以下從「保留傳統文化的柔軟抵抗」、「接受日儀的新文化精神」及「寓情於詩的漢詩精神再現」三個面向探析日治時期新年節令詩的文化意義。

一、保留傳統文化的柔軟抵抗

鄭文裕在其《唐人歲時吟詠研究》論文中，對新年節令的意義說明如下：

> 元日就是俗稱的新年，又稱三元之日，乃年之元，月之元，日之元的吉日，是一年當中最特別的日子，因此古來人們對這一天就特別重視，然三代之時，其時間卻因各朝使用曆法的不同，而有所差異，至漢武帝時代，才以夏曆的一月一日為一年之始，其後雖偶有短暫的更迭（王莽、武后），但至今仍沿以為制，是民間最古老、且節俗最繽紛豐富的節日之一。〔註137〕

鄭文裕說明了新年時間的定制確立於漢武帝之時，且沿用至今，即使臺灣新年習俗多來自閩粵移民，但從明清發展到日治業已形成根固於庶民生活的臺灣新年節令習俗，面對日本以統治者的威權，強迫改曆，臺灣人民自始至終都是不願捨棄傳統的，只能以表面的順應來迎合，以求能有空間保留臺俗，平民百姓在家中或是藉由年節食品的烹煮傳續年節氣味，臺灣詩人則以詩文

〔註136〕胡易容、趙毅衡編：《符號學：傳媒學辭典》，頁91。
〔註137〕鄭文裕：《唐人歲時吟詠研究》，（新竹：玄奘大學中國文學系博士論文，2013年1月），頁15。

作爲留存文化的空間。至於節令詩歌是否足以表現當代或傳統節令文化的精
神，劉衍軍以唐代節俗詩爲研究主題的論文中便點出了節令詩的價值：

> 在唐代節俗詩中，詩人的目光往往較多地轉向市井民間，轉向普通
> 民眾的世俗生活。這些詩歌表現了普通民眾豐富的節日活動，展現
> 了魅力無窮的節俗風情畫卷，揭示了豐厚的民族傳統文化內涵和民
> 族共同的心理底蘊。節俗詩獨具世俗之審美特色，是詩苑中的又一
> 朵奇葩。〔註138〕

日治時期詩人承繼傳統漢詩寫作精神，在書寫節令詩時也多從市井民間、普
通民眾的世俗生活取材，同樣也能將傳統文化內涵和民族共同的心理底蘊在
詩歌中揭示，以下從日治新年節令詩中實際來探，詩人如何在被壓抑的環境
中進行保留傳統文化的柔軟抵抗。

　　首先，看蔡佩香發表於1923年的《臺南新報》的〈臺南嬉春竹枝詞〉十
二首選九：

> 正月春王拜祖先，餘糧致祭半華筵。
> 山珍海味年糕熟，兼薦紅柑色色鮮。
> 兒童拍手喚阿爺，引我同行到舅家。
> 十色五花雙姊妹，打三骼上雇迴車。
> 恭喜聲聲祝大年，吉祥人語酒家仙。
> 開張駿發財三倍，武館街頭一市廛。
> 濟濟衣冠一色妍，猜枚飲興坐花氈。
> 主人留客風流甚，爲我司花招寶仙。
> 大舞臺中元日開，上臺唱到祝春魁。
> 觀資定價分三等，特別高抬金一枚。
> 迎婿財臨祝歲更，檳榔請試異香生。
> 團圓儼似胭脂虎，嚼出宮商角徵聲。
> 玉皇上帝慶千秋，男婦薰香跪點頭。
> 祈禱一番財子壽，琉璃燈上火添油。〔註139〕

〔註138〕劉衍軍：《唐代節俗詩研究》，（廣州：暨南大學中國古代文學碩士學位論文，
　　　　2004年6月），頁26。
〔註139〕《全臺詩》第22冊，頁497。

－93－

蔡佩香此組竹枝詞詳細記敘新年活動，除祭拜祖先、訪友賀年的年俗，還有年糕、紅柑的新年應景食品，尤其第五首所寫的正是片岡巖《臺灣風俗誌》中所記的「遊劇」，是過新年時為求吉祥而演出的戲劇〔註140〕，第六首寫大年初二祭財神、迎婿日（出嫁的女兒回娘家）的漢族歲時風俗；第七首寫大年初九寫「天公生」，即玉皇大帝誕辰莊嚴隆重的祭典，如同一本專記風俗的書本，記載了當時各種新年期間的節俗活動。

再如，黃玉階（1850～1918）有〈拜歲蘭〉一詩：

紀時堯帝有蓂華，拜歲幽蘭獨吐葩。

冠彼群芳元日放，占魁豈讓寒梅花。〔註141〕

林獻堂有〈迎年菊〉二首：

東籬傲骨亦嬉春，偶伴幽蘭拜歲新。

莫問柴桑舊消息，祗今滿地盡煙塵。

欲與梅花作比隣，寒英來赴履端晨。

屠蘇一醉春風裏，不啻重陽落帽人。〔註142〕

以及林臥雲的〈元旦試筆〉：

詩序：和宗金標君原韻。

斗柄回寅玉曆新，風和日麗艷陽春。

蘭爭拜歲清堪羨，菊為迎年淡可親。

默展眼簾看淑景，閑移屐齒踏香塵。

守將孝友為家訓，千古文章自有真。〔註143〕

三組詩都寫特具傳統年節氣息、富有吉祥寓意的「迎年菊」與「拜歲蘭」，詩人或許是應景之作，或許是以傳統漢詩新年題材入詩，但在漢文化傳統岌岌可危的時代此類詩作更顯意義非凡。

除此之外，詩人以傳統生肖標示新舊年的轉換也是一種保留文化的企圖，如林拱辰（1865～1935）〈丁巳（1917）元旦〉一詩中的「龍蛇代謝歲更

〔註140〕《臺灣風俗誌》：「又有稱『遊劇』的戲班巡迴市內到富家演戲，藝題有八仙慶賀、賜福天官、九老天官、十福天官、千金送子、滿福天官等含有吉祥的劇情。」片岡巖著，陳金田譯：《臺灣風俗誌》，頁38。

〔註141〕《全臺詩》第13冊，頁10。

〔註142〕《全臺詩》第33冊，頁123。

〔註143〕《全臺詩》第32冊，頁456。

新」〔註144〕、楊爾材〈庚申（1920）元日試筆〉二首之一中有「羊去猿來又一春」〔註145〕、王竹修（1865～1944）〈次魏潤庵先生甲子（1924）元旦韻〉中有「送豬迎鼠入新年」〔註146〕及謝尊五（1872～1954）〈辛巳（1941）元旦試筆〉詩中有「蛇動龍飛歲甫遭」〔註147〕，都是以十二生肖來分紀歲時，在統治者積極改以新曆紀年之時，護衛傳統紀年文化之心昭然。其實在書寫新年詩作，日治時期詩人也常在詩題中加入傳統的十二干支紀年，以上所舉的詩作幾乎首首如此，但詩人在此類詩作當中仍會適時展現對日本天皇的頌讚，以取得當朝者的信任，詩作才能發表及流傳，如林逢春〈乙丑（1925）元旦・副詩題：限山色連天韻〉四首：

> 爆竹聲中一歲刪，東風送暖入仙寰。
>
> 家家暢飲屠蘇酒，醉倒人稱頹玉山。
>
> 朝曦朗上扶桑國，門貼宜春新翰墨。
>
> 歲次木牛泰運徵，熙熙殖民咸喜色。
>
> 瀛臺元日繞祥煙，文武官僚賀拜虔。
>
> 共祝慈仁聖天子，皇基萬世應締連。
>
> 初聞甲子整歸鞭，又見桃紅換舊聯。
>
> 是歲太平無事日，康衢擊壤樂堯天。〔註148〕

此詩以「乙丑元旦」為詩題，詩中再提「歲次木牛」，均以傳統紀年說標記年份，但詩的內容卻有「共祝慈仁聖天子，皇基萬世應締連」之句，表達頌讚賀祝日本天皇之意。

日治時期，還有一些詩作寫新年到寺廟上供祭拜的傳統節儀，如徐埴夫（1873～1918）〈新年竹枝詞〉，其詩云：

> 不分南北與西東，禮佛明神與昔同。
>
> 惟有城隍偏欠點，廿年不見印開封。〔註149〕

及徐杰夫（1873～1959）〈笨港進香詞〉四首之一：

〔註144〕《全臺詩》第 16 冊，頁 16。
〔註145〕《全臺詩》第 34 冊，頁 437。
〔註146〕《全臺詩》第 22 冊，頁 144。
〔註147〕《全臺詩》第 25 冊，頁 587。
〔註148〕《全臺詩》第 23 冊，頁 553。
〔註149〕《全臺詩》第 21 冊，頁 445。

　　纔喧爆竹度新年，北去南來驛路連。

　　試向朝天宮外望，香燈萬點競摩肩。〔註150〕

日人視臺人宗教信仰爲「迷信」，同化政策中也有以破除迷信爲要點，尤其到日治後期，戰事越烈，日人對臺人傳統信仰文化抑制更烈，林玉茹描述 1937 年皇民化下的情況：「戰爭時期全民精神總動員下的厲行改曆和廢舊正活動，仍有一定的效果，如臺灣人已逐漸不能在舊曆新年光明正大地燃放爆竹、張貼門聯、燒香拜佛以及賀正，新年的各項活動朝向隱形。」〔註151〕，因此這兩首書寫新年到寺廟祭拜之俗於此特具意義，亦是詩人爲留下傳統文化的心意。

　　臺灣節慶文化在不同政權的更迭中，融入不同文化元素而屢有新貌，但日本統治臺灣，強以文化作爲「同化」被殖民者的手段，統治初期便厲行改曆，要臺人捨舊曆就新曆，新舊曆的變易不僅是時間的異動，對依循舊曆生活作息的臺灣人民而言更是文化習慣與價值觀的大異動，以新年節令來說，初期以二元時間過著兩種新年，到中期在不同場域過不同的新年，直到後期舊曆新年隱形的存在，變易的過程承繼傳統的新年文化也逐漸暗淡，卻從不曾消失始終存在於庶民心中，以柔軟而堅毅的方式維護著傳承自祖先的文化傳統。日治時期的詩人在書寫新年節令詩歌之時，是刻意也是無意的在詩歌文字中保留文化精神，文字是一種柔軟工具，古典詩歌也在此特別的時代扮演承載保留文化的載體，讓詩人成就保留傳統文化的柔軟抵抗。

二、被動融混的新文化精神

　　日治時期因「帝國時間」的強勢植入，臺灣的新年也產生了被動融混的新文化，於古典詩歌中所見有日式新年擺飾門松及結草的入詩，或日本國旗大肆飄揚新年時的街道之景，臺俗年節飲食中本無的屠蘇酒更常見於古典詩中，連代表日式年節食品的鏡餅也出現古典詩中，傳統文學中見到新文化的滲入，對此現象余美玲引霍布斯邦（Hobsbawn, 1917～2012）在《被發明的傳統》（The invention of tradition ）的論述視其爲「被發明的傳統」〔註152〕，詩

〔註150〕《全臺詩》第 26 冊，頁 139。

〔註151〕林玉茹：〈過新年：從傳統到現代臺灣節慶生活的交錯與嫁接（1890～1945）〉，頁 30。

〔註152〕余美玲云：「霍布斯邦（Hobsbawn,1917～2012）在《被發明的傳統》（The invention of tradition）指出，『國家祭典、節慶』是 19th 以降被現代國家所發

人在主動創作與被動植入題材的過程中完成作品,以致在閱讀日治時期新年詩歌時看到被動融混的新文化精神。

　　實際從新年節令詩中來看,在檢索《智慧型全臺詩知識庫》時發現以「敕題新年雪」為題的詩作有 23 首之多,且多發表於 1910 年的《臺灣日日新報》上面,以「敕題」二字為詩題,意味這些詩作為「奉皇帝的命令」而作,日本殖民臺灣,施行同化政策欲將臺人同化為天皇子民,此類詩作以「敕題」為詩作題目,應為尊皇頌德而作,首先,以鄭如蘭(1835～1911)〈敕題新年雪恭賦〉為例:

> 六出花飛帝里多,報與香山居士知。
>
> 朝元宴賜□州味,紀瑞詩廣郢客歌。
>
> 凍解朝陽成膏雨,光流瀛海作恩波。
>
> 天皇仁政寒溫節,樂歲君登九穗禾。〔註153〕

及黃朝桂(1851～1916)〈敕題新年雪恭賦〉:

> 國恩家慶象回新,六出繽紛繞紫宸。
>
> 瑞兆年豐占大有,萬民謳頌太平春。〔註154〕

及林搏秋(1860～1938)〈敕題新年雪恭賦〉:

> 歲序更新萬象呈,雪花六出遍江城。
>
> 乾坤清淑豐年兆,臣庶廣歌樂太平。〔註155〕

這三首詩作都是在 1910 年一月份的《漢文臺灣日日新報》上所刊載,詩中皆引用典故以「六出」來代稱雪花〔註156〕,使歌頌日本天皇的詩歌中帶著濃厚

明的『傳統』,是統治者為滿足特定目的,刻意從事的創造與發明,是用來強化人民對國家認同的文化工具。這種『創制傳統』是一系列的實踐,通常是被公開或心照不宣的規定,具有儀式性或象徵性的本質,透過不斷地重複,試圖灌輸大眾特定的價值觀與行為規範,以便自然而然地暗示:這項『傳統』與過去的事物有關。霍布斯邦所要強調的就是:『傳統』從來不是自然而然的、生而有之:它是不折不扣的人工製品,皆經過精密的衡量與詳細的設計。」余美玲:《臺灣古典詩選注・5・歲時與風土》,頁 42～44。

〔註153〕《全臺詩》第 9 冊,頁 433。

〔註154〕《全臺詩》第 13 冊,頁 20。

〔註155〕《全臺詩》第 13 冊,頁 295。

〔註156〕六出為雪花的別稱。唐・宋之問〈奉和春日玩雪應制〉:「北闕彤雲掩曙霞,東風吹雪舞山家。瓊章定少千人和,銀樹長芳六出花。」(參看《全唐詩檢索系統》,網址:〈http://cls.hs.yzu.edu.tw/tang/Database/index.html〉,檢索日期:2016 年 10 月 9 日。)

漢文化氣息。再看呂鷹揚（1866～1924）〈敕題新年雪恭賦〉三首之三：

> 恭奉敕題把筆拈，大書年始德新沾。
>
> 花飛六出天麻應，泰啓三元歲稔占。
>
> 富士山呼銀谷曉，豐明殿祝柏杯甜。
>
> 當陽聖主春正月，瑞色翻騰燦寶簾。〔註157〕

詩中明說是「恭奉敕題把筆拈」，並引用如「六出」、「天麻」、「三元」這類出自典故的用語，來代稱雪花、上天的庇佑及農曆正月初一，但此詩發表於 1910年，農曆已被公告廢止，詩人是特意安排入詩，詩中還將有「日本神山」之稱的「富士山」及日人舉行國家盛大的地點「豐明殿」寫入，全詩以歌頌日本天皇爲主軸，卻不時流露漢文化精神，詩人之用心可鑑，也使詩作呈現被動融混的新文化精神。

除了從以「敕題新年雪」爲題的詩作中看到被動融混的新文化精神，也有詩人爲日式新年擺飾加入漢文化的註解而呈現新文化精神，如葉際唐（1876～1944）〈新年四詠·締繩〉，其詩云：

> 縱橫絢就掛門前，荊楚遺風海外傳。
>
> 疑未制成文字日，古人結此紀新年。〔註158〕

此詩寫的是日式新年擺飾中的締繩也就是結草，《易·繫辭下》：「上古結繩而治，後世聖人易之以書契。」，《荊楚歲時記》中亦有：「正月一日。是三元之日也。……懸葦索於其上。」以結繩記新年的記載，葉際唐以古俗來詮釋強迫植入的日式節儀，刻意將日式節儀賦予漢文化年節的意涵，「荊楚遺風海外傳」此句還道出日本節俗是源自古早的漢文化，劉曉峰〈日本的正月〉一文以爲，日本的歲時節俗是從接受中國古代歲時文化並逐漸形成屬於自己的一套歲時文化〔註159〕，亦即臺日部份新年節俗同出一源，雖結草之俗於此時已不存在，但以同源之說當作接受的理由，體現被動融混的新文化精神。

同樣能引同源之說來接受的日式節俗，還有飲屠蘇酒之俗，以鄭家珍〈新曆元旦紀事〉一詩來看，其詩云：

> 初日瞳瞳映草蝦，千門插竹紀年華。
>
> 朝來隨例新禧祝，招飲屠蘇又幾家。〔註160〕

〔註157〕《全臺詩》第 16 冊，頁 179。

〔註158〕《全臺詩》第 28 冊，頁 334。

〔註159〕劉曉峰：《東亞的時間 歲時文化的比較研究》，頁 332。

〔註160〕《全臺詩》第 16 冊，頁 350。

全詩盡寫日式新年節俗，「朝來隨例新禧祝」，說出連屠蘇酒的飲用也是「新俗」，雖在《荊楚歲時記》中有：「正月一日，是三元之日也。……於是長幼悉正衣冠，以次拜賀，進椒柏酒，飲桃湯，進屠蘇酒」的記載，但臺灣卻沒有飲屠蘇的新年節俗，劉曉峰以為日俗新年飲屠蘇之俗同樣是模仿自唐朝飲屠蘇酒之俗〔註161〕。

《荊楚歲時記》中記載的年俗還有：「正月一日，是三元之日也。……門前作煙火，桃神，絞索，松柏」的記載，其中的「門前松柏」又和日俗中的新年插門松的節儀相似，劉枝昌〈元旦〉一詩云：

> 一聲爆竹斗回旋，草木爭春分外鮮。
>
> 梅帶餘香知隔歲，菊留殘蕊度新年。
>
> 懸門葦索隨風舞，插戶松筠到處妍。
>
> 暢飲屠蘇終日醉，往來共祝太平筵。〔註162〕

詩句前四句以傳統新年可見的爆竹、梅、菊帶入新年氛圍，後四句再寫結草、插門松、及飲屠蘇等日式新年節儀，此詩將臺灣及日式的新年節俗同時寫入詩中，呈現臺日節俗交融的新年景象，正足以說明日治新年節令詩被動融混的新文化精神。

臺灣新年節令本非由日本所創制出的節日，其源自傳統漢文化，累積移民及臺灣當地庶民生活經驗而成文化意涵深厚的民俗節令，即使在日治時期統治者以「帝國時間」來將新年設定成「祝日」，並欲藉由國家歷史文化的連結及節儀的植入，企圖完成「新國民」的改造，但臺灣詩人卻在表面的附和下連結了文學裡的傳統文化，呈現日治時期新年詩歌被動融混的新文化精神。

三、寓情於詩的漢詩精神再現

日治時期，統治者將古典漢詩歌視為拉攏知識份子的工具，大力推廣漢詩創作、並形成詩社林立的盛景，但實際卻嚴密監控漢詩創作的精神表現，甚至有部份詩作是詩人被動地附應之作，在這樣的環境詩人是否因此而失去了傳統漢詩精神中寓情於詩的表現，以節俗詩來看，其中仍蘊含有深厚的民俗文化，多少保留著傳統漢詩底蘊，吳邦江於《宋代節令詩研究》碩士論文

〔註161〕劉曉峰：《東亞的時間　歲時文化的比較研究》，頁334。

〔註162〕《台南新報・詩壇》1925年1月2日，第08217號，《台灣漢詩數位典藏資料庫》，檢索日期：2016年9月30日。

中提出節令詩所獨具的特色如下：

> 節日民俗具有極強的心理積澱性，詩人在潛移默化中接受民俗生活
> 的浸染，很多與節日民俗活動緊密關連的意象就蟄伏在詩人潛意識
> 中，當詩人創作時，這些意象就自然在詩人的頭腦中浮現，運用比
> 喻、擬人、象徵等表現手法，以特有的指向性進行轉化，置換成與
> 民俗事象具有聯想意義的特定的含義和情感。〔註163〕

吳邦江指出節令詩因為蘊含了節日民俗的精神，蟄伏於詩人潛意識中的民俗
意象將運用比喻、擬人、象徵等表現手法，以與民俗事象相關的含義和情感
呈現在節令詩中。實際以日治時期新年節令詩來看，如陳望曾（1853～1929）
〈舊曆元旦書懷〉二首之一，其詩云：

> 鄉社歸來負夙期，客中又見歲星移。
>
> 隔江隋柳空春色，舊國堯蓂失夏時。
>
> 猶守陳咸漢家曆，還編陶令義熙詩。
>
> 占年自有衡門雪，皀帽新添鬢上絲。〔註164〕

此詩寫由外地歸來面對紀年曆法改變的心情，「舊國堯蓂失夏時」其實在說現
今改曆一事，但故意以歷史上未以夏曆而行的史事來說，舉西漢陳咸在當政
者改曆之時仍沿用堅持漢制一事，及欲如晉陶淵明以詩文避亂世表心跡般創
作詩文，藉古人以喻今人，表達對改曆一事的失望。

再如，施士洁〈元旦病中和芝生韻〉二首之二：

> 萬家爆竹刺桐城，老子呻吟作和聲。
>
> 擁被身惟防冷煖，垂幃目不辨陰晴。
>
> 五辛未敢登槃薦，百醜翻嫌對鏡明。
>
> 舉世欣欣儂戚戚，使人到此意難平。〔註165〕

全詩看似病中抒懷，但以節俗中的爆竹、五辛盤連結新年意象，「舉世欣欣儂
戚戚」一句更以新年熱鬧情境對照自己悲戚心境，「爆竹」、「五辛盤」是舊俗
可驅疫避瘟的年節俗物，卻無法發揮功能，主要原因其實是新年節氛已全然
不同，詩人借用民俗事象的含義表達文化流失的哀嘆情感於詩中。

〔註163〕 吳邦江：《宋代節令詩研究》，（蘇州：蘇州大學中國古代文學系碩士論文，2006
年10月），頁26。

〔註164〕 《全臺詩》第11冊，頁124。

〔註165〕 《全臺詩》第12冊，頁182。

　　既是寫新年詩歌，內容中應有多姿多樣的民俗活動呈現，或是賀年訪友的節俗描寫，或書寫年節飲食的食用分享，多是以祈求來年的平安順遂爲年節的慶賀目的，詩歌風格應是熱鬧與歡喜的。但日治時期的新年詩歌除仍有民俗書寫，多的是歌功頌德的讚頌之詞，少有如清代流寓詩人「每逢佳節倍思親」的思鄉情懷，反而常流露對時事的不安與無奈於詩中，熱鬧與歡樂的新年詩歌氛圍中隱約有暗灰的嘆息。如許南英〈元日用貢覺除夕原韻〉一詩：

　　　　正是和風旭日天，蓁蓁臘鼓鬧春前。

　　　　除年爆竹催寒盡，迎歲梅花得氣先。

　　　　行樂女兒歡綵勝，宜春門戶貼紅箋。

　　　　他鄉度歲閒無事，有酒提壺酩酊然。〔註166〕

所寫正是在熱鬧歡樂的新年氣氛中隱約嘆息著，「他鄉度歲閒無事，有酒提壺酩酊然。」，末兩句彷彿將新年喜氣置之於門外，再怎麼熱鬧都與詩人無關，而詩人「無事」與藉酒澆愁的原因就是「正是和風旭日天」。再有如黃茂清〈壬寅（1902）元旦〉一詩：

　　　　舊人今日說新年，深恐寒梅笑眼前。

　　　　甕底猶餘辭灶酒，案頭尚剩祭詩篇。

　　　　廳開粉署官非昔，帖寫宜春字亦妍。

　　　　卅載光陰仍故我，還憑翰墨作因緣。

　　　　東皇又報著鞭先，祝歲頻斟酒數千。

　　　　萬戶風光華世界，十分春色綠門天。

　　　　旌旗映日輝元旦，冠蓋爛雲賀始年。

　　　　正朔頒行今七載，屠蘇送暖醉陶然。〔註167〕

黃茂清先寫「舊」再寫「新」，明明原有的「辭灶酒」、「祭詩篇」都還在，卻已是人事全非，「還憑翰墨作因緣」，惟書寫文字還能連結古昔，「東皇又報著鞭先」寫出日本改曆變制的腳步漸快，後面的詩句只能寫改曆後的新年景象，詩人藉舊俗的漸失與新俗的活躍述說對新年變容之耽憂。

　　日治詩人以節令詩所蘊含的節日民俗精神，運用比喻、擬人、象徵等表現手法，以與民俗事象相關的含義和情感呈現在節令詩中，使寓情於詩的漢詩精神再現。

─────────────

〔註166〕《全臺詩》第 11 冊，頁 363。

〔註167〕《全臺詩》第 18 冊，頁 126。

小　結

　　本章從新年節令詩的民俗呈現談起，整理了「賀年」、「年節飲食」及「年節擺飾」等三方面的民俗呈現及當中的文化意義，在「賀年民俗」一節中分從「朝賀之儀」、「賀正名刺的嫁接」及「舊曆與新曆新年的競逐」論述，「朝賀之儀」從清代地方官出門拜客的賀正之儀及象徵朝賀君王的賀王正，到日治時期以日式儀禮進行新年朝拜帝王拜賀儀式，朝賀的變易從以官方為主到庶民百姓也需參與，並更具尊崇天皇的政治意涵；「賀正名刺的嫁接」此俗最大的更易是儀式上的嫁接，名刺從「投」轉成「換」，場域則從親友家換成官方的「名片交換會」，惟以紅紙書寫名刺的舊俗仍被保留；「舊曆與新曆新年的競逐」中，因舊曆新年習俗根著於臺灣人心中，不容易改變而使新舊曆新年從二元化發展到後期的隱形化，也「成為另一個殖民地人民文化抵抗的場域」。

　　在「年節飲食民俗」一節中分從「年糕」、「屠蘇」及「五辛盤」等年節飲食所呈現的文化符號意涵論述，「年糕」文化符碼對以字音連結對未來的祈願，和日式鏡餅文化符碼則以圓形為祈求團圓的所指，都有對新的一年的祈福，但日式鏡餅的「白」和臺人慣以紅色為吉祥產生衝突，而使鏡餅只短暫存在臺灣的新年文化中，隨著日治時代的結束而消逝。喝屠蘇酒的習俗為古俗，但臺人已無此俗，日治時期又因日式節俗的引入而再次出現在臺地新年飲食之中，所呈現的文化符碼，因政治環境的改變而帶有時代及政治意義的所指，已非單純的新年節令飲食符碼；「五辛盤」在臺地屬於年節飲食，其和傳統年俗略有不同，臺地是以五辛盤招待來訪賓客，並以「賀正」稱之，在驅疫避邪之外多了共享與祝福的意涵。

　　在「年節擺飾民俗」一節中分從「臺俗春節擺飾的隱形化」及「日俗新年擺飾的張揚」論述，年節文化的另一種符碼是年節擺飾，不同的新年擺飾蘊含各自的民俗文化意涵，日治時期，實行改新曆，新年習俗逐漸加入日式習俗，臺灣過新年的景象有了多樣的面貌呈現，且因飾物顏色與樣式的文化認知差異而產生衝突，年節擺飾也成為殖民與被殖民者文化競逐的其中一項，於臺俗中新年擺飾於日治時期是呈現隱形化，從初期尚可見「換桃符」、「燃華燭」、「祀神」、「燃爆竹」等節俗，隨統治者同化台人政策的積極，尤其 1909 年公告廢太陰曆後，臺灣新年漸以懸掛國旗、插日式門松及掛結草為景象，偶爾雖還可見到桃符的殘影，到日治後期則全以日俗新年擺飾張揚於街道，臺俗新年擺飾隱形化於人民心中。

　　本章第二節，整理出新年節令詩具有「保留傳統文化的柔軟抵抗」、「被動融混的新文化精神」及「寓情於詩的漢詩精神再現」三項文化意義，日治時期詩人承繼傳統漢詩寫作精神，在書寫節令詩時從市井民間、普通民眾的世俗生活取材，將傳統文化內涵和民族共同的心理底蘊在詩歌中揭示，以文字作爲一種柔軟工具，古典詩歌也在此特別的時代扮演承載保留文化的載體，讓詩人成就保留傳統文化的柔軟抵抗。新年是源自傳統漢文化，累積移民及臺灣當地庶民生活經驗而成文化意涵深厚的民俗節令，即使在日治時期統治者以「帝國時間」來將新年設定成「祝日」，並欲藉由國家歷史文化的連結及節儀的植入，企圖完成「新國民」的改造，但臺灣詩人卻在表面的附和下連結了文學裡的傳統文化，呈現日治時期新年詩歌被動融混的新文化精神。此外，日治時期的古典詩詩人以節令詩所蘊含的節日民俗精神，運用比喻、擬人、象徵等表現手法，以與民俗事象相關的含義和情感呈現在節令詩中，使寓情於詩的漢詩精神再現，都是日治時期新年節令詩所具有的文化意義。

　　新年節令被日本歸於「祝祭日」中的「祝日」，其意義已非單純的歲時節令，新年的各種節儀要以能突顯「帝國」主題爲要，顏杏如於〈天長節鬥熱鬧：帝國的節日與殖民地臺灣社會〉一文中分析明治維新後制訂的國家祝祭日其意義如下：

> 節日本身帶有特定的意義，顯示社會中重視的文化意涵，有時也是一種集體意識或記憶，共同紀念過去發生的某件事，具有一定社會意義。不過，當節日是由國家制訂，而不是源自於共同體的生活、慣習或集體記憶時，它往往貫徹的是國家意志和意識形態。明治維新後制訂的國家祝祭日便是如此。〔註168〕

日治時期富含傳統文化精神的新年節令成了「帝國時間」中的一項，所有的節令擺飾與活動以「貫徹國家意志和意識形態」爲目的，在新舊節令風俗文化的交融混雜中，呈現臺灣節令文化中特殊的面貌。

〔註168〕顏杏如：〈天長節鬥熱鬧：帝國的節日與殖民地臺灣社會〉，收於李承機、李育霖主編：《「帝國」在臺灣・殖民地臺灣的時空、知識與情感》，頁55。

第四章　日治時期端午節令詩的民俗及文化意義

　　清代端午習俗傳入臺灣，以驅邪除疫為節令的軸心，並融入在地物產及因應氣候節宜發展在地化的端午節俗，於清代，多是避惡驅毒的科儀與為夏至而飲食的風俗，與屈原故事的連結是為聯繫傳統而存在；到了日治時期，統治者以現代化為理由將臺人慣用的舊曆改行西曆，三大節令中的新年節令漸進的被要求以新曆而行，端午節令亦是傳統三大節令之一，但並未如新年般被日人歸入「國家祝祭日」〔註1〕當中，因此日人並未要求以新曆行之，端午仍依舊曆而行〔註2〕，節俗上，則有插艾草、菖蒲、龍船花並榕葉一枝於門

〔註1〕　余美玲：「祝祭日為祝日、祭日的合稱，為國定假日，因需懸掛國旗，故又稱之為『旗日』。祝日即新年（1月1日）、紀元節（日本建國紀念日，2月11日）、天長節祝日（當代天皇的生日，如昭和天皇時為4月29日；明治天皇誕辰11月3日）、始政紀念日（6月17日）；祭日則有臺灣神社祭（10月28日）、春秋皇靈祭等」余美玲：《臺灣古典詩選注·5·歲時與風土》，（臺南：國立臺灣文學館，2015年11月），頁42。

〔註2〕　日治時期端午仍依舊曆而行，可於日治時期的期刊中的記載得證，如《新臺灣》中有一題名為〈漢文〉的文章，其中談到「龍舟競渡」時說：「新曆端午，內地人，竿揚鯉幟，隨風飄舞，蓋取男人尚高之俗，或禹門龍化之義，而島人舊曆蒲節，亦如荊楚，湘潭競渡，以拯屈平，習俗相傳，以至今日。」《新臺灣·漢文》第7期，1917年7月10日，頁59，《日治時期期刊全文影像系統》，網址：〈http://stfj.ntl.edu.tw/cgi-bin/gs32/gsweb.cgi/ccd=3P_eNV/main?db=webmge&menuid=index〉，檢索日期2016年10月25日。本研究資料來源因有多處參考自《日治時期期刊全文影像系統》內容，為避免資料的贅述，爾後引用該網站內容，皆於《日治時期期刊全文影像系統》後標注檢索日期，不再羅列網址。

楣間,親友互贈瓜、粽及甜食,及儲備「午時水」、以雄黃酒洒遍壁間以防蛇蟲等原有的節俗,節令活動則有「龍船鼓」、「鬥龍舟」之類,此外也有「樹鯉幟於庭中」日式的端午習俗移植到臺灣。端午節在日治時期的變容有兩種,一是短暫性的植入,即以「鯉幟」為端午節的擺飾,此俗因臺日有各自解讀,並不能稱為真正的變容;另一是部份長久性的消失,即端午節石戰習俗的式微,但因此俗只是臺灣部份地區的端午節俗,對整體日治時期的端午節令來說只是部份的變易。端午節令習俗,除了這些從記載臺灣地方志及日治時期為瞭解臺灣風俗習慣而進行的舊慣調查所留下的資料所探得,本文試從能涵蓋庶民生活層面,擴及整個歷史社會的變遷,並具有時代性及在地性意義的臺灣古典詩中的端午節令詩,探討其中的民俗呈現及文化意義。

第一節　端午節令詩的民俗

端午節於傳統三大節令當中特別具有「厭勝文化」特徵,所謂「厭勝文化」據張夢麟於《端午節的由來及其厭勝文化》論文中的解釋為「厭勝文化簡單的說就是辟邪文化」〔註3〕,張夢麟並說明端午節的厭勝意涵:「楝葉、延年縷、朱索五色桃印、菖蒲艾草、雄黃酒這些端午節物,皆具有避邪的作用。端午龍舟競渡也有禳災、降魔伏怪之說。其他如燒符水、貼符的習俗,目的也是為驅逐邪魅。這種種顯示端午節厭勝義涵在民間是根深蒂固的。」〔註4〕,實際從有清到日治的端午節令活動、飲食及節物來看,這段時間的端午節令以驅疫辟邪為主軸,確實富含厭勝文化意涵,但在日治時期端午節令精神又被統治者轉化以尚武精神,甚至屈原故事又再次和端午活動、飲食甚至節物密切連結,這對傳統端午厭勝文化精神是否也產生了衝突?臺人對於這樣既熟悉又陌生的節令解讀又是以何種態度面對?臺灣端午節俗也因此而有削減或是消失?以下將《全臺詩》及《臺灣漢詩數位典藏資料庫》中所收錄和臺灣端午有關的節令詩,整理出「龍舟競渡民俗」、「端午飲食民俗」及「端午節物民俗」三方面的呈現,試從中窺探端倪。

〔註3〕 張夢麟:《端午節的由來及其厭勝文化》,(花蓮:國立花蓮教育大學民間文學研究所碩士論文,2005年6月),頁73。

〔註4〕 張夢麟:《端午節的由來及其厭勝文化》,頁29。

一、龍舟競渡民俗

端午節令以龍舟競渡活動為主要的節令活動，清代高拱乾纂輯《臺灣府志卷七·風土志·歲時》中記載為：「端午日，……所在競渡，雖云弔屈，亦以辟邪；無貴賤，咸買舟出遊。中流簫鼓，歌舞凌波；遊人置竿船頭，挂以錦綺，捷者奪標而去。」〔註5〕此記載所述競渡活動是為屈原及辟邪為活動目的，且競渡活動以休閒遊憩為重，非真為競賽活動。連橫《臺灣通史卷二十三·風俗志》中載：「五月初五日，古曰端午，臺人謂之午日節。……沿海競鬥龍舟，寺廟海舶皆鳴鑼繫鼓，謂之龍船鼓。從前臺南商務盛時，郊商各釀金製錦標，每標值數十金。先數日以鼓吹迎之，各選健兒鬥捷，觀者滿岸，數日始罷。」〔註6〕，強調競渡活動的地點在沿海，且活動規模擴大，競渡性質漸以競賽為目的，高拱乾和連橫所載皆為清代之俗，比較二則記載可知臺灣端午競渡活動在清領時期的變化。

日治時期文獻所記，如片岡巖《臺灣風俗誌》中記有端午龍舟競賽之俗，說「是為弔祭投汨羅江而死的楚國屈原」，但片岡巖語後備註「詳迷信之部」〔註7〕，查看該書〈第八章·臺灣人對鬼神的迷信〉中云：「水鬼就是人溺死的靈魂變成鬼留在水中，常誘引人溺水做代替。亦會變成鬼船。」〔註8〕，似乎將祭屈原之說視為迷信。其後，鈴木清一郎《增訂臺灣舊慣習俗信仰》中載：「這一天要舉行扒龍舟，也就是龍舟競賽，主要是為了紀念投汨羅江而自殺的屈原，後來更擴大到祭祀所有死在水裡的冤魂。」〔註9〕，「扒龍舟」是「划龍舟」閩南語發音，鈴木清一郎進一步說明：「所謂『扒龍舟』，就是划龍形的船。划龍船的用意，是相信有翻江之力，以便找到沈入汨羅江底的屈原屍體。」〔註10〕所記的龍舟競賽中的船隻已有「龍」的型態，特別強調紀念屈原，並詳述競渡的方式及「以速度快者為優勝」的競渡勝負取決，但未

〔註5〕 〔清〕高拱乾：《臺灣府志·臺灣府賦役冊（合訂本）》《臺灣文獻史料叢刊·第一輯》第 2 冊，（臺北：臺灣大通書局，1984 年），頁 191。

〔註6〕 連橫：《臺灣通史》，《臺灣文獻史料叢刊·第二輯》第 20 冊，（臺北：眾文圖書股份有限公司，1994 年），頁 599～600。

〔註7〕 片岡巖著，陳金田譯：《臺灣風俗誌》，（臺北：眾文圖書股份有限公司，1994 年 5 月），頁 43。

〔註8〕 片岡巖著，陳金田譯：《臺灣風俗誌》，頁 518。

〔註9〕 鈴木清一郎著，馮作民譯：《增訂臺灣舊慣習俗信仰》，（臺北：眾文圖書股份有限公司，1994 年 5 月），頁 533～535。

〔註10〕 鈴木清一郎著，馮作民譯：《增訂臺灣舊慣習俗信仰》，頁 534。

記述此活動於臺俗中已演變成祭祀水鬼的歲時祭儀。這兩本記載臺灣風俗的書皆爲日人奉命採集資料並紀錄之書，書寫觀點難脫官方思考，從以爲迷信到以祭屈原爲龍舟競渡的主因，傳達了端午競渡意涵在日治時期可能的轉變，從端午節令詩中可見到諸多以「競渡」、「龍舟」等爲詩題或將二者入詩，以下試從詩作內容探討：

（一）競渡活動

清代臺灣古典詩作中，有相關端午競渡的描寫，如錢琦（1704～？）〈臺灣竹枝詞〉二十首之十四，詩云：

> 競渡齊登杉板船，布標懸處捷爭先。
>
> 歸來落日斜簷下，笑指榕枝艾葉鮮。
>
> 作者註：「午日用布爲標，插於海口淺處，人駕杉板，小船鳴金爭奪，亦號競渡。簷下各插榕艾等葉。」〔註11〕

此詩所寫和清代高拱乾纂輯《臺灣府志卷七‧風土志‧歲時》中則載「咸買舟出遊。中流簫鼓，歌舞凌波；遊人置竿船頭，挂以錦綺，捷者奪標而去。」〔註12〕相近，競渡所用船隻非特地製造，僅以平時交通或捕魚所用的舢板小船權充，可見只是民間的節慶活動，規模不大。且詩中「布標懸處捷爭先」此句，說出競渡是爲奪布標，作者並於詩後說明，布標是插在海口水淺處，和高拱乾《臺灣府志》中所說以「錦綺」爲標，且標竿是置於船頭，略有不同，但可推論競渡的目的皆在奪標。許南英（1855～1917）於丙戌（1886）所作的〈臺灣竹枝詞之四〉中有「佛頭港裡鬥龍舟，擠擁行人到岸頭。」〔註13〕的詩句，佛頭港爲清代時由新港墘、佛頭港、北勢街、南勢街與南河港形成的五條港之一，乃臺江陸化所產生的河道，爲府城進出要道，同時也是府城最繁華的商業區。許南英〈臺灣竹枝詞〉組詩共十首，詩中書寫從春天到年末臺南

〔註11〕 《智慧型全臺詩資料庫》網頁，網址：〈http://xdcm.nmtl.gov.tw/twp/b/b02.htm〉，檢索日期 2016 年 10 月 25 日。

〔註12〕 〔清〕高拱乾：《臺灣府志‧臺灣府賦役冊（合訂本）》，頁 191。

〔註13〕 施懿琳主編，全臺詩編輯小組編撰：《全臺詩》第 11 冊，（施懿琳主編，全臺詩編輯小組編撰：《全臺詩》第 1～35 冊，臺南：國家臺灣文學館，2004～2014。），頁 162。本研究資料來源因有多處參考自《全臺詩》內容，爲避免資料的贅述，爾後引用該書冊內容，皆於《全臺詩》後標注後標注冊數與頁數，不再羅列出版項目。

府城的風俗民情〔註 14〕，由其詩中得見清代臺南也有競渡活動，且說是「鬥龍舟」，船隻形象具體爲有龍圖騰的船，競渡活動於熱鬧的地方舉辦，參與的人數眾多，競渡活動更顯豐富。再看另外一位詩人寫於清領時期的作品，洪繻（1866～1928）〈端陽競渡（作者註：「戊子（1888）五月。」）〉一詩，詩云：

> 弔古逢端午，臨流四望同。舟搖波底月，人競渡頭風。
> 過影湘江口，喧聲楚水中。家家牽錦纜，處處繫絲筒。
> 扇怯三庚熱，帆爭一日雄。荷花歌裡亂，菱榜鏡邊通。
> 唱曲歸潮白，停橈返照紅。朱旗兼畫鼓，嬉罷冷吳楓。
> 采艾薰蘭客，端陽送粽筒。笙歌喧古渡，旗鼓競南風。
> 榔響檣懸日，篙撐鏡破空。菱花分左右，沉芷逐西東。
> 兩岸人呼采，三江水帶雄。荷迎雙槳碧，榴妒一帆紅。
> 　傘影誰遮暑，濤聲共落篷。奪標歸去後，煙月綠濛濛。〔註15〕

洪繻詩中所寫端午競渡活動情形也更是熱鬧有餘，「弔古逢端午」此句說出競渡時在端午當日舉行，「過影湘江口，喧聲楚水中」，此句點出競渡爲古俗，「帆爭一日雄」、「榴妒一帆紅」透露當時競渡之船可能是有船帆的，「朱旗兼畫鼓」則呈現競渡時有紅色旗幟及裝飾華美的擊鼓，「采艾薰蘭客，端陽送粽筒」所述爲端午爲辟邪而有的節俗，「榔響檣懸日，篙撐鏡破空。菱花分左右，沉芷逐西東。」寫出競渡的激烈，最後的勝負是以「奪標」來取決，詩作內容呈現清領時臺灣的端午競渡活動，以上所舉三首清領時期提及端午競渡活動的詩中，所描述的是以娛樂性質爲重的競渡活動，且活動日趨熱鬧盛大。

　　到了日治時期，競渡活動是否跟著統治者的變易而有不同。生於清代同治年間，活躍於日治時期，而卒於國民政府播遷之後的詩人施梅樵（1870～1949）〔註16〕，詩作中關於端午主題的有〈鬥龍舟竹枝詞〉八首及〈閨端午〉共九首詩作，〈鬥龍舟竹枝詞〉八首如下：

> 江雲片片弄晴暉，江上秋風未作威。
> 準備奪標江裡去，扁舟卻願疾如飛。

〔註14〕 參看《台灣古典詩主題詩選資料庫》，網址：〈http://ipoem.nmtl.gov.tw/Topmenu/
　　　　Topmenu_PoemSearchOverViewContent?CatID=55〉，檢索日期：2016 年 10 月
　　　　25 日。

〔註15〕 《全臺詩》第 17 冊，頁 569。

〔註16〕 關於施梅樵生平事蹟，參看林翠鳳：《施梅樵及其漢詩研究》，（高雄：國立中
　　　　山大學中國文學研究所博士論文，2009 年 7 月。），頁 15～78。

鉦鼓喧闐日影疏，爭傳循例弔三閭。

紅男綠女環如堵，一笑聲疑獺趁魚。

競搖雙槳浪花粗，惹動旁觀拍手呼。

不識誰家誇捷足，探驪信手得驪珠。

岸上閒人忽擁擠，卸帆時節日斜西。

分明觸我丁年感，酣戰文場首肯低。

港門驚動白鷗飛，三兩龍舟似打圍。

岸上許多人佇立，貪看角勝不思歸。

破浪乘風願未虛，浪花風色滿襟裾。

爭先各有雄心在，逐鹿中原總不如。

片片帆飛似有無，鼓聲一動群龍趨。

海邦今日觀龍戰，好繪神龍戲水圖。

奪錦歸來日已西，好將喜信報山妻。

龍頭我亦稱名士，詎肯逢人首便低。〔註17〕

依〈鬥龍舟竹枝詞〉八首之四中「分明觸我丁年感」推測，此詩可能是施梅樵青年時期所作〔註18〕，約創作於 1890 年前後，為清領時期之作，以竹枝詞的格式寫作，語調輕鬆，書寫端午鬥龍舟從開始到結束的情形，詩之二首的「爭傳循例弔三閭」，說明競渡的由來是為了弔祭屈原；詩之三首的「探驪信手得驪珠」，引用了《莊子・列禦寇》：「取石來鍛之。夫千金之珠，必在九重之淵，而驪龍頷下，子能得珠者，必遭其睡也。使驪龍而寤，子尚奚微之有哉？」〔註19〕的典故，在驪龍的頷下取得寶珠，說明競渡所用船隻具有龍的

〔註17〕 《全臺詩》第 24 冊，頁 240。
〔註18〕 《全臺詩》記〈鬥龍舟竹枝詞〉八首此詩收於《捲濤閣詩草》一書，此書為施梅樵生前所出版唯一的一本詩歌創作集，據《捲濤閣詩草》原刊本版權頁顯示：「本書乃大正 15 年（1926）2 月 25 日發行，著作者兼發行人施梅樵」，林翠鳳《施梅樵及其漢詩研究》論文中推測：「凡此都顯示：《捲濤閣詩草》所收錄之詩歌的寫作年代，大約在 1888～1925 年之間，是梅樵 57 歲（大正15 年，1926）之前、青壯年時期的作品。」林翠鳳：《施梅樵及其漢詩研究》，頁 148～151。
〔註19〕 《莊子》，《中國哲學書電子化計劃》，網址：〈http://ctext.org/chun-qiu-zuo-zhuan/zhao-gong-shi-qi-nian/zh?searchu=%E9%B3%B3&searchmode=showall#result〉，檢索日期：2016 年 10 月 25 日。本研究資料來源因有多處參考自《中國哲學書電子化計劃》內容，為避免資料的贅述，爾後引用該網站內容，皆於《中國哲學書電子化計劃》後標注檢索日期，不再羅列網址。

形象；詩之七首更把龍舟在競渡中彷彿真龍現身的實況描摹精采，所寫為清代競渡活動熱鬧盛大的情形。另一首〈閏端午〉發表於 1915 年，已是日治時期，其詩內容如下：

　　蒲劍重懸薜荔牆，奪標依舊整戎裝。

　　汨羅終是傷心地，何用招魂更泛航。〔註20〕

同樣寫端午龍舟競渡，施梅樵敘寫口吻卻沈重許多，「奪標依舊整戎裝」，和以前一樣的節慶活動竟有軍戎氛圍，「汨羅終是傷心地，何用招魂更泛航」，再引屈原故事卻連弔祭之事都顯意興闌珊，引施梅樵同樣主題、不同創作時期的作品，正可對比詩人面對時代巨變心情的轉折，及可看到端午競渡活動從清代延續到日治時期的改變。

　　再以沈藍田（1853～1918）發表於 1904 年 6 月 29 日《臺灣日日新報》上的〈鬥龍舟〉一詩來看日治時期競奪活動的情形，其詩云：

　　江中金鼓振喧天，兩兩龍舟鬥眼前。

　　奪得錦標齊喝彩，擊來畫楫各爭先。

　　浪花似雪驚飛槳，士女如雲笑拍肩。

　　競罷夕陽經向晚，一鉤新月送歸船。〔註21〕

此詩全寫競渡活動，具體描摹競渡當時的盛況，有擊鼓聲、有喝彩聲還有觀眾的歡笑聲，競渡的畫面中，江上有兩兩一組競逐的龍舟，爭得激烈激起似雪的波波浪花，岸邊美女多若天上群雲，嬉鬧歡笑享受著節慶的歡愉，競渡活動一直到夕陽西落彎月出才結束，較之清代的競渡活動更有節慶的歡樂氣氛。值得一提的是，此詩發表於當時官方報紙——《臺灣日日新報》，林翠鳳《施梅樵及其漢詩研究》的論文中以為因日治時期唱和風氣盛行，刊載古典詩歌的刊物如《臺灣日日新報》中有大量的賡和之作〔註22〕，沈藍田〈基隆八勝·鬥龍舟〉應也屬此類唱和之作，單以詩歌優美語言描摹端午競渡實況，卻不見詩人觀賞及書寫時的心情。

〔註20〕《全臺詩》第 24 冊，頁 389。

〔註21〕《全臺詩》第 13 冊，頁 49。

〔註22〕林翠鳳對賡和之作的說明如下：「賡者，續也。『賡和』或稱『唱和』，謂因有啟之，遂承續之。人際本有往來，『賡酬』乃人之常情；藉之曲調，一頌一和，即稱『賡歌』；作為詩律，相互和答，即謂『賡韻』。古典文人以吟哦作對為常習，友朋呼應問答因以詩文相酬，累積既久，遂成文藝傳統。」林翠鳳：《施梅樵及其漢詩研究》，頁 253。

　　端午競渡活動的延續還可從和施梅樵相近時期其他詩人的作品查看，如黃贊鈞（1874～1952）〈鬥龍舟〉四首：

> 鑼聲響徹夕陽天，江上潮平看競船。
>
> 共負自家好身手，未知得鹿果誰先。
>
> 臨流奮棹碧波開，眼底雙龍跋浪來。
>
> 博得萬人齊拍手，摐金聲裡奪標回。
>
> 畫船容與泛中流，簫管嗷嘈樂未休。
>
> 扇影衣香殘照裡，誰家藉作狹邪遊。
>
> 千秋未改楚荊風，歲歲江頭競渡同。
>
> 角黍看人施餓鬼，何人一箇薦孤忠。〔註23〕

此組詩所描摹的端午競渡依舊熱鬧繽紛，詩中出現了各種聲響，有響徹天的鑼聲、萬人拍手聲、摐金聲（撞擊金屬樂器所發出的聲音）及簫管一類管樂器喧雜聲，可見此時的競渡活動仍是一項重要的節慶活動。在此組詩的第三首末二句，「扇影衣香殘照裡，誰家藉作狹邪遊。」透露了在競渡活動中有藝妓的參與，「狹邪遊」為冶游、狎妓之意，出自宋・施彥執《北窗炙輠》卷下：「沉君章喜為狹邪游。」〔註24〕，溫宗翰《台灣端午節慶典儀式與信仰習俗研究》論文中探討臺灣端午之濫觴時，以連橫《雅堂文集》中「端午之日，召妙齡妓女，衣輕綃，持畫槳，競渡於此。水花一濺，脂肉畢呈。太守顧而樂之。」的文句，指出「此種召妓娛樂，只為滿足官方需求的競渡遊戲」〔註25〕，論文中還提到日治時期的報紙上記載著謝江時招來藝妓與南管演出〔註26〕，可見於清代和日治都有藝妓出現於端午節慶場合的記載，詩人以古典漢詩的書寫記下此景，濃縮呈現了端午節慶的實景。

〔註23〕 《全臺詩》第 26 冊，頁 346。

〔註24〕 參看《漢語網》網站，網址：〈http://www.chinesewords.org/dict/200681~948.html〉，檢索日期：2016 年 10 月 27 日。

〔註25〕 溫宗翰：《台灣端午節慶典儀式與信仰習俗研究》，（臺中：靜宜大學臺灣文學學系碩士論文，2011 年 7 月），頁 74。

〔註26〕 「在新店競渡的資料中，也記載著謝江時才開始招來藝妓與南管演出：新店一常，數月前，黑疫極盛，即軍隊亦多傳染，直至日前始稍靖故，紳董會議擬大興競以祓除不祥。一連十餘日，亦覺頗形熱鬧，至昨日謝工遂招艋妓數名，併梨園數臺排場演唱，想見一場興會也。（作者不詳，〈新莊競渡〉，《台灣新報》，版 1，1897 年 7 月 28 日。）」溫宗翰：《台灣端午節慶典儀式與信仰習俗研究》，頁 83。

　　從以上書寫端午競渡詩作所記述的內容，比對《新臺灣‧漢文》所記，
其記載爲：

> 龍舟競渡
>
> 新曆端午，內地人，竿揚鯉幟，隨風飄舞，蓋取男人尚高之俗，或
> 禹門龍化之義。而島人舊曆蒲節，亦如荊楚，湘潭競渡，以拯屈平，
> 習俗相傳。以至今日。北部艋津，今歲亦如例於五日起，繼續十天，
> 在大溪口沿滬尾渡頭淡水河畔，競鬪龍舟，派分南紅北青，南邊特
> 請擺接堡加蚋仔庄諸名手，北邊亦聘芝蘭一堡湳仔庄各壯丁，每日
> 夕陽斜西，晚風涼裡，青紅兩色共在水中互決勝負，惹得各界人士，
> 或乘船，或在陸，均視線畢集於港面之南北雙方爭奪錦幟，更有挾
> 妓攜酒，泛舟逍遙水面，彩船也，花艇也，彼來此往，其佳景雖難
> 比西湖，而熱鬧更有過而無不及，其他南管北管什音、大鼓吹、洋
> 樂隊，亦各乘船桴奏，其間管絃嘈雜，各美爭妍。〔註27〕

此處所述的競渡活動地點是北部地區，書寫〈鬪龍舟〉四首的黃贊鈞也是北
部詩人，活動處多在臺北〔註28〕，對照來看，黃贊鈞〈鬪龍舟〉四首的詩作
內容與《新臺灣‧漢文》所述競渡活動情形相符，都呈現了其時端午競渡熱
鬧多彩的面貌，且臺人端午競渡的時間仍是舊曆五月五日，大致保留舊俗，
但活動情形較清代更積極於競奪勝負及餘興活動更多。再看鈴木清一郎《增
訂臺灣舊慣習俗信仰》中所記端午競渡的情形：

> 扒龍船時，就是幾艘龍船在江河上一起划，比賽各船員的划船技術。
> 每艘船上的人數不等，從十五、六人到三十人，其中有兩人站在船
> 舳，手拿旗子吶喊，同時還要打鼓助陣。另外站在船艫的一人則敲
> 鑼，其他的人划槳，以速度快者爲優勝。〔註29〕

大致可知，日治時期端午競渡的方式，是兩兩一組競賽，速度快並奪標者獲
勝，同時船上還有打鼓、敲鑼者。至於競渡舉行的時間，從施梅樵的〈鬪龍
舟竹枝詞〉八首及沈藍田的〈基隆八勝‧鬪龍舟〉得見清代及日治初期是從
白日進行到黃昏，日治中期以後，從《新臺灣‧漢文》一文中所記及詩句中

〔註27〕　《新臺灣‧漢文》第 7 期，1917 年 7 月 10 日，頁 59。《日治時期期刊全文影
　　　　　像系統》，檢索日期 2016 年 10 月 27 日。
〔註28〕　《全臺詩》第 26 冊，頁 165。
〔註29〕　鈴木清一郎著，馮作民譯：《增訂臺灣舊慣習俗信仰》，頁 534。

可見是從夕陽西下才開始，如蔡佩香（1867～1925）〈觀臺南市競渡龍舟有感〉六首之一，其詩句中有：「五里臺江夕照紅，騷人憑弔水雲中。」〔註30〕寫黃昏時臺江（今台南市安南區）熱鬧歡愉的競渡活動。及謝尊五（1872～1954）〈晚眺觀競渡〉，詩云：「江干閒步夕陽西，士女如雲踏紫泥。」〔註31〕，寫夕陽西下時分觀看競渡的人數眾多，還有林資銓（1877～1940）〈端陽競渡〉也有：「紛紛旗鼓夕陽邊，佳節人來看畫船。」〔註32〕的詩句，這三首詩作都寫觀競渡的時間是在夕陽西下時，比對潘迺禎〈士林歲時記〉中記載「初五當日之實況」：「早晨，打龍船鼓」、「中午，組員一起將龍船抬至河岸，並鳴龍船鼓」，之後才到「扒龍船」的場所進行競渡〔註33〕，可以推想因競渡前的準備工作要到午後才完成，以致競渡開始的時間已近黃昏，但也可能是端午節時正是酷暑，活動於夕陽西下時舉行可避開酷熱的時段。

　　日治時期端午競渡活動最大的改變應該是舉辦的時間不一定是在端午節當日以及變為官方活動並有日式競渡活動的植入，黃麗雲於《近代龍神信仰：龍・船・水與競渡》一書中即說明如下：

> 日本統治臺灣初期，由於總督府採取保存舊慣的政策，視臺灣端午扒龍舟慣習與長崎ペーロン（peron）同俗，並未嚴加禁止；明治初期總督府還進一步將日本風格的龍舟競渡由內地引進臺灣且盛大舉行，包括春秋兩季的「官方端（短）艇競漕大會」等。……日治時期也有不限於端午節而競賽龍舟的特例之產生。〔註34〕

有此述可知日治時期的競渡活動於端午以外的時間也會舉行，於林臥雲（1881～1965）〈諸羅春色（作者註：「全島詩大會第二日擊缽首唱。」）〉一詩中即有「絕好夕陽人競渡，半篙春水漲虞溪。」〔註35〕的詩句，據江寶釵、謝崇

〔註30〕　《全臺詩》第 22 冊，頁 518。
〔註31〕　《台南新報・詩壇》1926 年 8 月 15 日，第 8807 號，《台灣漢詩數位典藏資料庫》，網址：〈http://lgaap.yuntech.edu.tw/literaturetaiwan/poetry/04/04_02_01.htm〉，檢索日期：2016 年 10 月 28 日。本研究資料來源因有多處參考自《台灣漢詩數位典藏資料庫》內容，為避免資料的贅述，爾後引用該網站內容，皆於《台灣漢詩數位典藏資料庫》後標注檢索日期，不再羅列網址。
〔註32〕　《全臺詩》第 29 冊，頁 203。
〔註33〕　潘迺禎：〈士林歲時記〉，林川夫主編：《民俗臺灣》第一輯，（臺北：武陵出版有限公司，1990 年 3 月），頁 225～226。
〔註34〕　黃麗雲：《近代龍神信仰：龍・船・水與競渡》，（臺北：博揚文化事業有限公司，2012 年 4 月），頁 101。
〔註35〕　《全臺詩》第 32 冊，頁 166。

耀〈從日治時期「全島詩人大會」論臺灣詩社的轉型及其時代意義〉一文所整理，日治時期歷年全島性詩人大會簡表，舉行時間從 1910～1937 年，依表中所列日期並無於端午節時所舉辦〔註36〕，林臥雲自註此詩寫於「全島詩大會第二日」，可見此詩既非以端午為題，也非寫於端午之日，詩中所提「競渡」應是端午競渡之外的活動。王則修（1867～1952）以〈端陽競渡〉四首之一則有「瀛海汨羅通一脈，競漕猶帶楚人風」〔註37〕，不說「競渡」而說「競漕」，並強調仍是「楚人風」，即是受到「官方端（短）艇競漕大會」的影響，而有此感嘆。

（二）競渡船隻

從書寫端午競渡的詩作中可看到諸多關於競渡船隻的描寫，亦可從其中探尋日治時期競渡活動中使用船隻的形貌及其是否帶有民俗意義，先從競渡船隻來看，如林維朝（1868～1934）發表於 1920 年的〈龍舟〉五首：

> 風和江上浪頭低，畫舫成行一字齊。
> 乍聽淵淵聲起處，黃龍飛渡過橋西。
> 如雷畫鼓轟聲振，閃電朱旗望眼迷。
> 競奪錦標江水上，彩龍爭逐浪高低。
> 晴江十里路東西，競渡人看聚兩堤。
> 看到錦標爭奪後，畫船簫鼓夕陽低。
> 畫舸如龍照眼迷，沖波競渡楚江西。
> 如飛奪得錦標後，人海人山盡品題。
> 牙檣錦纜趁潮低，鼓棹沖波用力齊。
> 好是錦標先得者，興高彩烈氣如霓。〔註38〕

五首詩中各以「黃龍」、「彩龍」及「畫舸如龍」來指稱競渡船隻，臺灣端午競渡船隻為何要以「龍」的形象呈現？張夢麟《端午節的由來及其厭勝文化》一文以所收集的資料分析端午節競渡之船為龍舟的原因：

> 龍在中國，自古即具有掌管水事的神性，加上佛教傳入中國後，中

〔註36〕江寶釵、謝崇耀：〈從日治時期「全島詩人大會」論臺灣詩社的轉型及其時代意義〉，《中正漢學研究》2013 年第一期，2013 年 6 月，（嘉義：國立中正大學中國文學系），頁 350～352。

〔註37〕《全臺詩》第 23 冊，頁 226。

〔註38〕《全臺詩》第 23 冊，頁 518。

國對龍的崇拜與「龍王」、「四海龍王」相結合，使龍神與水神的關連更加深刻。因此人們依龍形作爲龍舟，划行於水域，即是期望水神保佑平安。〔註39〕

依張夢麟所說，臺灣的端午競渡原先應該是和祭祀儀式相關，以祭祀水神祈求平安爲競渡的主要目的，這和鈴木清一郎於《增訂臺灣舊慣習俗信仰》中所稱「後人爲了紀念屈原，就形成『扒龍舟』」〔註40〕有異。再看潘迺禎〈士林歲時記〉中所說：

據傳扒龍船是因屈原投汨羅江而舉行，又有一說爲去除邪鬼邪氣而舉行，扒即競賽之意，龍船即取自煬帝爲遊江而造龍船之史事，此外，扒龍船也在祈求五穀豐收，百姓平安。〔註41〕

潘迺禎所言是綜合了端午競渡由來，臺灣端午競渡所用船隻以「龍」的形象呈現，既有傳說故事於其中，又有驅邪去惡的祭儀，還承載了庶民祈求豐收平安的祈願，林維朝以〈龍舟〉爲題的組詩特別突出競渡船隻中的龍船形象是合應主題也是凸顯龍舟的「龍」意涵，此組詩的第五首之中還有值得再探的地方，其首句「牙檣錦纜趁潮低」，「牙檣錦纜」引自唐・杜甫《秋興》詩之六：「珠簾繡柱圍黃鵠，錦纜牙檣起白鷗。」〔註42〕，錦纜牙檣是指裝飾華美的遊船，但由後一句「鼓棹沖波用力齊」，寫船上的選手合力划船的樣子，推論林維朝在此所寫的應該還是指競渡的船隻而非遊船，特以「牙檣錦纜」突顯了競渡船隻的精緻華美，其實在林維朝〈龍舟〉五首這組詩中也提到「畫船」「畫舸」這類裝飾華美的遊船，以示當時競渡船隻的精美。

競渡船隻精美的描摹還有如林資銓〈端陽競渡〉中的「紛紛旗鼓夕陽邊，佳節人來看畫船。」〔註43〕及謝維巖（1879～1921）〈安平觀競渡〉中的「日暮畫船簫鼓散，寒潮捲起鹿門秋。」〔註44〕都以「畫船」來稱競渡船隻，可見此時競渡船隻已非簡單的舢板小船，而是特地爲競渡準備的船隻，潘迺禎〈士林歲時記〉中詳細記載了繪製於龍舟上的色彩及圖樣：

〔註39〕 張夢麟：《端午節的由來及其厭勝文化》，頁 165～166。
〔註40〕 鈴木清一郎著，馮作民譯：《增訂臺灣舊慣習俗信仰》，頁 534。
〔註41〕 潘迺禎：〈士林歲時記〉，林川夫主編：《民俗臺灣》第一輯，頁 223。
〔註42〕 〔唐〕杜甫：〈秋興〉，《全唐詩檢索系統》，網址：〈http://cls.hs.yzu.edu.tw/tang/Database/index.html〉，檢索日期：2016 年 10 月 29 日。
〔註43〕 《全臺詩》第 29 冊，頁 203。
〔註44〕 《全臺詩》第 30 冊，頁 463。

舳前紅底加黑白兩色，綠底描上太極八卦圖，艫後也有同樣的兩個
巴字形徽記，舷兩側繪畫，即前之紅底，綠底上畫龍船目，綠底有
天青色的波、紅色的火、淡藍色的珠，接著龍腳、龍頭（多彩色）、
龍肚（天青色魚鱗及紅火焰）、白雲、龍尾、龍腳等。再描出綠底上
多彩色的鳳凰、青色的波、紅蓮、花草。底面板及斜面板爲黑色。
〔註45〕

從潘迺禎〈士林歲時記〉中所記載龍舟繪製的色彩及圖樣來看，確實日治時
期的競渡龍舟在繪製船身顏色極盡用心，多彩之貌無怪乎詩人寫入詩句中都
是精美無比的畫船，競速馳騁於江河上時彷彿眞龍現身。

（三）競渡奪標

　　端午競渡活動，勝負的取決，從文獻得知，清代到日治方式不同，清代
康熙 62 年（1722）首任巡臺御史黃叔璥在《臺海使槎錄・卷二・赤崁筆談・
習俗》中記載：「五月五日，……自初五至初七，好事者於海口淺處用錢或布
爲標，杉板魚船爭相奪取：勝者鳴鑼爲得采，土人亦號爲鬥龍舟。」〔註46〕
此時是以奪得用錢或布的標物取決勝負；清代道光十年（1831）陳淑均《噶
瑪蘭廳志卷五・風俗・民風》中載：「端午日……沿溪上下以小駁船或漁舟，
競鬥勝負。好事者用紅綾爲標，插諸百步之外，令先奪者鳴鑼喝采。蓋龍舟
錦標之遺意云。」〔註47〕此處寫競渡以先奪得紅綾（紅色布）者決勝負，可
見清代端午競渡是以先奪標者爲勝，但較早是以錢或布爲標，之後以材質更
好的紅綾布爲標的物。但連橫《臺灣通史》中則記：「五月初五日，古曰端午，
臺人謂之午日節……。沿海競鬥龍舟，寺廟海舶皆鳴鑼擊鼓，謂之龍船鼓。
從前臺南商務盛時，郊商各醵金製錦標，每標值數十金。」〔註48〕連橫所記
之爲以錦緞製成的標旗，顯示標旗的製作更爲精緻，且價值數十金，這些競
渡錦標則由當時的商人所提供，此處也顯示日治時期的競渡活動主導者的改
變，黃麗雲〈日治時期的扒龍舟——「地方」與「官方」、「主流」與「非主

〔註45〕潘迺禎：〈士林歲時記〉，林川夫主編：《民俗臺灣》第一輯，頁 224。

〔註46〕黃叔璥：《臺海使槎錄》《臺海使槎錄・清一統志臺灣府・臺灣輿地彙鈔・
番社采風圖考（合訂本）》《臺灣文獻史料叢刊・第二輯》第 21 冊，（臺北：
臺灣大通書局，1984 年），頁 41。

〔註47〕〔清〕陳淑均：《噶瑪蘭廳志》，《臺灣文獻史料叢刊・第一輯》第 17 冊，（臺
北：臺灣大通書局，1984 年），頁 192。

〔註48〕連橫：《臺灣通史》，《臺灣文獻史料叢刊・第二輯》第 20 冊，（臺北：眾文圖
書股份有限公司，1994 年），頁 599～600。

流」〉文中所觀察到的是「日治時期以『商人有志＝地方團體』或『官方』主導的奪標」〔註49〕，和清代只是市井小民的遊憩活動大不相同。

再看日治時期文獻，較早如鈴木清一郎《增訂臺灣舊慣習俗信仰》中所記：「扒龍舟時，就是幾艘龍船在江河上一起划，……以速度快者爲優勝。」「在臺灣每年到端午節，淡水河和高雄港都舉行盛大的龍舟競賽，……也有不用龍舟而用普通船參加競賽的，優勝者可獲錦旗或金牌。」〔註50〕，此處所記是以速度取決勝負，勝者可得錦旗或金牌，形式上已和清代不同；不過，潘迺禎〈士林歲時記〉（1941）中所記：「當快近旗時，敲鑼者即加快速度，挺身取旗，先取到旗子之一方獲勝。」〔註51〕，又是以先奪標者爲勝，推測於日治時期競渡之勝負取決可能有兩種方式，以下從端午節令詩探看。

首先，從清・鄭用錫（1788～1858）〈果然奪得錦標歸〉一詩來看：

奪錦榮歸日，龍門姓字標。郎君眞獨占，我輩好相邀。

在手雲霞燦，昂頭日月招。功名操左券，意氣壯今朝。

餅已紅綾啖，衫將白紵飄。乘風爭喊吶，擊水看扶搖。

樓閣三層浪，笙歌萬里潮。賦詩觀競渡，元箸自超超。〔註52〕

題目上既書「奪得錦標」，詩的首句就寫「奪錦」，雖然在詩末才點出是「觀競渡」才賦的詩，但可知「奪錦」說的是端午競渡的活動，且因寫於清代，此處的「奪錦」應以「錦布」爲標的物，以奪取者爲勝。再看施梅樵〈鬥龍舟竹枝詞〉八首之八，其中有「奪錦歸來日已西，好將喜信報山妻」〔註53〕之句，施梅樵爲跨清代到日治的詩人，此詩的寫作時間不明，無法判斷所寫爲清代或是日治時期之俗，詩中所寫「奪錦」，可能是如潘迺禎〈士林歲時記〉（1941）的「錦」是標的物，指的是錦布，以奪取者爲勝；也可能是如鈴木清一郎所記是以速度快者得勝，並獲得錦旗。如施梅樵寫「奪錦」的詩作還有南溪〈競渡〉：「人人期奪錦，那管夕陽多。」〔註54〕，及陳梅峰（1858～

〔註49〕 黃麗雲：《近代龍神信仰：龍・船・水與競渡》，頁121。

〔註50〕 鈴木清一郎著，馮作民譯：《增訂臺灣舊慣習俗信仰》，頁534。

〔註51〕 潘迺禎：〈士林歲時記〉，林川夫主編：《民俗臺灣》第一輯，頁226。

〔註52〕 《全臺詩》第6冊，頁178。

〔註53〕 《全臺詩》第17冊，頁240。

〔註54〕 龍文出版社編輯部：《詩報：日治時期台灣傳統文學大成1930～1944》，（臺北：龍文出版社，2007年），1933年7月1日，62期，頁13。本研究詩作來源因有多處擷取自《詩報》內容，爲避免出版資料的贅述，爾後引用該報內容，皆於《詩報》後標注年份與頁數，不再羅列出版項目。

1937）〈競渡〉：「努力錦標期奪得，百杯蒲酒待傾觴。」〔註55〕；以及謝尊五〈晚眺觀競渡〉：「爲弔屈原緣底事，錦標爭奪判高低。」〔註56〕、沈藍田〈鬥龍舟〉（1904）：「奪得錦標齊喝彩，擊來畫楫各爭先。」〔註57〕都是以「奪錦」或是「奪錦標」寫端午競渡活動中標的物。

　　書寫端午競渡的標的物，也有更具體的以「錦旗」來代稱，如康氏素雲〈競渡〉，其詩云：

　　　　□水游龍競疾馳，爭先鼓枻力頻施。

　　　　世人曾把黃金重，也覺爭名奪錦旗。〔註58〕

詩中說競渡所奪之物爲「錦旗」，還以黃金來對比顯示時人對競渡活動的重視。再看何子平的〈奪錦標〉一詩，詩中也有「憶昔楚江動救筯，如今端午奪金標」〔註59〕的詩句，詩題書以「錦標」，詩中則說是「奪金標」，都表現了當時競渡標的物價值提高了，也顯示時人對此活動的重視。其他如黃守仁發表於 1923 年的〈往安平觀競渡〉一詩：「奪幟榮歸聲鬧裏，無邊光景思悠々。」〔註60〕則說是「奪幟」，無論是「錦標」、「錦旗」、「金標」或是「奪幟」都呈現了端午競渡的競賽是有目的的，臺灣端午競渡原有祭祀、禳除的節令氛圍已漸淡化，轉變成以競技性娛樂爲主的節令活動。

　　除了從端午節令詩中探看競渡活動的「奪標」，還可從中探看「奪標的方式」，如黃天經〈鬧龍舟〉一詩，其詩云：

　　　　天中節屆錦旗揚，插上龍舟興趣長。

　　　　不弔屈原沈泊水，徒來競渡惹人傷。

　　　　舟造如龍氣勢揚，撐時奮力各爭強。

〔註55〕　《全臺詩》第 12 冊，頁 545。

〔註56〕　《台南新報・詩壇》1926 年 8 月 15 日，第 8807 號，《台灣漢詩數位典藏資料庫》，檢索日期：2016 年 10 月 30 日。

〔註57〕　《全臺詩》第 13 冊，頁 49。

〔註58〕　風月俱樂部、南方雜誌社編：《風月・風月報・南方・南方詩集》，（臺北：南天書局有限公司，2001 年 6 月），1940 年 7 月 15 日，113 期，頁 28。本研究詩作來源因有多處擷取自《風月報》內容，爲避免出版資料的贅述，爾後引用該報內容，皆於《風月報》後標注年份與頁數，不再羅列出版項目。

〔註59〕　《台南新報・詩壇》1925 年 7 月 6 日，第 8402 號，《台灣漢詩數位典藏資料庫》，檢索日期：2016 年 10 月 30 日。

〔註60〕　《台南新報・詩壇》1923 年 7 月 24 日，第 7689 號，《台灣漢詩數位典藏資料庫》，檢索日期：2016 年 10 月 30 日。

　　河邊群集觀雙鬧，欲奪錦標似鳥翔。〔註61〕

此詩先寫「錦旗揚」，並說這旗是插在龍舟上面，潘迺禎於〈士林歲時記〉中
描述了競渡的道具中有三種旗幟，第一種為「龍舌」，其下說明為：「舳前之
紅色三角旗」；第二種為「龍目旗」，其下說明為：「舳上一對紅色長方形旗，
長一尺、寬一尺五寸，寫著『四時無災』、『八節有慶』或『國泰民安』、『風
調雨順』等。」；第三種為「送尾旗」，其下說明為：「艫上之三角旗，全長約
七尺，寫著水仙尊王、芝蘭一堡洲美庄協勝和（或金蘭社）同志人等誠心叩
謝。」〔註62〕，舳是指船尾掌舵的地方；艫是船前頭刺櫂處也，可見這三種
都是插在船上的飾旗，也就是黃天經詩中的「天中節屆錦旗揚，插上龍舟興
趣長。」，最後一句「欲奪錦標似鳥翔」是在描述奪標的方式，也正是潘迺禎
〈士林歲時記〉中所記：「當快近旗時，敲鑼者即加快速度，挺身取旗，先取
到旗子之一方獲勝。」〔註63〕，選手「挺身取旗」的樣子好像展翅欲飛的鳥。
從蔡佩香的詩中也可看見，蔡佩香〈觀臺南市競渡龍舟有感〉六首之一的「健
兒各抱探龍手，划槳連天夾岸風」〔註64〕，詩中寫「健兒各抱探龍手」，其中
的「探龍手」指的就是挺身取旗者，「健兒各抱」說的是在取旗者的身後要有
一人抱住取旗者避免其落入水中。蔡佩香〈觀臺南市競渡龍舟有感〉六首之
二中的「天上飛虹齊倒捲，船頭奪彩力能擒。」〔註65〕則在點出奪標處是在
船頭，皆於詩句中說明了日治時期端午競渡時「奪標的方式」。

　　從端午節令詩中有關「競渡活動」、「競渡船隻」及「競渡奪標」的詩句，
來看龍舟競渡的民俗，於日治時期由於官方的介入及日俗的引入，競渡活動
不只於端午時舉辦，端午時的競渡活動則由原為驅疫辟邪的節俗變為歡度節
日的節令活動，再改變成為以奪標取勝的競賽活動；競渡船隻也因商業發達
由簡單的舳舨船變為華美精緻的龍舟，連奪標物也由普通小物變為日益貴重
的旗幟等物，呈現和清代不同的端午競渡活動。許俊雅〈時空交互下的特殊
存在──臺灣文學中的淡水地景〉一文中即指出：「借民間既有之習俗予以偷
天換日，轉換為殖民者想要的國民改造，這一類作為相當多，端午競艇亦是。

〔註61〕《台南新報‧詩壇》1924年6月7日，第8807號，《台灣漢詩數位典藏資料
　　　　庫》，檢索日期：2016年10月30日。
〔註62〕潘迺禎〈士林歲時記〉，林川夫主編：《民俗臺灣》第一輯，頁224～225。
〔註63〕潘迺禎〈士林歲時記〉，林川夫主編：《民俗臺灣》第一輯，頁226。
〔註64〕《全臺詩》第22冊，頁518。
〔註65〕《全臺詩》第22冊，頁519。

本來是有關龍舟競渡的淵源說法，自然與先民的龍圖騰崇拜、驅旱求雨、祓邪厭勝等巫術儀式有關，之後又演變成端午弔屈原，龍舟競渡等活動。」〔註66〕，可知日治時期的端午節令當中仍存在統治者的斧鑿，看似相同的節令活動其中的文化意涵已滲入殖民者欲灌輸的文化意識。

二、端午飲食民俗

　　胡易容、趙毅衡在《符號學：傳媒學辭典》說明飲食符號為：「飲食象徵文化通過主體把外在的飲食活動與其內在的觀念意識，心理狀態及思維方式有機地整合起來，它是飲食文化中兼有生理、心理、社會三重屬性的典型表現形式。比如，在壽宴中吃壽麵，是以麵條之長來象徵長壽；元宵節吃湯圓，是以湯圓之圓來象徵團圓等等。」〔註67〕，在端午節令當中，也以特定的食物作為一種符號，以此符號象徵節令意涵，尤其端午節令因時值酷暑，瘴癘並起而被視為惡月惡日，其節令特具「厭勝文化」特徵，以避惡驅毒的科儀與為夏至而飲食的風俗為主，因此端午飲食符碼以避熱禳毒的意義為重，以下試從日治時期端午節令詩中常見的「角黍」、「午時水」、「端午酒」等三種節令食品，探究端午飲食民俗呈現及文化意義。

（一）角黍

　　端午飲食中以「角黍」最具代表性，康熙五十九年（1720）陳文達編纂《鳳山縣志・卷之七・風土志・歲時》中記：「端午，家蒸角黍，取『陰陽包裹』之義。」〔註68〕；倪贊元《雲林縣採訪冊・斗六堡・風俗・歲時》中記：「五月初五日，俗名五日節。家以竹葉包糯米為粽」〔註69〕，所謂「角黍」又稱為「粽」，是一種以糯米製成的食品，《安平縣雜記・風俗》中記：「端午蒸以肉粽」〔註70〕，更具體說出烹煮的方法為「蒸」，且說端午是以「肉粽」

〔註66〕　許俊雅：《低眉集：臺灣文學／翻譯、遊記與書評》，（臺北：秀威資訊科技股份有限公司，2011年12月），頁276。
〔註67〕　胡易容、趙毅衡編：《符號學：傳媒學辭典》，（臺北：秀威資訊科技股份有限公司，2014年10月），頁70～71。
〔註68〕　陳文達：《臺灣縣志・鳳山縣志（合訂本）》《臺灣文獻史料叢刊・第二輯》第30冊，（臺北：臺灣大通書局，1984年），頁86。
〔註69〕　〔清〕倪贊元輯纂：《雲林縣采訪冊》，《臺灣史料集成・清代臺灣方志彙刊》第36冊，（臺南：國立臺灣歷史博物館，2011年），頁68。
〔註70〕　《安平縣雜記》，《臺灣文獻史料叢刊・第二輯》第35冊，（臺北：臺灣大通書局，1984年），頁9。

為節令食品。但片岡巖《臺灣風俗誌》中卻以為端午節所食用的粽是「焿粽（粳粽）」其說明如下：

> 粽有菜粽、肉粽、焿粽三種。焿粽多在端午節各戶做來拜神。製法以糯米浸水一夜，翌日除去水分，混合焿油用竹葉包紮煮熟。肉粽係以浸過水的糯米加入豚肉、馬薯、香菇等調味料用竹葉包紮，放入蒸籠蒸熟即成。菜粽係以菜為調味料製成。肉粽、菜粽經常到處有售。〔註71〕

片岡巖只說明了三種粽的不同製法，陳玉麟〈臺灣傳統美點製法〉一文中更詳細說明「焿粽」的做法及食用方法：

> 厚約一寸，三角形，色黃，帶有些微的臭味。外面用麻竹葉（粽葉）包裹著，是端午節的應節食品。
>
> **製造法：**
>
> 糯米五升用水洗淨，用笊籬撈起後將水分完全去除，加入約三十匁的焿油（碳酸鉀的濃溶液）攪拌均勻，再用預先洗好的麻竹葉將之包成三角立方體，以藺草或麻線紮好，放進（蒸籠）內蒸熟。俗稱焿粽，沾上白糖食用。另外有種用豬肉、栗子、乾柿等混合包在糯米中蒸熟食用的粽子。俗稱鹹粽。〔註72〕

由此可見「焿粽」是一種要蘸白糖食用的粽子，是一種甜味的粽子，而「肉粽」則是鹹口味的，兩種粽的材料都以糯米為主，製法及口味卻不相同，在日治時期的端午節究竟是食用「焿粽」還是「肉粽」？或是皆有？還是因地區不同而有不同的習俗，或是在日治時期也受到日俗影響而產生了變易？以下試從端午節令詩中探看，首先舉以張書紳〈端午竹枝詞〉四首之三：

> 角黍兒童興最長，甜鹹不管每偷嘗。
>
> 祖公未拜香先點，雞肉無如粽味香。〔註73〕

張書紳為清同治四年（1865）舉人，其生卒年雖不詳，但此詩應是清代詩作，從詩句中的「甜鹹不管每偷嘗」，可知清代的角黍有甜有鹹，也就是可能是「焿粽」與「肉粽」皆有，「祖公未拜香先點，雞肉無如粽味香」此句說明了在端

〔註71〕 片岡巖著，陳金田譯：《臺灣風俗誌》，頁106。

〔註72〕 陳玉麟：〈臺灣傳統美點製法〉，林川夫主編：《民俗臺灣》第五輯，（臺北：武陵出版有限公司，1995年11月），頁150～151。

〔註73〕 《全臺詩》第10冊，頁308。

午節時有以角黍拜祖先之俗。臺南詩人林馨蘭（1870～1924）發表於 1911 年的〈待端陽〉詩中亦有相關資訊，其詩中有「來朝屈指正端陽，角黍糖漿餽送忙」〔註 74〕詩句，「角黍糖漿餽送忙」，是說分送親人的角黍還要連同糖漿一起餽送，「烷粽」的另一種吃法是蘸糖漿而食，可見這裡的角黍指的是甜的「烷粽」。《詩報》中也有詩人提及甜的「烷粽」，如□軒發表於 1923 年 7 月 1 日《詩報》上的〈黍〉一詩，其詩云：

> 絲纏葉裏總紛紛，頭角應須露幾分。
>
> 只愛菱氣蘸糖食，誰知粒粒盡辛勤。〔註 75〕

此詩中的「只愛菱氣蘸糖食」說出所食用的粽是沾糖而食的「烷粽」，由這幾首書寫端午節令的詩歌得見日治時期，端午應節食品中的角黍確有甜鹹兩種，臺灣節令風俗受到外來移民影響，在飲食方面自然也呈現了多樣化的飲食習慣。

　　至於角黍的外觀，詩人於詩歌中亦有書寫，如張達修（篁川）〈角黍〉一詩：

> 風味依然帶楚湘，包金裹玉綴端陽。
>
> 稜稜待佐黃龍酒，更向三閭弔國殤。〔註 76〕

「稜稜待佐黃龍酒」一句中的「稜稜」即是指角黍的以稜為角的樣子；植三〈角黍〉一詩：「莫怪菱形露頭角，汨羅憑弔總情殷。」〔註 77〕其中的「菱形」、□軒〈角黍〉一詩：「菰蒲若葉裹紛紛，圭角無妨露十分。」〔註 78〕其中的「圭角」，以及陳瑾堂〈角黍〉一詩：「尖形稜角品題尊，裹葉纏絲一樣存。」〔註 79〕其中的「尖形稜角」，和植三〈角黍〉一詩：「一般蕉剝任紛紛，揀葉錐荄古製聞。」〔註 80〕其中的「錐荄」等等，都是在說角黍的外觀是有菱有角的。另外，從《民俗台灣》記載吃粽子的禁忌中也可知道日治時期的

〔註 74〕　《全臺詩》第 19 冊，頁 471。

〔註 75〕　《詩報》1932 年 7 月 1 日，38 期，頁 7。

〔註 76〕　張達修（篁川）：〈角黍〉，《台灣漢詩數位典藏資料庫》，檢索日期：2016 年 10 月 30 日。

〔註 77〕　《詩報》1932 年 7 月 1 日，38 期，頁 7。

〔註 78〕　《詩報》1932 年 7 月 1 日，38 期，頁 7。

〔註 79〕　《台南新報・詩壇》1924 年 12 月 21 日，第 8205 號，《台灣漢詩數位典藏資料庫》，檢索日期：2016 年 10 月 30 日。筆者按：此處的「角黍」應是「角黍」的筆誤。

〔註 80〕　《詩報》1932 年 7 月 1 日，38 期，頁 7。

角黍是有菱有角的，楊雲萍〈台風瑣話〉中述：

> 端午節的時候要做粽子，拿粽子給小孩子吃的時候，大人先把角角
> 的地方拿掉，再給小孩吃，在鳳姿姊的「七爺八爺」典故裡面也有
> 所記述，那麼爲甚麼要把粽角取掉呢？說是吃了會長紅瘡，我想這
> 是迷信無稽之談。我們不妨想想粽子先腐敗的地方，就是它的角啊，
> 所以要把它除掉。〔註81〕

楊雲萍〈台風瑣話〉除了說出其時角黍是有菱有角的，還說出當時臺人祈藉
食物來驅疫避毒的心態。此外，在包裹角黍時還需繫上線以固定之，詩人在
書寫此事時，並加入習俗的敘述於其中，如蔡佩香〈端陽即事〉二首之一，
詩云：

> 紅絲繫粽弔江邊，又見餈糕艾製鮮。
>
> 若使劉郎早知味，奚須九日怕題箋。〔註82〕

及□書〈角黍〉一詩，詩云：

> 益智嘉名自古聞，裹來粘米色清芬。
>
> 彩絲宛轉纏菰葉，圭角休嫌露幾分。〔註83〕

詩中就說以彩絲纏繫角黍以固定之，以及王芷香（嘯菴）〈角黍〉，詩云：

> 一握□香玉粒繁，傳來裹蒻舊風存。
>
> 可憐枉繫長生縷，難返湘江楚客魂。〔註84〕

還有吳景箕〈角黍〉也有「香蒲裹黍巧分端，五色絲□雅不繁」〔註85〕的詩句，
都提到端午節縛粽時要用「紅絲」、「彩絲」、「長生縷」或「五色絲」繫上，
且都和屈原相關，這和陳文達《臺灣縣志・歲時》中所記：「五月五日，各家
懸菖蒲、艾草於門，制角黍；以五采線繫童子手中，以虎子花帶於首。」〔註86〕，
把五色線繫於兒童手上的習俗不同。其實五色線縛於粽之俗，在宋李昉《太
平廣記》中已有記載：

〔註81〕楊雲萍：〈台風瑣話〉，林川夫主編：《民俗臺灣》第三輯，（臺北：武陵出版
有限公司，1995 年 11 月），頁 149～150。

〔註82〕《全臺詩》第 22 冊，頁 345。

〔註83〕《詩報》1940 年 8 月 1 日，38 期，頁 2。

〔註84〕王芷香（嘯菴）：〈角黍〉，《台灣漢詩數位典藏資料庫》，檢索日期：2016 年
10 月 30 日。

〔註85〕《詩報》1932 年 7 月 1 日，229 期，頁 7。

〔註86〕陳文達：《臺灣縣志》《臺灣縣志・鳳山縣志（合訂本）》，《臺灣文獻史料叢刊・
第二輯》第 30 冊，（臺北：臺灣大通書局，1984 年），頁 63。

是屈原以五月日投汨羅水。而楚人哀之，至此日，以竹筒貯米，投水以祭之。漢建武中，長沙區曲，白日忽見一士人，自云三閭大夫，謂曲曰。聞君當見祭，甚善。但常年所遺，恒為蛟龍所竊。今若有惠，可以楝葉塞其上。以綵絲纏之。此二物蛟龍所憚也。曲依其言。今世人五月五日作粽，並帶楝葉及五色絲，皆汨羅水之遺風。出《續齊諧記》〔註87〕

可見此為古俗，清代方志記載端午風俗中皆未見有此俗，但日治時期的期刊中卻見到此俗的記載，敬慎〈端午の節句〉（端午節）一文中記述端午來由時也提及以五色絲縛粽的傳說〔註88〕，和端午節令詩中所書寫五色線縛於粽之俗相符。

　　而端午食角黍的習俗在日治時期記載風俗的文獻中所記也多是為紀念屈原而來，如鈴木清一郎《增訂臺灣舊慣習俗信仰》中記：「從此人們就遵照屈原的囑託，把米飯包在竹葉裡，並且在五月初五的這天上供，這就是今天端午節吃粽子的由來。」〔註89〕，此說詩人於端午詩歌中亦有書寫，如吳景箕〈角黍〉，其詩云：

　　　　家傳楚俗至今存，切玉包金繫縷純。

　　　　團粉宮中人較射，午時競渡祭忠魂。〔註90〕

及完□的〈角黍〉一詩：

　　　　天中佳節例紛紛，楚俗依然角黍芬。

　　　　莫使蛟龍頻果腹，江神煩送屈原居。〔註91〕

兩首詩都提到端午角黍之俗由楚俗而來，再如臺南「南社」創設詩人之一的黃得眾（1877～1949）的〈端午旅大內雜詠〉五首其一：

　　　　那知午節滯他鄉，一過農家角黍香。

　　　　畢竟居村勝居市，古來楚俗未曾忘。〔註92〕

〔註87〕　〔宋〕李昉：《太平廣記》，《中國哲學書電子化計劃》，檢索日期：2016 年 10
　　　　月 31 日。
〔註88〕　敬慎：〈端午の節句〉，《日治時期期刊全文影像系統》，檢索日期 2016 年 11
　　　　月 1 日。
〔註89〕　鈴木清一郎著，馮作民譯：《增訂臺灣舊慣習俗信仰》，頁 535。
〔註90〕　《詩報》1940 年 8 月 1 日，229 期，頁 7。
〔註91〕　《詩報》1932 年 7 月 1 日，38 期，頁 7。
〔註92〕　《全臺詩》第 30 冊，頁 61。

詩中也說端午節時聞到角黍飄香便想起是「古來楚俗」，從這幾首詩歌得見於日治之時，端午節令和屈原故事更緊密連結，日人於統治臺灣期間積極「以文伏文」，是企圖以漢俗傳說解釋端午習俗以服眾人之心，或是欲剔除迷信（端午祭水鬼之俗）之說，都是日人同化的手段，或是詩人刻意再以屈原意象連接傳統文化，這都使日治時期的端午節令與屈原的連結較清代爲多。

日治時期的端午飲食當中，還需留意是否有日式節令飲食的移入，從古典漢詩的書寫中並未見到詩人描述日式端午應節食品，只在王蘊玉〈端午即事〉一詩中見到：「角黍添新味，香蒲競插高。」〔註 93〕，此詩發表於 1934年已是日治後期，詩中未說明「新味」是指何物，後一句「香蒲競插高」應是說菖蒲一類有香氣的端午節物，也非指角黍，只能猜測詩人曾見到和傳統角黍不同的「角黍」，查看日治時期期刊中〈端午の節句〉（端午節）一文，文中即說明在臺灣端午應節食品的「粽」原是由屈原傳說而來，後來並因其「陰陽相包裹」的食物特徵而成爲辟邪毒的節令食物，在日本端午習俗則以食用柏餅（かしわもち）爲主〔註 94〕，且柏餅於日本端午節俗中尚有「邪氣を払う食べ物」（辟邪食品）〔註 95〕的意義；在日本也有一些地區端午節時也以粽爲應節食品，但日本的粽是用茅葉包裹，呈圓錐形，不但是應節食品，也是端午祭祀用的供品。由此可知，日俗中端午節令亦有可代表節令意涵的食品，但處於日治時期的臺灣，一則因日人所過爲新曆五月五日的「端午の節句」，再則柏餅或日式粽子和臺灣的角黍並不相同，因此臺人仍以傳統有菱有角的角黍爲端午應節食品並未受到日俗的影響而有更易。

（二）午時水

端午飲食中除角黍爲特具節令意涵的應節飲食之外，「午時水」也是一項蘊含厭勝特徵的應節飲食，《安平縣雜記·節令》中所記：「五月五日，爲端午節。……屆中午時候，家家競向井中汲水。名曰『午時水』。儲在磁罐，以備解熱毒之用。」〔註 96〕，說明了「午時水」的名稱是由取水的時間而來，「午

〔註 93〕 《台南新報》1934 年 6 月 25 日，第 11660 號，《台灣漢詩數位典藏資料庫》，檢索日期：2016 年 10 月 30 日。

〔註 94〕 敬慎：〈端午の節句〉，《日治時期期刊全文影像系統》，檢索日期 2016 年 11月 1 日。

〔註 95〕 范麗娟：《中國傳來的日本年中節慶——以江戶時期五大節慶爲中心》，（臺北：中國文化大學日本研究所碩士論文，2004 年 6 月），頁 42。

〔註 96〕 《安平縣雜記》，頁 4。

時水」的作用在於解熱毒，完全是配合五月五日爲「惡月」、「惡日」〔註97〕
而來；鈴木清一郎於《增訂臺灣舊慣習俗信仰》記「午時水」爲：

> 五月五日這天，家家戶戶有儲存午時水的風俗。所謂「午時水」，就
> 是端午節這天中午打上的水，據說這種水永遠不會腐臭，裝在瓶裡放
> 在陰暗地方，以後萬一得夏季病時，喝了之後就可豁然痊癒。〔註98〕

這兩則記載都是說利用五月五日正午所取的水，具有解熱去毒的功效。此俗
片岡巖於《臺灣風俗誌》中歸於「臺灣人對自然現象的觀念及迷信」一章中
介紹〔註99〕，視「午時水」之俗爲迷信，於臺人對此俗的態度卻是相信且必
行之，吳尊賢發表於昭和 17 年（1942）的〈民俗採訪〉一文中可見，其說明
「午時水の俗信」時以爲在「事變」（指乙未割臺）後，端午節俗省減許多，
但一直存在的就是端午節當日「午時水」的儲藏，臺人深信「午時水」能夠解
熱、預防皮膚病疾的發生，甚至有「飲午時水，使人不肥亦美」的俗諺〔註100〕。
於端午節令詩中也見到許多書寫「午時水」的詩作。

如黃守謙（1871～1927）〈遊鐵砧山〉，其詩云：

> 鐵砧山下捨輕車，曳杖登臨樂有餘。
> 對面炎峰當大冶，逢時利器製何如。
> 拂塵肅謁郡王祠，霸業勳名憶昔時。
> 最喜神居堅固地，教民鍊諫好□基。
> 廟前一井湧靈泉，端午人爭汲取先。
> 凜冽澄鮮招氣爽，能醫疾病豈其然。〔註101〕

此詩不僅書寫端午從廟前井中汲取「午時水」之俗，還引入鄭成功的傳說故
事，此事於《臺灣中部碑文集成‧國姓井碑記》中記述如下：

> 國姓井碑記（光緒十一年）
> 臺北府新竹縣大甲鐵砧山國姓井，相傳鄭成功駐兵處，被困乏水；
> 以劍插地，得甘泉，大旱不涸。年年清明前，有群鷹自鳳山來聚哭，

〔註97〕　《荊楚歲時記》：「五月俗稱惡月，多禁。」，《中國哲學書電子化計劃》，檢索
　　　　　日期：2016 年 11 月 1 日。
〔註98〕　鈴木清一郎著，馮作民譯：《增訂臺灣舊慣習俗信仰》，頁 538。
〔註99〕　片岡巖著，陳金田譯：《臺灣風俗誌》，頁 469。
〔註100〕　末次保、金關丈夫編：《民俗臺灣》第二卷第九號，（臺北市：南天書局，1998
　　　　　年），頁 45～46。
〔註101〕　《全臺詩》第 20 冊，頁 307。

　　不至疲憊不止，或云兵魂固結而成；山麓田螺，斷尾能活，謂當時
　　螺殼棄置者：均著奇異。

　　僕曾經其地，思古蹟不可磨滅，爰集同人建廟，立碑爲紀，以誌久
　　遠云。

　　光緒乙酉年天中令節，余寵、林鏘、盛鵬程、郭鏡清、張程材、謝
　　鏡源同立。〔註102〕

從此記載中看，「國姓井」原是因鄭成功駐兵於大甲鐵砧山時解決了瘴癘疫病
的傳說而來，原和端午節並無關連，但設碑之日特地訂於「天中令節（端午
節）」，和「午時水」產生了連結，才有「廟前一井湧靈泉，端午人爭汲取先。」，
由此也可看出，臺灣人民飽受因氣候環境而產生的熱疾疫病之苦，傳統以爲
端午午時陽氣最盛，所取之午時水，可避疫癘，再加上傳說故事的加持，使
人民對「午時水」的厭勝功效更加深信，但日人對水有避疫癘的功效視爲無
稽之談，更視「國姓井」之說爲「臺灣人的奇事怪談」〔註103〕，不過，在黃
守謙〈遊鐵砧山〉此詩的末兩句，詩人嘗試點破「能醫疾病豈其然」，但這或
許是部份知識份子受到日人「現代化」的影響而有的感歎。這樣的看法於景
岳〈午時水〉一詩中也可見到，其詩云：

　　年年端午興遄飛，汲取靈泉得意歸。

　　浪說喝些能□病，癡人恣飲達人譏。〔註104〕

「浪說喝些能□病，癡人恣飲達人譏。」，景岳更是以爲這是癡人的想法。詩
人郁文的〈午時水〉也以爲「能醫熱病人皆信，五日遺風識者譏。」〔註105〕，
認爲這只是習俗傳說，清楚的人就會知道不應該完全相信。

　　其他詩人在以「午時水」爲題時，大部分是抱以相信「午時水」的傳說
與功效來書寫，如葉際唐（1876～1944）〈午時水〉，詩云：

　　機聲一報汲紛紛，身繫香囊用力勤。

　　中飯菖蒲判痛飲，預留涼味解餘醺。〔註106〕

〔註102〕《臺灣中部碑文集成》《臺灣中部碑文集成・臺灣教育碑記（合訂本）》，《臺
　　　　灣文獻史料叢刊・第九輯》第175冊，（臺北：臺灣大通書局，1984年），
　　　　頁60。

〔註103〕片岡巖將「國姓井」一事記載於《臺灣風俗誌》中的「臺灣人的奇事怪談」
　　　　一節，片岡巖著，陳金田譯：《臺灣風俗誌》，頁431。

〔註104〕《詩報》1935年6月15日，107期，頁16。

〔註105〕《詩報》1935年6月15日，107期，頁16。

〔註106〕《全臺詩》第28冊，頁411。

葉際唐寫時人對汲取午時水積極的樣子，及寫出端午節令中其他如「繫香囊」「飲菖蒲酒」帶有厭勝意涵之俗；《詩報》275 期（1942 年 7 月 10 日）所刊出麗澤吟社以「午時水」爲題的幾首詩作中，都見到書寫「午時水」的功效，如禎祥〈午時水〉，詩云：

> 時逢端午向溪行，汲得靈泉貯幾甖。
>
> 素味誰無蒲酒醇，可防癘疫護蒼生。〔註107〕

及攸同〈午時水〉，詩云：

> 端午佳節水澂清，一掬□來午不晴。
>
> 此日人家齊乞後，不須藥物患能平。〔註108〕

以及黃南勳〈午時水〉，詩云：

> 端陽水爲世傳名，日正當中汲最清。
>
> 儘道消炎和解渴，勝他玉液與金莖。〔註109〕

三首皆寫傳說於端午節正午時分汲取的「午時水」，可消避疫癘比藥物更有效。還有詩人於詩中強調「午時水」的久存不壞，如昆榮〈午時水〉：

> 天中節到向臨沂，滿貯瓶中一笑歸。
>
> 我獨韞藏長不臭，療人□暑莫言譏。〔註110〕

或引「飲午時水，使人不肥亦美」的俗諺入詩，如仰山〈午時水〉，其詩云：

> 端陽汲井未全非，袪熱原知七□遑。
>
> 飲瘦日中我何憾，潤腸較勝食言肥。〔註111〕

在以「午時水」爲題的詩作中還見到日人詩作，如津山榮一〈午時水〉一詩：

> 日正中懸水正明，楚騷讀罷倍傷情。
>
> 時來端午先開浴，萬物於茲病不生。〔註112〕

日籍詩人以臺灣特有的端午節俗爲題書寫，首句便植入帝國意象，「日正中懸水正明」，端午未被列入國家祝日之中，且臺人所過爲舊曆端午，不會有日本國旗的懸掛，詩人卻以「日正中懸」的詩句開頭，使人聯想到中心爲紅色太陽的日本國旗，雖說下一句「楚騷讀罷倍傷情」寫傳統典籍入詩拉近了距離，

〔註107〕《詩報》1942 年 7 月 10 日，275 期，頁 14。

〔註108〕《詩報》1942 年 7 月 10 日，275 期，頁 14。

〔註109〕《詩報》1942 年 7 月 10 日，275 期，頁 14。

〔註110〕《詩報》1935 年 6 月 15 日，107 期，頁 16。

〔註111〕《詩報》1935 年 6 月 15 日，107 期，頁 16。

〔註112〕《風月報》1943 年 7 月 15 日，179 期，頁 38。

表現對漢籍的熟悉，但同時又強調屈原和端午的關連，詩中並寫「午時水」具有「萬物於茲病不生」的功效，又表現了對臺灣習俗的接受，究竟在傳統節令詩中日籍詩人的書寫代表了何種意義？黃美娥於〈日、臺間的漢文關係——殖民地時期臺灣古典詩歌知識論的重構與衍異〉一文中說：

> 日本漢詩的來臺，它不僅成為學術討論的對象，更成為統治臺灣的
> 思想資源，所以日本「漢詩」的輸入，不只是日式漢詩的輸入而已，
> 更伴隨著依附其上的思想與觀念的移植、轉化、傳播、流通，如此
> 遂產生與起始端不同的知識再現與建制化過程。〔註113〕

日籍詩人在書寫漢詩時，就算是文采熠熠，或嘗試書寫漢文化傳統於詩中，仍不可避免的帶著有目的的思想植入，其所書寫的節令詩在呈現臺灣風土民情上也難免帶著殖民者觀點，在閱讀時可視為不同視角的節令解讀，從其中探看和臺灣詩人所作節令詩不同之處，能更多元的理解臺灣節令風俗的多樣面貌。

（三）端午酒

　　端午飲食中的酒類亦是端午節令飲食中厭勝特徵突出的一項，從文獻中最常見到的即是雄黃酒，但在整理和「午時水」相關的詩作時見到了幾首題名為「午時酒」的詩作，舉其中鏡武德的〈午時酒〉一詩來看，其詩云：

> 釀在端陽飲日中，千秋猶續楚人風。
> 菊花酒與茱萸草，一例消災辟疫同。〔註114〕

此詩說明「午時酒」是於端午節的正午所釀製，且為楚國風俗，和「菊花酒」、「茱萸草」皆有消災辟疫的功效。另一首包尾莊人的〈午時酒〉一詩，其詩云：

> 嫩艾香蒲釀造工，驅邪益智有奇功。
> 兒曹不憚辛勤□，留取端陽醉乃翁。〔註115〕

則說明「午時酒」是由艾草與菖蒲所釀製，除驅邪還有益智的功效，因此連兒童都要喝。若依「午時酒」的釀製材料來說，應是屬「菖蒲酒」一類，關

〔註113〕黃美娥：〈日、臺間的漢文關係——殖民地時期臺灣古典詩歌知識論的重構與衍異〉，《臺灣文學研究集刊》第二期，（臺北：臺灣大學臺灣文學研究所，2006年11月），頁26。

〔註114〕《詩報》1933年7月1日，62期，頁16。

〔註115〕《詩報》1933年7月1日，62期，頁16。

於菖蒲酒的記載於《荊楚歲時記》中已見：「端午，以菖蒲生山間中一寸九節者，或鏤或屑泛酒，以闢瘟氣」〔註116〕，是以菖蒲酒能避瘟氣之說。許南英（1855～1917）〈沈琛笙五日有感和其原韻並以慰之〉之一詩中亦提及了此說，其詩中有「酬汝菖蒲延歲酒，詩腸浸潤莫愁枯」〔註117〕之句，「酬汝菖蒲延歲酒」，在「菖蒲酒」的名稱中加入「延歲」，強調「菖蒲酒」具有去瘟除疫的功效而能使人延年益壽。林百川（1854～？）〈蒲酒〉一詩則說「人生隨俗過端陽，也浸菖蒲酒一觴。」〔註118〕，以為浸泡「菖蒲酒」為端午節俗，此俗於高拱乾《臺灣府志卷七・風土志・歲時》記：「端午日，昔人取艾懸戶，採蒲泛酒。」〔註119〕，可見於清代已有此俗，但在文獻中記載端午節俗多以「雄黃酒」為主，如清代倪贊元《雲林縣采訪冊・斗六堡風俗・歲時》記載：「五月初五日，俗名五日節。……門懸蒲艾、飲雄黃酒以袚不祥，並辟邪氣。」〔註120〕，及日治時期鈴木清一郎《增訂臺灣舊慣習俗信仰》中記：「五月初五，照例要造雄黃酒，先用來祭拜神佛，然後飲用以便驅邪。」，書中並詳述雄黃酒的真正由來是出自「白蛇傳」，故事中的白蛇在端午節那天因飲用了雄黃酒而現出原形，後人便依此為了驅逐可能潛伏在家中的妖魔，而釀製雄黃酒，並流傳下來〔註121〕。

　　在端午節令詩中也有詩人將「雄黃酒」入詩的作品，如林資銓（1877～1940）〈銷夏吟分韻〉百二十首其四十三，其詩云：

　　　　雄黃細酌酒盈樽，常苦端陽氣候溫。

　　　　浴罷蘭湯芳竟體，塵襟全滌寸分煩。〔註122〕

此詩未直接說明雄黃酒的功效為何，只說為「端陽氣候溫」而苦，但由詩中仍可見飲「雄黃酒」為端午應節飲食的敘述。此外，還有以「雄黃酒」為詩題的作品，如1938年8月4日的《詩報》即刊載了聚星詩學研究會以「雄黃酒」為詩題的賡和之作多首，詩句中有直接說出「雄黃酒」的厭勝特質，如

〔註116〕〔梁〕宗懍：《荊楚歲時記》，《中國哲學書電子化計劃》，檢索日期：2016年11月3日。

〔註117〕《全臺詩》第11冊，頁304。

〔註118〕《全臺詩》第13冊，頁79。

〔註119〕〔清〕高拱乾：《臺灣府志》《臺灣府志・臺灣府賦役冊（合訂本）》，頁191。

〔註120〕倪贊元編輯：《雲林縣采訪冊》，頁68。

〔註121〕鈴木清一郎著，馮作民譯：《增訂臺灣舊慣習俗信仰》，頁535。

〔註122〕《全臺詩》第29冊，頁267。

鏡平〈雄黃酒〉，詩云：「驅邪辟毒是前提，逢著家家角黎□」〔註123〕，詩的首句就直指「驅邪辟毒是前提」。張夢麟於《端午節的由來及其厭勝文化》論文中引《本草綱目》中所載雄黃之功效而以為：「雄黃酒直接飲用可辟邪去惡，亦可作為消毒劑以驅除毒蟲，而其主要功用在於雄黃本身之藥效。夏天容易滋長毒蟲、疾病，且因為天氣炎熱，食物容易腐壞而導致腸胃的問題，而雄黃的藥性正適合解除這些病害。」〔註124〕，「雄黃酒」驅邪辟毒的厭勝特質自古流傳未有改變，另一位詩人炳南的〈雄黃酒〉詩中更誇大其功效，其詩云：「丹醪一飲千邪避」〔註125〕，但也有詩人知道還是要適量的飲用，如介眉的〈雄黃酒〉：

> 蒲觴並列各東西，一飲家家老少齊。
> 依例端陽兒額抹，須知有毒莫沈迷。〔註126〕

在詩中，詩人提到雄黃酒除家中老少都要飲用，不能飲酒的兒童則抹於兒童的額頭也可達到驅邪避毒的效果，但還是要適量以免反而被雄黃的毒所傷。「雄黃酒」亦可抹於兒童的額頭之俗，潘迺禎〈士林歲時記〉中記載如下：「將雄黃酒撒在壁、屋角，可去邪、避蟲，同樣的意思可在小孩的額上以雄黃酒寫個王字。」〔註127〕，此俗的厭勝意義在於以雄黃驅毒及藉猛虎（王字）以鎮邪。

從日治時期端午節令詩中常見的「角黍」、「午時水」、「端午酒」等三種節令食品，探究端午飲食民俗及文化意義，大抵維持和清代相同的節令風俗，仍是以驅疫避暑熱為飲食目的，並未受到日式節令飲食的影響而有所更易。

三、端午節物民俗

端午起源的紛歧由其別稱之多可見，歷來研究端午起源的學者各有看法，或以為和夏至有關、或是為驅邪制惡、也有龍圖騰祭說及紀念屈原等人

〔註123〕《詩報》1938 年 8 月 4 日，182 期，頁 7。

〔註124〕張夢麟：《端午節的由來及其厭勝文化》，頁 189。

〔註125〕《詩報》1938 年 8 月 4 日，182 期，頁 7。

〔註126〕《詩報》1938 年 8 月 4 日，182 期，頁 7。

〔註127〕林川夫主編：《民俗臺灣》第一輯，（臺北：武陵出版有限公司，1995 年 11 月），頁 222。

物〔註128〕，不同的說法呈現了端午節令的不同面象，端午由來的認知與節令意涵也因時、因地而各有定義，就日治時期來說，端午節令各項風俗傳承自清代而來，道光十年（1831）陳淑均《噶瑪蘭廳志卷五‧風俗‧民風》中所載：「端午日作角黍相遺送，各門楣懸艾插蒲，用雄黃酒，書午時對聯以辟邪。祀神以西瓜桃果之品。至午後焚稻稿一束，遍薰幃帳，棄諸道旁，名曰送蚊。」〔註129〕這是清代以厭勝文化（辟邪文化）為節令主軸的端午節令，延續到日治時期，日治時期文獻，片岡巖《臺灣風俗誌》所載為：

> 五月初五
>
> 稱「端陽節」或「端午節」、「天中節」，俗稱「五月節」。各戶以紅紙包菖蒲、艾草懸在門上，用黃紙寫「蒲劍冲天黃斗現，艾旗拂地神鬼驚」聯貼在門柱以避百邪。
>
> 中午備粽、牲禮、雄黃酒，焚香、燒紙，放爆竹祭家廟。吃粽飲雄酒祈求身體健康，又在圍牆及壁下洒酒，因雄黃酒可防毒蟲、毒蛇。男女頭髮均插艾葉及榕樹葉，就是有俗語「插艾較勇健，插榕較勇健」的緣故。
>
> 這天以菖蒲及艾葉，放入燒水沐浴可防百病，婦人的纏足不會發臭，小孩不會生腫物。〔註130〕

大致為延續清代驅疫辟邪的厭勝節令文化，在節儀、祭儀及佩飾上都為配合端午節百毒興起，瘴病易生的惡月惡日而具有禳除邪魅、達到驅役辟邪的意義。以下試從日治時期端午節令詩中所見的「貼桃符」、「蒲艾」、「浴蘭湯」、「香囊綵縷」、及「鯉幟」等端午節儀、佩飾，探究端午節物民俗及文化意義。

（一）貼桃符

「用黃紙寫『蒲劍冲天黃斗現，艾旗拂地神鬼驚』聯貼在門柱以避百邪。」這是片岡巖《臺灣風俗誌》中所載端午節貼門聯之俗，鈴木清一郎《增訂臺灣舊慣習俗信仰》所記大致相同，並於後又記：「據說只要把這種對聯貼在門柱上，就可以達到驅百邪治百病的目的」〔註131〕，此稱為「午時聯」，又稱「桃

〔註128〕 張夢麟：《端午節的由來及其厭勝文化》一文所說明的端午節之由來。張夢麟：《端午節的由來及其厭勝文化》，頁15～16。

〔註129〕 〔清〕陳淑均：《噶瑪蘭廳志》，頁192。

〔註130〕 片岡巖著，陳金田譯：《臺灣風俗誌》，頁43。

〔註131〕 鈴木清一郎著‧馮作民譯：《增訂臺灣舊慣習俗信仰》，頁537。

符」，但和新年桃符不同的是端午節時是用黃紙而非紅紙，端午節令詩中記載端午桃符的有如陳肇興（1831～？）〈端陽〉二首之一，其詩云：

> 寂寞山齋一事無，偶逢佳節倍清娛。
> 榴花照眼霞千樹，葛葉延齡酒百壺。
> 放學兒童分紙扇，求書村女送桃符。
> 離騷讀罷天難問，腸斷懷沙屈大夫。〔註132〕

詩中「求書村女送桃符」的句子中所提到的「桃符」正是「午時聯」，以及蔡佩香〈端午節雜感〉四首之二，詩中有「桃符逐疫前時古，蒲劍消災五日新」〔註133〕之句，以為「桃符」為古俗並具有驅役的意義，並於端午節時有更換新符的習俗。端午「桃符」和新年「桃符」的區別主要在紙張的顏色上，新年「桃符」具喜慶及祈福需求自然為紅色，但端午「桃符」的祈求在於驅疫辟邪，具有「符咒」特質，故以黃紙書之，在片岡巖《臺灣風俗誌》中的〈驅邪及招福〉一章中載：

> 門聯
>
> 農曆新年一到，家家戶戶都貼門聯，門聯就是紅紙寫象徵瑞祥吉慶的對句貼在門柱、窗戶等，來慶賀新年。山海經說：東海大朔山有大桃樹，樹枝向北盤曲三千里，樹下有稱做神荼、鬱壘二神，捉惡鬼來飼虎。黃帝取桃板繪二神像懸掛在門上用來禦鬼，後演變成為現在門聯。門聯又稱桃符就是緣因這故事。〔註134〕

從此記載中可知道「桃符」原始即是用來禦鬼，後來演變成新年的門聯，改以紅紙書寫祈福字句，但既保有「桃符」之稱，其「禦鬼」「辟邪」的意涵仍在，於端午節令當中使用，是以原始的厭勝意義而存在，這又在林維朝〈端午即事〉一詩中可得證，其詩云：

> 令節數符地與天，沿家艾虎繫門前。
> 萋萋萱草舒眉綠，灼灼榴花照眼妍。
> 厭勝靈符釵競帶，延年綵縷臂齊纏。
> 蘭湯浴後斟蒲酒，穢惡消除意爽然。〔註135〕

詩中「令節數符地與天」及「厭勝靈符釵競帶」兩句即說出端午靈符的厭勝

〔註132〕《全臺詩》第 9 冊，頁 214。
〔註133〕《全臺詩》第 22 冊，頁 516。
〔註134〕片岡巖著，陳金田譯：《臺灣風俗誌》，頁 606。
〔註135〕《全臺詩》第 23 冊，頁 427。

特質，而此處說「靈符」而非「桃符」，這是因相傳午月初午正午時，使用午時水所畫之符令最靈驗。李岩齡、韓廣澤合著的《中國古代詩歌與節日習俗》中提及明清對端午「貼桃符」之俗的看法是以「符籙」視之，這是因明清「符籙」盛行，書中引《帝京歲時紀勝》與《燕京歲時記》記載：「清代北京，每至端午節，『家家懸朱符，插蒲龍艾虎。』」及清人詠端午詩：「門外高懸黃紙帖，卻疑帳主怕靈符。」（清代《北京竹枝詞（十三種）》）〔註136〕，日治時期沿襲清代而來的端午節俗依舊保有以「靈符」驅役辟邪的厭勝文化，也因此端午有貼「桃符」或「靈符」之俗。於吳德功（1850～1924）〈端午即事〉一詩中也記：

> 美酒攜來數百壺，欣逢午節泛青蒲。
> 門懸虎艾家家共，江鬭龍舟處處俱。
> 滿徑烏衣揮摺扇，環村白板貼靈符。
> 至今角黍渾如舊，憑弔湘潭楚大夫。〔註137〕

吳德功詩中描述端午節各種習俗，「貼靈符」亦是其中一項，並說端午節俗是爲弔祭屈原而來。

（二）蒲艾

　　端午以夏至及惡月惡日爲節令形象，延伸發展的節令風俗便以禳毒驅疫爲主軸，端午節物亦以具有禳毒驅疫特質者爲主，如植物中具厭勝特質的菖蒲和艾草自古便是重要的端午節物，並被製成各種形式以遂禳毒驅疫的祈願，張夢麟《端午節的由來及其厭勝文化》一文整理蒲艾成爲端午節厭勝物的兩個原因如下：

> 端午節正值仲夏，此時氣溫升高，降雨增多，各類害蟲繁殖迅速，
> 疾疫極易傳播。而菖蒲與艾草是夏季應時之植物，本身又具有療效，
> 因此古人以菖蒲、艾草作爲節物，即是希望藉由其藥效殺減和驅趕
> 各類蟲害，阻斷和減少病原菌的傳播，以預防病疫之流行。再者，
> 除了本身的藥性，從巫術的思維，藉由形似之聯想，亦賦予菖蒲、
> 艾草厭勝之功能。這是菖蒲、艾草成爲端午節厭勝物的兩個原因。
> 〔註138〕

〔註136〕李岩齡、韓廣澤合著：《中國古代詩歌與節日習俗》，（臺北：百觀出版社，1995年7月），頁172。

〔註137〕《全臺詩》第10冊，頁416。

〔註138〕張夢麟：《端午節的由來及其厭勝文化》，頁175。

可知蒲艾同時具有配合端午夏至及惡月惡日節令形象的厭勝特質，因而自古
以來一直是端午最具代表性的節物，在端午節令詩歌中詩人也常以此爲詩題
或引入用詩中，如清代舉人張書紳〈端午竹枝詞〉四首之一：

> 艾劍蒲旗比戶懸，登盤桃李賽芳鮮。
>
> 花生荇菜新尤物，祭祖無瓜笑不虞。〔註139〕

詩中的蒲艾是以「艾劍蒲旗」的形象出現，日治時期的臺南詩人蔡佩香〈端
午雜詠〉四首之一，詩云：

> 一到端陽景色殊，門懸艾綠貼桃符。
>
> 人家多少青蒲劍，欲借荊卿去獻圖。〔註140〕

則見到菖蒲製成「劍」，似乎蒲艾都可以製爲劍的樣子，高拱乾《臺灣府志卷
七・風土志・歲時》中記：「端午日，昔人取艾懸戶，採蒲泛酒；今合艾蒲共
懸之，謂蒲似劍也。」〔註141〕，此處已述因菖蒲的葉子像劍一般，故多以「蒲
劍」稱之，於張春華〈蒲劍〉詩中「葉葉尖銛似劍鋩，高懸端午去災殃。」
〔註142〕即述「蒲劍」之名是因外型而有；片岡巖《臺灣風俗誌》中也記：「端
午節各家戶都在檐上插著菖蒲、艾、龍船花。這是菖蒲比喻劍，艾比喻旗來
攘邪招福，『艾旗招百福，蒲劍斬千邪』就是這個意思。」〔註143〕，所記都是
以菖蒲爲劍、艾草爲旗，及劍可斬邪、旗可招福的含義，以蒲艾爲詩的詩題
也多以「蒲劍」及「艾旗」爲題，和張書紳〈端午竹枝詞〉四首之一中的「艾
劍蒲旗」相反，余美玲於《臺灣古典詩選注・5・歲時與風土》中爲此句註解
時云：「艾劍蒲旗：或稱『蒲劍艾旗』」〔註144〕，在節令意義上其實相同。一
如林勤王〈蒲劍〉一詩，其詩云：

> 風和日麗正端陽，處處人家艾葉張。
>
> 藉汝辟邪兼斬佞，森然似劍吐光芒。〔註145〕

詩題爲「蒲劍」，但詩句中卻是「處處人家艾葉張」，使用的厭勝植物爲艾草，
但「藉汝辟邪兼斬佞」，還是有辟邪斬疫的作用，這也是因爲「森然似劍吐光

〔註139〕《全臺詩》第 10 冊，頁 308。
〔註140〕《全臺詩》第 22 冊，頁 418。
〔註141〕〔清〕高拱乾：《臺灣府志》《臺灣府志・臺灣府賦役冊（合訂本）》，頁 191。
〔註142〕《詩報》1939 年 9 月 1 日，208 期，頁 15。
〔註143〕片岡巖著，陳金田譯：《臺灣風俗誌》，頁 602。
〔註144〕余美玲：《臺灣古典詩選注・5・歲時與風土》，頁 102。
〔註145〕《詩報》1939 年 9 月 1 日，208 期，頁 15。

芒」，故以蒲爲劍或以艾爲劍都是可見到的習俗，也都有辟邪禳毒的厭勝意涵。

再從以「蒲劍」爲題的詩作來看，如溫々〈蒲劍〉一詩：

> 不須百鍊逞雄鋩，端午懸門鬼魅惶。
>
> 笑殺群英無見識，誤將巨闕試來狂。〔註146〕

詩中從「蒲劍」的「劍」具有可「殺物」的特質來說，且此「劍」不需經過百鍊千錘即可逞鋒芒，只需放置在門上即可嚇退鬼魅。另有李詩全的〈蒲劍〉詩云：「烽炳蠢地正拱荒，綠劍懸門辟不祥」〔註147〕以「綠劍」代稱「蒲劍」，正是綠色菖蒲與似劍外型的描述。除了「蒲劍」的外型及厭勝特質，從以「蒲劍」爲題的詩作中還看到了菖蒲的植物特性，如德安〈蒲劍〉詩云：

> 蔓延九節在池塘，莖葉生成若劍鋩。
>
> 只爲端陽邪氣盛，故將爭取□門牆。〔註148〕

就說明菖蒲是生長在水池，林義德〈蒲劍〉也有提及此特質：「出水凌凌劍氣存」〔註149〕，都說明了菖蒲是一種生長於池塘水中的植物，端午節俗中所取用的是其莖葉。

懸掛蒲艾的端午之俗其由來也有詩人以爲是和屈原相關，如泰山〈蒲劍〉，其詩云：

> 幾枝鋒銳亞干將，端午懸來俗未忘。
>
> 爲弔忠魂懷屈子，誅奸斬佞汝稱□。〔註150〕

詩中即說端午懸掛「蒲劍」是沿襲舊俗，並爲弔祭屈原而有，並延伸「蒲劍」辟邪斬疫的作用爲「誅奸斬佞汝稱□」，還有黃劍堂的〈蒲劍〉，詩云：「有鍔不煩歐冶鍊，插門欲弔屈原亡」〔註151〕，也說此俗是爲紀念屈原而有。

菖蒲除因外型似劍而常見「蒲劍」形象，詩人常以「蒲劍」爲題，其他還見以「蒲扇」爲題的詩作，但從《智慧型全臺詩資料庫》網頁及《台灣漢

〔註146〕《台南新報》1934 年 7 月 4 日，第 11669 號，《台灣漢詩數位典藏資料庫》，檢索日期：2016 年 11 月 3 日。

〔註147〕《台南新報》1932 年 6 月 16 日，第 10927 號，《台灣漢詩數位典藏資料庫》，檢索日期：2016 年 11 月 3 日。

〔註148〕《詩報》1936 年 9 月 17 日，137 期，頁 15。

〔註149〕林義德：〈蒲劍〉，《台灣漢詩數位典藏資料庫》，檢索日期：2016 年 11 月 4 日。

〔註150〕《詩報》1936 年 9 月 17 日，137 期，頁 15。

〔註151〕《台南新報》1932 年 6 月 17 日，第 10928 號，《台灣漢詩數位典藏資料庫》，檢索日期：2016 年 11 月 3 日。

詩數位典藏資料庫》網頁查詢，以「蒲扇」爲題或詩句中有「蒲扇」的詩作，只有在 1934 年 7 月 15 日《詩報》中所刊，「奎山吟社」的以「蒲扇」爲題的擊鉢吟作，其中如昆榮〈蒲扇〉，其詩云：

> 蒸人炎熱屆端陽，蒲草編成一柄揚。
> 便面仁風頻藉汝，劇憐秋到又拋荒。〔註 152〕

及石鯨〈蒲扇〉：

> 編成時怡值端陽，便面蒲姿擅勝場。
> 已爲蒼生除暑熱，棄捐篋笥亦何傷。〔註 153〕

兩首詩都在描述以菖蒲製成的扇子可驅除炎夏炙熱，再如昆榮〈蒲扇〉：

> 一柄團圓葉巧裝，因時製就近端陽。
> 搖搖未敢辭勞苦，多爲蒼生拂暑忙。〔註 154〕

「一柄團圓葉巧裝」則寫出「蒲扇」的形狀爲圓形，只是這些以「蒲扇」爲題的詩作主要描寫以在端午時節以「蒲扇」驅除炎熱，對提供觀得端午風俗的內容較不足，惟其中杏洲的〈蒲扇〉一詩中有「廢猶利用拂蘭湯」〔註 155〕一句提及端午節俗「浴蘭湯」，「浴蘭湯」是以藥草煮成或浸泡藥草的水沐浴，據說可驅除瘟病的節俗，此俗下一節中再加以說明。

　　至於「艾旗」之俗，也可從以「艾旗」爲題的詩作或有「艾旗」的詩句中查看，但從《智慧型全臺詩資料庫》網頁及《台灣漢詩數位典藏資料庫》網頁查詢，以「艾旗」爲題或詩句中有「艾旗」的詩作，只有在 1939 年 4 月 17 日《詩報》中所刊，「柏社」的以「艾旗」爲題的擊鉢吟作，其中如炳南〈艾旗〉，詩云：

> 飄飄門揭艾旗紛，路上相逢半展裙。
> 最是端陽人意好，家家翠影動南薰。〔註 156〕

詩中便寫出「艾旗」於端午時節家家戶戶插於門戶的景象，而礎材的〈艾旗〉的「高懸門上辟邪聞，端午人偏愛□君」〔註 157〕詩句和錫玄的〈艾旗〉中的「端午家家綠葉薰，闢邪自昔久傳聞」〔註 158〕，兩首則寫出「艾旗」自古已

〔註 152〕《詩報》1934 年 7 月 15 日，85 期，頁 13。
〔註 153〕《詩報》1934 年 7 月 15 日，85 期，頁 13。
〔註 154〕《詩報》1934 年 7 月 15 日，85 期，頁 13。
〔註 155〕《詩報》1934 年 7 月 15 日，85 期，頁 13。
〔註 156〕《詩報》1939 年 4 月 17 日，199 期，頁 13。
〔註 157〕《詩報》1939 年 4 月 17 日，199 期，頁 13。
〔註 158〕《詩報》1939 年 4 月 17 日，199 期，頁 13。

有傳聞的辟邪作用。於端午節令詩中還見到「艾草」以其他形式呈現，如江
蘊玉〈端陽十二詠〉中就有以「艾虎」及「艾人」爲副詩題的詩作，其〈艾
虎〉詩云：

> 大人多變態桓桓，裝製偏將小草觀。
>
> 曾憶煩苛猛甚否，談來心鼻一齊酸。〔註159〕

首句「態桓桓」寫出虎威武勇猛的樣子，卻可惜人們把猛虎視成小草般，道
出以艾草製成虎貌，好似讓虎失了威武勇猛，此詩寫出艾草製成「艾虎」之
俗。而〈艾人〉一詩：

> 稱耆稱少費徘徊，門戶懸如傀儡臺。
>
> 莫笑艾人粗面目，皇初人是土摶來。〔註160〕

詩寫以艾草爲人形把門戶變成了傀儡戲臺，江蘊玉以戲謔的口吻說出「艾虎」
及「艾人」的形象，其實以「艾草」爲虎或人於《荊楚歲時記》中便已記載：
「五月五日……採艾以爲人，懸門戶上，以禳毒氣。……常以五月五日雞未
鳴時採艾，見似人處，攬而取之，用灸有驗。師曠占日，歲多病則病草先生，
艾是也。今人以艾爲虎形，或翦綵爲小虎，粘艾葉以戴之」〔註161〕，可以知
道不同型態的「艾虎」、「艾人」和「艾旗」同樣都是用來驅疫禳毒。記「艾
虎」之俗的還有吳望蘇（1868～1932）〈端午書事〉，其詩云：「萬戶絲繩裝虎
艾，大江金鼓鬥龍舟」〔註162〕，詩中的「虎艾」即是「艾虎」，宋・陳元靚《歲
時廣記》便已記有此俗：「歲時雜記，揣五（端午）以艾爲虎形，至有如黑豆
犬者，或顛霖爲小虎，粘艾葉以戴之。」〔註163〕，亦即以艾草製成虎形，並
懸掛於門戶，爲流傳已久之端午節俗。

（三）浴蘭湯

　　《嘉義管內采訪冊・歲序》：「五月五日，名曰『蒲節』。於中午之際，人
民採菖蒲、艾葉入在窩中，湯沸浴沐身體。用雄黃酒於壁邊，惡虫穢濁入，

〔註159〕 江蘊玉：〈端陽十二詠・艾虎〉，《台灣漢詩數位典藏資料庫》，檢索日期：2016
　　　　 年11月4日。

〔註160〕 江蘊玉：〈端陽十二詠・艾人〉，《台灣漢詩數位典藏資料庫》，檢索日期：2016
　　　　 年11月4日。

〔註161〕 〔梁〕宗懍：《荊楚歲時記》，《中國哲學書電子化計劃》，檢索日期：2016
　　　　 年11月4日。

〔註162〕 《全臺詩》第18冊，頁188。

〔註163〕 〔宋〕陳元靚：《歲時廣記》，《中國哲學書電子化計劃》，檢索日期：2016年
　　　　 11月5日。

即能回避逃走。沐浴後，虔備酒醴財帛，奉祀祖先也。」〔註164〕，此為清代端午「浴蘭湯」之俗的記載。片岡巖《臺灣風俗誌》中記：「這天以菖蒲及艾葉，放入燒水沐浴可防百病，婦人的纏足不會發臭，小孩不會生腫物。」〔註165〕，及鈴木清一郎《增訂臺灣舊慣習俗信仰》中記：「如果用菖蒲和艾蒿洗澡更可以強身去除百病。尤其是古時婦女纏足時會發出臭氣，這兩種藥草都有消毒作用，對小孩生瘡也有功效。」〔註166〕，從這些文獻記載可知「浴蘭湯」之俗，是以菖蒲和艾草的藥效治療因細菌感染引起的疾病，從節俗上來看，冠以可驅邪的厭勝思想即被日人視為迷信〔註167〕，但此俗於《荊楚歲時記》中已有記載：「五月五日。謂之浴蘭節。……按大戴禮日。五月五日。蓄蘭為沐浴。楚辭日。浴蘭湯兮。沐芳華。今謂之浴蘭節。又謂之端午。」〔註168〕，「浴蘭湯」的「蘭」也是香草的一種，可見此為流傳已久的端午節俗。

在端午節令詩中也有詩句中有提及「浴蘭湯」的詩作，如林寶鏞（1858～1925）〈閏端午〉四首之一：

> 追思去日泛蒲觴，蒿艾簪頭祝壽康。
> 野店若非粘鳳曆，豈知今歲閏端陽。
> 端陽過了又端陽，解事村娃薦玉漿。
> 一枕夢回日停午，被他勾引浴蘭湯。
> 蒲觴曾獻午風涼，午節重逢入醉鄉。
> 澤畔行吟人已沒，何須憑弔楚三湘。
> 韻士匆匆返故鄉，重逢午節置蒲觴。

〔註164〕〔清〕不著撰人：《嘉義管內采訪冊》《新竹縣制度考·安平縣雜記·苑裡志·嘉義管內采訪冊》，《臺灣史料集成·清代臺灣方志彙刊附編》第40冊，（臺南：國立臺灣歷史博物館，2011年），頁66。

〔註165〕片岡巖著，陳金田譯：《臺灣風俗誌》，頁43。

〔註166〕鈴木清一郎著，馮作民譯：《增訂臺灣舊慣習俗信仰》，頁536。

〔註167〕片岡巖於記載此俗時尚備註：「（其他詳在迷信之部）」（片岡巖著，陳金田譯：《臺灣風俗誌》，頁43。）再查看《臺灣風俗誌》「臺灣人對自然現象的觀念及迷信」一章，即見此記載：「端午節在門上插菖蒲和艾。端午過後將門上的菖蒲貯藏，生病或受打傷時，泡湯服用很有效。民國元年間，阿猴廳潮州支廳有人被打的快要死，這時服用菖蒲湯挽回一命。」片岡巖著，陳金田譯：《臺灣風俗誌》，頁491。

〔註168〕〔梁〕宗懍：《荊楚歲時記》，《中國哲學書電子化計劃》，檢索日期：2016年11月4日。

　　醉來繪得鍾馗像，百沴祈將一劍戕。〔註169〕

此詩以抒懷為主，詩寫於 1915 年，1909 年日人公告廢太陰曆改行新曆，「野店若非粘鳳曆，豈知今歲閏端陽。」此句感歎改曆對依舊曆而行的臺灣人之不便，其後的三首詩則於感歎中道出「浴蘭湯」、「菖蒲酒」、「繪鍾馗像」及「蒲劍驅邪」的端午節俗。

　　再如蔡佩香〈端午雜詠〉四首之三，也有寫及浴蘭湯之俗的詩句，「最愛湯蘭纔浴出，聯翩七十二鴛鴦」〔註170〕，以浪漫手法書寫端午「浴蘭湯」之俗，而吳郁文〈庚辰午日〉，詩云：

　　羊城作客歲星移，佳節天中得句遲。

　　湘水弔魂仍此日，珠江競渡是何時。

　　頻傾艾酒懷賢士，爭浴蘭湯憶麗姬。

　　回首蓬萊千里遠，誰人不起故園思。〔註171〕

亦是一首端午感懷之中道出端午弔祭屈原、「競渡」、「艾酒」及「浴蘭湯」的節俗。以及林臥雲（1881～1965）〈甲戌（1934）天中節〉：

　　等閒佳節又端陽，依例筵開角黍香。

　　也把艾旗當戶插，更看蒲劍引杯長。

　　競舟舊習空回溯，擲石奇風久已忘。

　　柳異昔時纏鬼粽，潔身差喜有蘭湯。〔註172〕

同樣書寫端午節俗，「角黍」、「蒲劍」及「競渡」依舊而行，但古俗中的「擲石奇風」卻已被遺忘〔註173〕，「潔身差喜有蘭湯」此句寫出「浴蘭湯」，正是《大戴禮記・夏小正》：「五月五日，蓄蘭，為沐浴也。」，此俗實際有清潔衛生的觀念，也具端午節令驅疫避惡的厭勝意涵。

〔註169〕《全臺詩》第 13 冊，頁 216。

〔註170〕《全臺詩》第 22 冊，頁 418。

〔註171〕《詩報》1940 年 8 月 1 日，229 期，頁 6。

〔註172〕《全臺詩》第 32 冊，頁 177。

〔註173〕鈴木清一郎於《增訂臺灣舊慣習俗信仰》中記載：「屏東縣佳冬鄉，自古流傳有一種奇風，就是在端午節這天打石戰。」還說是一種「必須矯正的惡俗」，當時警察積極取締卻也無法完全改正，因是「幾百年來的舊慣風俗」，於是執法者有了變通的方法，「一些熱心的警察人員，就決定把這種石戰改良為運動項目，讓他們在運動場上公開競賽。」，也使得端午節石戰的習俗逐漸式微，至今未再見這項獨特的習俗。鈴木清一郎著，馮作民譯：《增訂臺灣舊慣習俗信仰》，頁 539～545。

（四）香囊綵縷

端午節物具驅疫避惡的厭勝意涵並可配掛於身的為「香囊」之屬，《嘉義管內采訪冊‧打貓南堡‧歲序》中記：「五月五日……婦女多以緞製繡囊，入以香料，曰『香袋』。小兒多佩在胸前。」〔註174〕；鈴木清一郎《增訂臺灣舊慣習俗信仰》記：「端午節還有帶『香包』（北方叫『香荷包』）的風俗，就是先作好一個小布袋口，而且多半是模擬某種水果的形狀，然後裡面裝進各種香草香料，具有驅邪、逐臭、消毒的作用，多半是帶在小孩或婦女身上。」〔註175〕，此端午厭勝節物「香囊」，其中所置放之香草，即是菖蒲、艾草這一類具厭勝功效的香草。

在端午節令詩中有和佩「香包」、「香囊」之俗相關的詩作，如葉際唐〈午時水〉：

> 機聲一報汲紛紛，身繫香囊用力勤。
> 中飯菖蒲判痛飲，預留涼味解餘醺。〔註176〕

即寫出於端午節時身上繫著「香囊」，黃春潮〈端午節前一日〉亦有：「燦胸繡香囊，亦宜兒女快」〔註177〕的詩句，書寫胸前佩戴「香囊」之俗。這兩首詩僅說端午有此俗，但陳玉枝的〈端午節前一日即事〉則寫此俗之由來，其詩云：

> 佳節端陽楚俗存，艾人纔製欲懸門。
> 香包角黍家家是，正□來朝祭屈原。〔註178〕

陳玉枝詩中以為端陽的習俗是因襲楚俗而來，香包、角黍都為弔祭屈原而有。1936年10月2日《詩報》中刊出「讀我書社」以「香囊」為題的擊鉢吟作，其中如涵卿〈香囊〉：

> 綾絹縫成貯麝臍，兒童端午各爭□。
> 碧紗袋裏芬芳足，郎令相逢首亦低。〔註179〕

此詩便說出「香囊」是以綾絹縫製成外袋，內袋則以碧紗縫製，並裝入香草。

〔註174〕〔清〕不著輯人：《嘉義管內采訪冊》《新竹縣制度考‧安平縣雜記‧苑裡志‧嘉義管內采訪冊》，頁500。
〔註175〕鈴木清一郎著，馮作民譯：《增訂臺灣舊慣習俗信仰》，頁537。
〔註176〕《全臺詩》第28冊，頁411。
〔註177〕《詩報》1931年1月17日，4期，頁2。
〔註178〕《詩報》1932年8月1日，40期，頁13。
〔註179〕《詩報》1936年10月2日，138期，頁4。

而□三的〈香囊〉中的「節近端陽繡己齊，儲偕繭虎滿香閨」〔註180〕中的「繭
虎」也是「香囊」的一種，高拱乾《臺灣府志卷七‧風土志‧歲時》中記：「端
午日，昔人取艾懸戶，採蒲泛酒；今合艾蒲共懸之，謂蒲似劍也。以五色長
命縷繫兒童臂上，復以繭作虎子帖額上；至午時，脫而投之。」〔註181〕，可
知「繭虎」輕巧可貼於兒童額上。蔡佩香〈端陽雜詠八則‧繭虎〉二首仔細
描寫了「繭虎」，其詩云：

> 十指纖纖畫不成，買絲繡作貌猙獰。
>
> 蒙皮輒作驚人態，露出釵頭膽亦傾。
>
> 文章繡出本天成，又假將軍面目猙。
>
> 縛爾忽來巾幗手，雄心竟為女兒傾。 〔註182〕

描寫費心以絲線繡出虎威猛面貌及形象，《風俗通義》中云：「虎者、陽物，
百獸之長也，能執搏挫銳，噬食鬼魅。……，亦能辟惡，此其驗也。」〔註183〕，
亦即在端午節物上常製成虎形，正是因為虎為百獸之王，能吃鬼魅辟邪惡的
形象，作為厭勝節物最有效果。

高拱乾所記端午節物還有繫於兒童臂上的「五色長命縷」一物。在張麗
俊（1868～1941）〈端午〉詩中可見，其詩云：

> 槐綠榴紅五月時，家家艾葉插門楣。
>
> 古來佳節偏多事，又見人纏續命絲。 〔註184〕

張麗俊以「續命絲」稱之，「古來佳節偏多事」所指為端午為惡日，百毒易生，
故繫上「續命絲」以求平安。陳瑚（1875～1922）〈端午即事〉三首之一中有
「綵絲繫盡嬌兒女，果否人人壽百年」〔註185〕，也說出端午以「綵絲」求得
平安延壽之俗。松江的〈端午日懷古〉：「彩絲續命循遺例，蒲酒盈樽任獨傾。
楚水忠魂憑弔弔，端陽節序伴人迎。」〔註186〕，則說此俗是沿襲舊例，且端
午節令是為弔祭屈原而來。對「五色長命縷」的相信也在鄭家珍（1866～1928）

〔註180〕《詩報》1936 年 10 月 2 日，138 期，頁 4。
〔註181〕〔清〕高拱乾：《臺灣府志》《臺灣府志‧臺灣府賦役冊（合訂本）》，頁 191。
〔註182〕《全臺詩》第 22 冊，頁 418。
〔註183〕〔東漢〕應劭撰：《風俗通義》，《中國哲學書電子化計劃》，檢索日期：2016
　　　　年 11 月 6 日。
〔註184〕《全臺詩》第 18 冊，頁 315。
〔註185〕《全臺詩》第 26 冊，頁 406。
〔註186〕《台南新報》1925 年 6 月 27 日，第 8393 號，《台灣漢詩數位典藏資料庫》，
　　　　檢索日期：2016 年 11 月 6 日。

的詩作中可見，其〈長命縷〉詩云：

　　縷稱長命繫端陽，我亦隨人禱健康。

　　不繡平原繡彭祖，買絲多謝細君忙。〔註187〕

於詩中可見「長命縷」是依附端午習俗而有的，詩人隨俗以絲縷刺繡，還特地繡上代表長生的彭祖。再看江蘊玉的〈端陽十二詠・長命縷〉一詩，詩云：

　　縷名長命可延年，繫臂絲紋五綵連。

　　喚起秦皇與漢武，早依此術弗求仙。〔註188〕

除了書寫「長命縷」的延年意涵，也說出是繫在臂上的五色絲縷，還引秦始皇和漢武帝追求長生不老的傳說強調其可求得長命的效果。大抵而言，「五色長命縷」的節俗意涵是從驅疫辟邪延伸到延年益壽、求得長生不老，但還是有詩人對此俗存疑，如張銘鶴〈長命縷〉：

　　端陽楚俗事堪嗤，兒女家家絡臂奇。

　　從古老彭最高壽，何曾繫得一條絲。〔註189〕

詩人以歷史上最長壽的彭祖為例，以為彭祖也未跟隨端午繫「五色長命縷」之俗，但已得長壽，因此詩人才說「端陽楚俗事堪嗤」。陳元亨的〈生命線〉一詩也表達了對此俗的不認同，其詩云：

　　不是端陽繫臂絲，□非五色□花枝。

　　人生傀儡□相似，活動全憑一線持。〔註190〕

詩人以為臂上繫以俗謂可延年的「五色長命縷」，好似傀儡般被一條線所左右。太瘦〈長命縷〉一詩也有此嘆，其詩云：

　　端陽佳節買絲忙，狂說能添壽命長。

　　笑煞人間爭繫臂，何如針巧繡鴛鴦。〔註191〕

詩人對端午繫「五色長命縷」之俗不以為意，認為以絲縷求得長生還不如拿來繡鴛鴦的巧。

　　從以上端午節令詩中，可見「五色長命縷」由原來如《風俗通義校注》中所云：「五月五日，以五綵絲繫臂，名長命縷，一名續命縷，一名闢兵繪，

〔註187〕《全臺詩》第 16 冊，頁 400。

〔註188〕江蘊玉：〈端陽十二詠・長命縷〉，《台灣漢詩數位典藏資料庫》，檢索日期：2016 年 11 月 6 日。

〔註189〕《詩報》1932 年 1 月 1 日，27 期，頁 8。

〔註190〕《詩報》1934 年 11 月 15 日，93 期，頁 7。

〔註191〕《詩報》1931 年 9 月 15 日，20 期，頁 10。

一名五色縷,一名朱索,闢兵及鬼,命人不病溫。又日,亦因屈原。」〔註192〕,以可避兵災、驅病疫的厭勝物,延伸成人們心中可求得長生不老的節物。

(五)鯉幟

日治時期的端午節令受到日本文化的衝擊不像新年節令那麼大,在時序上仍依舊曆而過,節俗飲食、節令佩飾也多保有舊俗,節令活動雖因官方的介入形式上有了改變,但仍舊在節令時以傳統競渡活動進行,在節令擺飾上則見到日俗更為強勢的植入,如在端午節令詩中有許多以日式節物「鯉幟」為題的詩作,所謂「鯉幟」,就是鯉魚形狀的旗幟,為日本民俗性標誌,日人視其為男兒健壯、勇敢的象徵,在端午節時要在屋外豎起長竿,掛起一條條用布或紙作的鯉魚形狀的旗幟和風幡,稱為「鯉幟」,「鯉幟」本非傳統端午節俗中所有,為何日治時期的詩人要以此為詩題創作詩歌?張建芳於〈論中國端午節文化在日本的傳承與發展〉一文中說明日本端午節懸掛「鯉幟」的節俗意義如下:

> 鯉魚旗出自德川時代的市民町人階層並深受武士階級的歡迎,其寓意有三:其一是向社會宣示豎旗人家未來戰士的人數。其二與中國的傳說「鯉魚跳躍龍門」有關。……意味著追思祖先的武功,祈求神靈保佑男兒健康成長,成為像武士那樣勇猛善哉的英雄。鯉魚旗的第三個寓意是讚美勇敢無比、臨死不懼的人生態度。〔註193〕

歸納而言,豎鯉魚旗是一種武士精神的象徵,因此日人在統治地即使於端午節時讓臺人依舊俗過節,但仍要於市街上豎立「鯉幟」以宣揚尚武精神。臺灣詩人面對著陌生又強勢的節俗又是以何種心態面對,以下從端午節令詩中以「鯉幟」為題或以之入詩的詩作探析。

首先從林逢春(1868~1936)〈五月五日和臥蕉韻〉一詩來看,其詩云:

> 荊楚遺風晚近存,空傳競渡弔忠魂。
>
> 何如生子魚旛掛,神鯉他年躍禹門。〔註194〕

詩的首句說近世的端午節俗是依荊楚以來的遺風而行,並傳說著端午競渡是

〔註192〕 〔東漢〕應劭撰,王利器校注:《風俗通義校注》,《中國哲學書電子化計劃》,檢索日期:2016 年 11 月 6 日。

〔註193〕 張建芳:〈論中國端午節文化在日本的傳承與發展〉,《赤峰學院學報》(漢文哲學社會科學版)第 31 卷 7 期,2010 年 7 月,頁 55。

〔註194〕 《全臺詩》第 23 冊,頁 581。

爲弔祭屈原。第三句以「何如」一詞表示「不如」端午掛鯉魚旗，有「鯉魚躍龍門」的正面意義。林逢春看似不認同當時沿襲荊楚以來的端午節俗〔註195〕，此處是以爲端午競渡的意義不如懸掛鯉魚旗來的正面，但這是從中國古代傳說來解釋「鯉幟」的意義，並非日人的「鯉幟」尙武精神，林逢春對此日俗的接受似乎也是從漢人傳統思想來理解，這也是日治時期臺人面對統治者強勢的文化侵入時表面奉合的表現。再從有「抗日詩人、報界硬漢」之稱的楊宜綠（1877～1934）〔註196〕發表於1922年5月6日《臺南新報》的〈端午偶成〉一詩來看，其詩云：

> 高標鯉幟颺薰風，一例端陽事不同。
>
> 今自祝生非爲死，男兒畢竟勵貞忠。〔註197〕

大正四年（1915）楊宜綠赴日深造，之後返臺從事記者工作，於日或返臺後見到端午節懸掛「鯉幟」之景，發現臺日之俗的意涵並不相同，「今自祝生非爲死，男兒畢竟勵貞忠」，楊宜綠未如林逢春以漢傳統解釋日俗來接受「鯉幟」日俗，反而從「鯉幟」節俗所表現「祝生」意義與「男兒忠貞」精神來接受，這或許是表面奉合日俗，也可能是楊宜綠對改革變俗的期待〔註198〕。從其另一首也寫「鯉幟」的〈五月五日和臥蕉韻〉一詩來看，其詩云：

> 海疆不合楚風存，競渡何須弔屈原。
>
> 死節無關生自勵，高懸神鯉化龍旛。〔註199〕

和林逢春一樣，楊宜綠詩中「競渡何須弔屈原」一句道出對臺灣端午競渡是爲弔祭屈原的不認同，也表達對「鯉幟」帶有勵生正面意義的肯定，但又巧妙的以「化龍旛」帶入傳統漢文化中的龍圖騰。

新竹詩人葉際唐於1936年11月16日的《詩報》上發表了〈鯉幟〉五首：

〔註195〕 林逢春對沿襲荊楚以來的端午節俗不以爲然，還可從其〈臺灣節序故事雜詠端午之肉粽〉：「舟人繫粽擲江中，痛惜英魂弔屈忠。角黍即今翻肉黍，究將饕餮鮑私躬。」《全臺詩》第23冊，頁575。及〈蒲劍〉：「生來九節水中央，削作干將射斗光。合與艾旗門外舞，荊蠻遺俗至今長。」《全臺詩》第23冊，頁582。這兩首詩中得見，林逢春以爲角黍依舊俗是爲弔祭屈原，但今日其實是老饕口裡的美食罷了；而書寫「蒲劍」時還以「荊蠻遺俗」稱之，含有鄙俗口吻。

〔註196〕 楊宜綠生平事蹟，參看《全臺詩》第28冊，頁519。

〔註197〕 《全臺詩》第28冊，頁533。

〔註198〕 《全臺詩》在楊宜綠個人簡介中說：「其人骨鯁直爽，嫉惡如仇，所撰詩文多諷刺時政、反映社會問題。」參看《全臺詩》第28冊，頁519。

〔註199〕 《全臺詩》第28冊，頁560。

　　　賴鱗紅尾颺門前，龍化渾疑欲上天。

　　　似仿宣尼名子意，爲榮君賜當弧懸。

　　　薛鳳荀龍異昔賢，朱鱗影自舞庭前。

　　　拔從趙壁休輕擬，略似示廉羊續懸。

　　　鱗鬣飄搖舞半天，一男都有一竿懸。

　　　家家賦效潘炎赤，遍立渾疑漢二千。

　　　錦鱗端午舞翩翩，爲祝吾兒分外賢。

　　　他日禹門燒尾上，應如趙壁拔爭先。

　　　幾疑一釣六鰲連，重五家家似斾懸。

　　　料得此中無尺素，文壇何苦拔爭先。〔註200〕

此組詩的每一首都先描述「鯉幟」豎立於門前隨風飛揚的樣子，之後引用古籍中記載來祝賀生男子及勉勵男子要成爲如孔子般有學問、居官要如羊續般清廉、如趙壁般辦事果斷、執法如山，全組詩充滿對男兒寄與厚望的心情，表現了「鯉幟」所蘊含的保佑男兒健康成長，成爲勇猛英雄的意義，但詩句中也帶入漢文化中的龍鳳圖騰，於奉承官方的詩句中暗藏漢文化精神。

　　在《詩報》中見到好幾期刊出和「鯉幟」相關的詩作，或是詩社集會的擊鉢吟有和「鯉幟」相關的詩作，以下擇其中幾首來看。如刊於1934年6月15日《詩報》上，洪耕南〈鯉魚旗〉：

　　　黑眼金鱗竿尾浮，預期□國壯兒秋。

　　　長髮映日翩翩動，巨口吞風轉轉游。

　　　俯首似窺空世界，聳身好耀盡皇州。

　　　雄心未□端陽後，一躍龍門去不留。〔註201〕

此詩描寫鯉魚旗時特別聚焦在「黑眼金鱗」和其他詩人以鯉魚旗全貌描寫不同，對應到第五句「俯首似窺空世界」，把「鯉幟」以「鯉魚」來寫，「巨口吞風轉轉游」更寫出活靈活現的「鯉魚」，「聳身好耀盡皇州」這句才說出「鯉魚」真正的任務，詩句至此盡寫日本「鯉幟」蘊含的武士尚武精神，末兩句「雄心未□端陽後，一躍龍門去不留。」，以傳統「鯉躍龍門」來作結，這也是表面奉合，但其實內化傳統漢文化精神於詩中。

　　刊於1936年11月16日《詩報》上「讀我書社」純甫的〈鯉幟〉，詩云：

〔註200〕《全臺詩》第28冊，頁391。
〔註201〕《詩報》1934年6月15日，83期，頁5。

　　　佳節天中鯉幟懸，大和民俗久猶沿。

　　　艾旗也有循前例，不解龍門躍化先。〔註202〕

1936 年是皇民化運動開始的前一年，日人對臺的思想同化更爲積極，於是傳統端午節令看到日俗的「鯉幟」強勢的在街上飛揚，詩人無奈的以傳統「艾旗」對比，明明都是傳承自舊俗，不明白爲何如今卻說「鯉躍龍門」才是由來已久的端午習俗，表現對此新俗的不能接受。

　　　還有，刊於 1940 年 6 月 5 日《詩報》上，洪曉峰的〈鯉幟〉：

　　　照眼榴花綴滿枝，偏尨佳節屬男兒。

　　　布魚懸戶徵揚武，繭虎裝身納允釐。

　　　看到蘭湯漂玉體，燦來蒲酒泛金卮。

　　　他年國士龍門躍，絕似竿頭掉尾時。〔註203〕

此詩寫出面對舊俗新例交雜呈現的端午節慶詩心中的感嘆。另外還有，刊於1940 年 6 月 27 日《詩報》上，洪曉峰〈端午節偶感〉：

　　　天中節屆暖風輕，鯉幟高懸拂曉晴。

　　　華祝兒童身壯健，他年得志作干城。〔註204〕

及 1940 年 6 月 27 日《詩報》上，葉天鐸〈端午節偶感〉：

　　　佳節端陽古典存，高懸幟鯉慶家門。

　　　欲期男子文兼武，願作英雄答聖恩。〔註205〕

這兩首〈端午節偶感〉，雖題以「偶感」所寫卻是面臨傳統節俗的被迫更易，兩詩寫於日治後期，發表於報刊上，用字遣詞自然要再三斟酌，寫端午「鯉幟」高懸，權宜只說日俗中對兒童的祈福及對男子文武兼備的期許，淡化了此俗移植到臺灣所強調的向武精神。

　　　本節從和臺灣端午有關的節令詩中，以「龍舟競渡」、「端午飲食」及「端午節物」三方面分析其中的民俗呈現，日治時期特殊的政治環境及統治者運用操作風俗文化爲同化手段，端午節令雖未強制改行以新曆過節，而能繼續以傳統節俗過節，但仍有官方介入且改變了節令活動及強勢加入的懸掛「鯉幟」之俗，節令習俗中也多了與屈原故事的連結，都使臺灣在日治時期的端午民俗呈現及節令文化精神上有了不同於清領時期的變易。

〔註202〕《詩報》1936 年 11 月 16 日，141 期，頁 7。

〔註203〕《詩報》1940 年 6 月 5 日，225 期，頁 5。

〔註204〕《詩報》1940 年 6 月 27 日，226 期，頁 17。

〔註205〕《詩報》1940 年 6 月 27 日，226 期，頁 17。

第二節　端午節令詩的文化意義

　　上一節，筆者從和端午有關的節令詩中，以「龍舟競渡」、「端午飲食」
及「端午節物」三方面分析其中的民俗，得見臺灣端午節令保留大部分以驅
邪除疫爲節令的軸心，並融入在地物產及因應氣候節宜發展在地化的端午節
俗。端午與屈原故事的連結於清代的臺灣，只是端午傳說中的其一，但在日
治時期卻常和各種節令習俗連結形成臺灣端午意象，甚至爲達成文化統治的
目的，而將大和民族的尚武精神移植到臺灣端午的節令意涵之中。端午節俗
在日治時期面臨最大的衝擊是，統治者以現代化爲名，以其「官方壟斷風俗
的詮釋權」〔註206〕將多項端午節俗視爲「迷信」或「惡俗」，甚至加以禁止，
如「屏東佳冬鄉石戰」就因此而永遠消失〔註207〕，因而在表面上臺灣端午節
依舊俗而行，但在節令文化意涵上卻略有更易，以下從「深植民心的厭勝文
化特質」、「屈原端午意象的再現」及「日本尚武精神的植入」三個面向探析
日治時期新年節令詩的文化意義。

一、深植民心的厭勝文化特質

　　端午節令，從端午競渡活動到角黍、雄黃酒、延年縷、菖蒲、艾草等節
物，皆具有避邪禳災的作用與意義，而使端午節令呈現突出的「厭勝文化」
特質。張夢麟於《端午節的由來及其厭勝文化》一文中說：

　　　　厭勝文化簡單的說就是辟邪文化，而辟邪一詞，又常跟迷信畫上等
　　　　號；不過事實上並非如此。厭勝文化反映的是中華文化豐富的面向，

〔註206〕余美玲以爲日治時期對臺灣所進行的風土調查，其實是：「將臺灣原本文化脈
　　　　絡加以抹除，而套在這一分類框架下，讓被觀察的各種『風俗』變成是有『邊
　　　　界』的：即它是這樣而不是那樣，並進一步加以審度，判別良窳。其背後透
　　　　露出的是官方壟斷風俗的詮釋權，企圖建構一套『殖民知識』，爲殖民統治進
　　　　行移風易俗的準備。」余美玲：《臺灣古典詩選注・5・歲時與風土》，頁21。
〔註207〕「石戰」是以石頭互擲的遊戲，臺人以爲於端午這日打石戰可以一直平安到
　　　　明年的端午節，但在遊戲中常造成傷害，鈴木清一郎在記載此俗一開始就說：
　　　　「屏東縣佳冬鄉，自古流傳有一種奇風，就是在端午節這天打石戰。」還說
　　　　是一種「必須矯正的惡俗」，當時警察積極取締卻也無法完全改正，因是「幾
　　　　百年來的舊慣風俗」，於是執法者有了變通的方法，「一些熱心的警察人員，
　　　　就決定把這種石戰改良爲運動項目，讓他們在運動場上公開競賽。」，也使得
　　　　端午節石戰的習俗逐漸式微，至今未再見這項獨特的習俗。鈴木清一郎著，
　　　　馮作民譯：《增訂臺灣舊慣習俗信仰》，頁539～544。

是人文與自然的相互作用所產生的結果，反映了民間信仰的宇宙
觀、民情風俗、藝術特徵等等，這些都不是簡單一句「迷信」就可
以解釋的。即使到現在，某些厭勝的文化仍然存在，這表示即使到
所謂科學的社會，現代人還是有這樣的心理需求，因而其存在的原
因就顯得神秘且重要。〔註208〕

依張夢麟所說，在端午厭勝文化中同樣蘊含豐富的民族文化內涵，不論在競
渡活動或是飲食、節物方面都是在民族共同生活中積累出的生活文化思維，
這不是短時間而有的，是經過長遠歷史與社會發展中產生的民俗思維，因而
也帶著傳承性，也會依著居住地的變遷而改變成適時適地的節令文化，對人
民而言，其重要性在於精神上對傳統文化的信任，依循而過節是可以得到平
安與祝福。尤其臺灣地處亞熱帶，端午又是「陰陽爭、死生分」（《禮記‧月
令》）之際，害蟲瘴癘萌生之時，對可禳惡的厭勝文化依賴更巨，臺灣端午厭
勝特質因應在地氣候環境而更顯豐富，是更深植於民心的厭勝文化，以下從
日治端午節令詩中實際來探，臺灣端午節令深植民心的厭勝文化特質。

先從端午節令詩中的厭勝文化呈現來看，如林臥雲〈夏季羅山竹枝詞〉
六首之二，一詩云：

五日良辰一笑譁，羹鹹角黍饗家家。

門楣遍插菖蒲艾，酒灑雄黃為辟邪。〔註209〕

前兩句書寫端午節慶歡樂飲食的畫面，後兩句寫端午門上插菖蒲、艾草及屋
角牆壁灑雄黃酒是延續傳統而來，驅邪辟疫的厭勝之俗。陳肇興〈端午飲家
與三茂才舍中聞大軍登岸口占示喜〉一詩中則有「辟災無術只懸蒲」〔註210〕
的句子，直指驅避災異並無特殊的方法只要懸掛菖蒲即可，都是端午厭勝文
化的呈現。以及林維朝〈端午即事〉一詩：

令節數符地與天，沿家艾虎繫門前。

萋萋萱草舒眉綠，灼灼榴花照眼妍。

厭勝靈符釵競帶，延年綵縷臂齊纏。

蘭湯浴後斟蒲酒，穢惡消除意爽然。〔註111〕

〔註208〕 張夢麟：《端午節的由來及其厭勝文化》，頁73。

〔註209〕 《全臺詩》第32冊，頁271。

〔註210〕 《全臺詩》第9冊，頁273。

〔註111〕 《全臺詩》第23冊，頁427。

全詩都寫端午厭勝節俗，有桃符、「午時聯」這一類靈符、艾虎之類的辟邪擺飾、萱草及榴花等厭勝植物〔註212〕，佩帶「厭勝靈符」、繫延年縷及浴蘭湯等辟邪之俗，依俗而行才能「穢惡消除意爽然」，這也是端午厭勝文化的呈現。再看陳絢香的〈端午即事〉一詩云：「好值天中節，門懸彩艾高。絲堪將命續，符可辟邪逃。」〔註213〕；及洪子衡〈端午即事〉一詩云：「插艾瘟能避，懸蒲魅亦逃」〔註214〕，書寫端午節令中以各種厭勝節俗的呈現來表現端午厭勝文化。

在厭勝文化當中還有一項值得一提的，就是「鍾馗圖」，鍾馗圖原是唐宋以前歲末懸掛鍾馗圖以辟邪之習俗，《燕京歲時記》中記載：

> 每至端陽，市肆間用尺幅黃紙，蓋以朱印，或繪畫天師鍾馗之像，或繪畫五毒符咒之形，懸而售之。都人士爭相購買，粘之中門，以避祟惡。〔註215〕

至清代以後才成為端午的厭勝物，用以趨避鬼物邪魅〔註216〕。日治時期的端午節令詩歌中也見到和此俗相關的書寫，如趙鍾麒（1863～1936）〈閏端午題醉鍾馗圖〉，詩云：

〔註212〕張夢麟於《端午節的由來及其厭勝文化》中整理出的端午節厭勝植物中萱草也是其中一項，其云：「端午節厭勝植物的四個特色。第一，採用應時植物。如萱、蒜、石榴，皆為五月應時的節令植物，而成為端午的節物。第二，皆具療效。其療效多與主治瘧疾、霍亂、殺蟲、腹瀉有關，而這些疾病以夏季最為猖獗，故這些植物亦因應對治夏季疾病所需，而成為端午節物。第三，生殖、多子的象徵義涵。如萱、石榴、桃等植物，具有生男、多子、子孫繁茂的義涵，反映出除了厭勝的消極層面，亦寓有求吉的積極層面。第四，傳說與民間信仰賦予的厭勝意義。除了藥草本身的藥性，部分植物的厭勝意義來自於傳說或民間信仰的賦予。如棟葉傳說為蛟龍畏懼之物，桃與柳，民間則俗信驅鬼驅邪。故萱、葵、蒜、桃、桃梗、榴、棟葉、柳等成為端午節的厭勝植物並非偶然，而是由於上述的特點，而富有厭勝的義涵。但諸種植物，仍屬菖蒲、艾草最常被使用，因此菖蒲與艾草是端午節最具代表性的節用植物。」張夢麟：《端午節的由來及其厭勝文化》，頁182。
〔註213〕《台南新報》1934年6月26日，第11661號，《台灣漢詩數位典藏資料庫》，檢索日期：2016年11月8日。
〔註214〕《台南新報》1934年6月26日，好第11661號，《台灣漢詩數位典藏資料庫》，檢索日期：2016年11月8日。
〔註215〕〔清〕富察敦崇：《燕京歲時記》，《中國哲學書電子化計劃》，檢索日期：2016年11月8日。
〔註216〕關於鍾馗圖厭勝習俗的演變，參看張夢麟：《端午節的由來及其厭勝文化》，頁221～228。

> 披圖又值端陽節，舊日威儀已不堪。
>
> 莫怪人間橫百鬼，先生一醉太沉酣。〔註217〕

及江蘊玉〈端陽十二詠（掛神符）〉：

> 蒜拳艾髻塑天師，畫像懸門更有姿。
>
> 其奈世間多鬼怪，啖猶難盡是鍾馗。〔註218〕

再有如張玉書（1876～1939）的〈閨端午〉其三：

> 地臘良時玉粽香，重經躡柳事多忙。
>
> 有人更畫天師像，繫上蓬門辟五殃。〔註219〕

三首詩皆書寫以鍾馗圖或繪天師作爲辟邪驅疫之端午厭勝習俗，這亦是端午厭勝文化的呈現。

除從端午節物中看到端午厭勝文化之外，和端午相關神話傳說中也可看到厭勝意涵的由來，在端午節令詩中即有記載端午相關神話傳說的詩作，如謝汝銓（1871～1953）〈端午閨詞〉五首：

> 清晨禮佛瀹龍茶，庭畔銅瓶汲井華。
>
> 但願兒夫如鎮惡，破秦功就建侯家。
>
> 香珠成串手纖持，玉臂輕纏續命絲。
>
> 欲把檀郎心境照，浮江寶鏡啟盤螭。
>
> 赤靈符不著胸前，沸沸蘭湯翠釜煎。
>
> 尚憶兒時慈母教，辟邪珠字寫黃箋。
>
> 薄醉牙床午夢賒，香羅汗濕舊宮紗。
>
> 怕談稗史雷峰塔，誤飲雄黃化白蛇。
>
> 夕陽簫鼓鬥龍舟，閒捲珠簾看倚樓。
>
> 莫恨汨羅江上事，離騷一卷自千秋。〔註220〕

詩中提及的神話傳說有唐朝的揚子江中鑄鏡傳奇、《白蛇傳》中的雄黃酒讓白蛇現出眞身及爲了拯救屈原而有的龍舟競渡等神話傳說，與端午節厭勝文化結合，增添厭勝節俗驅疫辟邪的可信。

〔註217〕《全臺詩》第14冊，頁273。

〔註218〕江蘊玉：〈端陽十二詠（掛神符）〉，《台灣漢詩數位典藏資料庫》，檢索日期：2016年11月8日。

〔註219〕《全臺詩》第28冊，頁147。

〔註220〕《全臺詩》第25冊，頁256。

　　從以上端午節令詩歌中見到延續傳統而來的端午厭勝文化，這是詩人生在臺灣，感受臺灣在地氣候環境，並於節令節儀活動中所見的端午厭勝文化書寫出的詩作，其所體現的厭勝文化或多或少帶著迷信思維，但解讀其蘊含的節令文化，其實是顯現端午深植於民心以驅疫辟邪為祈求的厭勝節令文化。

二、端午屈原意象的再現

　　清代可見文獻資料中對端午節俗的紀錄多是如陳淑均《噶瑪蘭廳志・卷五（上）・風俗志・民風》所記：「端午日作角黍相遺送，各門楣懸艾插蒲，用雄黃酒，書午時對聯以辟邪。祀神以西瓜桃果之品。至午後焚稻稿一束，遍薰幃帳，棄諸道旁，名曰送蚊。沿溪上下以小駁船或漁舟，競鬥勝負。好事者用紅綾為標，插諸百步之外，令先奪者鳴鑼喝采。蓋龍舟錦標之遺意云。」〔註221〕，並無記載與屈原故事有所連結，但在日治時期由官方採集資料編寫而成的記載風俗的書籍中則記載「扒龍舟，也就是龍舟競賽。主要是為了紀念投汨羅江而自殺的屈原」〔註222〕，或「粽子的起源固然是為了弔祭屈原，可是這天也要用粽子祭拜神佛」〔註223〕，端午節令中最主要的活動和節俗都和屈原有了連結，其實端午節和歷史人物有所連結，並非只有屈原一人，趙函潔《臺灣端午節起源與節日習俗研究》一中就整理出還有句踐、曹娥、伍子胥、介之推等人，只是以紀念屈原的說法最廣為人知，趙函潔並歸納原因為：

> 可發現端午節起源於「紀念人物說」的說法，是後人附會的成分較大，以上民間所提及之紀念端午節的歷史人物，都是每個地區發揮其聯想力，為賦予端午節一合理化理由，而針對不同習俗所形成傳說、加以解釋，以使人民信服其與端午節之相關性。〔註224〕

依趙函潔所論，日治時期特別突出端午和屈原的關連是有其時代意義的，這是日人特意再次塑造的端午意象？還是如林美容所說：「是得之於台灣人的口述，而台灣人如此敘述的目的可能在於強調划龍舟與詩人屈原的關係，來平

〔註221〕〔清〕陳淑均：《噶瑪蘭廳志》，頁 192。
〔註222〕鈴木清一郎著，馮作民譯：《增訂臺灣舊慣習俗信仰》，頁 533。
〔註223〕鈴木清一郎著，馮作民譯：《增訂臺灣舊慣習俗信仰》，頁 535。
〔註224〕趙函潔：《臺灣端午節起源與節日習俗研究》，（嘉義：國立中正大學中文所碩士論文，2008 年 6 月），頁 16～21。

衡日益顯出陽剛之氣的傳統慣行」〔註225〕？臺灣端午的節令意涵從清代發展
到日治時期，因應當地氣候環境及人民生活習慣已然成爲以除疫驅瘟爲主，
在競渡活動中主要訴求爲祭水鬼以求平安，日人卻視此爲迷信，且日本端午
從傳承自中國到獨具日本特色的「端午の節句」，節令意涵已是以「尙武精神」
爲主軸，尤其在殖民地臺灣，日人常利用民俗來進行官方民族主義的宣揚活
動，「端午の節句」的「尙武精神」正符合殖民政府用來強化被殖民者對國家
認同的精神，如代表尙武精神的「鯉幟」開始於臺灣端午節飛揚，使端午節
呈現陽剛氣息，這對慣以祈求驅疫辟邪爲端午節令意涵的臺人造成衝擊，或
許就想藉傳統節令中原有的屈原故事來淡化陽剛味，也可由屈原的愛國形象
喚醒身處異族統治之下的民族精神。而對日人來說，屈原故事正可代替「祭
水鬼」的迷信之說，於是順水推舟的也以屈原故事爲端午之由來。以下從日
治端午節令詩中實際來探，臺灣端午節令於日治時期的屈原端午意象再現。

　　在吳德功〈端午即事〉一詩中即呈現端午以屈原爲節令主軸的描述，其
詩云：

> 美酒攜來數百壺，欣逢午節泛青蒲。
> 門懸虎艾家家共，江鬭龍舟處處俱。
> 滿徑烏衣揮摺扇，環村白板貼靈符。
> 至今角黍渾如舊，憑弔湘潭楚大夫。〔註226〕

最後一句「憑弔湘潭楚大夫」總括了前面所述的種種節俗都是爲弔祭屈原而
來。吳德功另一首〈端午弔屈原〉，其詩云：

> 端陽佳節鬧紛紛，角黍橫陳弔屈原。
> 察察宅躬終易染，嶢嶢處世本難存。
> 千秋問孰伸孤憤，九死伊誰雪巨冤。
> 數卷離騷深寄托，美人香草寫忠魂。〔註227〕

題目中就直指端午是爲弔祭屈原，詩中內容即寫端陽爲弔祭屈原而準備角黍
及於此節日心中的感慨，有藉古人抒今懷之意。

　　連橫（1878～1936）亦寫有〈端午弔屈平〉詩，詩云：

〔註225〕林美容：〈台灣龍舟競渡的民俗書寫－水上辟邪與陰陽〉，《臺灣民俗藝術彙刊》
　　　　 第2期，2011年，頁21～22。
〔註226〕《全臺詩》第10冊，頁416。
〔註227〕《全臺詩》第10冊，頁458。

秦人大笑楚人哭，懷王入關今未復。

楚人大笑秦人號，咸陽一炬豈能逃。

天下紛紛說秦楚，強者如狼弱如鼠。

問天呵壁彼何人，亡國之雠不共處。

年年五月江水寒，靈旗欲下雲容與。

楚雖三戶足亡秦，郢中且記南公語。〔註228〕

此詩同樣以「端午弔祭屈原」為詩題，並還原當年屈原為奸人所害的歷史，詩中其實充滿對「亡國之雠」的感歎。連橫還有〈五月五日〉詩，詩云：

千古傷心日，三閭絕命時。投江猶可弔，滅國有餘悲。

懷郢思山鬼，亡秦待俠兒。九歌初讀後，風雨下靈旗。〔註229〕

也是以端午節令為題、屈原故事為內容賦詩，藉詩、藉時、藉事抒發己懷，這是詩人在面對異族統治時對有類似遭遇的古人更有感同身受的慨嘆。林維朝的〈弔屈原〉二首，詩云：

方正不容道不行，憂時憂國恨難平。

離騷巨作傳孤憤，湘水無情了畢生。

潔志難堪流俗垢，幽魂常逐綠波清。

年年角黍投江上，憑弔斜陽淚欲傾。

天地生才亦忌才，高才屈子放江隈。

滿腔熱血灑何處，一卷騷經啟後來。

濁世讒言無限恨，美人芳草有餘哀。

龍舟簫鼓空憑弔，湘水滔滔去不回。〔註230〕

兩首都是書寫端午屈原故事，並藉詩抒發己懷。日治時期還有詩社以〈吊屈原〉為擊缽吟主題，如刊於1936年8月5日《詩報》上，寶桑吟社的余仕翰〈吊屈原〉：

哀吟報國賦騷章，雖死如生姓字香。

此日龍舟猶競渡，相傳角黍吊忠良。〔註231〕

〔註228〕《全臺詩》第30冊，頁191。

〔註229〕《全臺詩》第30冊，頁89。

〔註230〕《全臺詩》第23冊，頁400。

〔註231〕《詩報》1936年8月5日，135期，頁18。

及刊於 1940 年 7 月 15 日《詩報》上，寶桑吟社的洪特授〈汨羅月〉：

> 湘江皓魄耀星盤，吟到離騷句亦酸。
>
> 海□難尋屈原体，天高不□素娥鸞。
>
> 秦淮有恨詩人感，楚水無情玉鏡寒。
>
> 遺世英名千古在，龍舟競渡曲漫漫。〔註232〕

從這些詩作都見到詩人極力書寫屈原，詩中幾乎不見端午厭勝文化或其他節俗的呈現，全是以塑造端午節令屈原意象為主。另外還可從幾首面對節俗變易時詩人再引舊俗入詩的詩作來看，如高娗齊〈天中節日偶成〉：

> 舊俗仍留繫綵絲，菖蒲□插上門楣。
>
> 何堪角黍追當日，莫笑靈符貼午時。
>
> 屈子沈江悲有淚，曹娥入水痛無尸。
>
> 千秋忠孝名長在，猶認楚南東漢碑。〔註233〕

此詩可見詩人書寫舊俗依舊，但意義卻漸失的感歎，於是再引屈原和曹娥有關的端午傳說，提醒再現舊俗的意義。還有如賴紹堯（1871～1917）〈閏端午〉一詩，其詩云：

> 一弔湘纍已可傷，如何再厄到黃楊。
>
> 世人但賞年光美，我讀離騷慘國殤。
>
> 五色絲仍一樣長，家家節物異尋常。
>
> 人生壽命真堪續，莫笑今年兩度忙。〔註234〕

此詩書寫閏端午那年要過兩次端午，有些節物也有所不同，「我讀離騷慘國殤」，端午節思想起屈原，感受到現在的處境，在異族統治下過節的悲哀，詩人也是以屈原來連結端午，也是表達希望以傳統節俗過節的心情。

從以上端午節令詩歌中見到日治時期的屈原端午意象再現，臺灣端午節因日本以統治者「官方壟斷風俗的詮釋權」，而使臺灣端午節令呈現尚武陽剛氣息，這對慣以祈求驅疫辟邪為端午節令意涵的臺人造成衝擊，詩人欲藉屈原的故事再塑來喚回舊俗的端午意象，也藉由屈原的愛國形象表現身處異族統治之下的民族堅持。

〔註232〕《詩報》1940 年 7 月 15 日，228 期，頁 18。

〔註233〕《台南新報》1930 年 6 月 4 日，第 10190 號，《台灣漢詩數位典藏資料庫》，檢索日期：2016 年 11 月 9 日。

〔註234〕《全臺詩》第 20 冊，頁 50。

三、日本尚武精神的植入

張建芳於〈論中國端午節文化在日本的傳承與發展〉一文中分析端午節從中國傳到日本後的發展為：

> 我國南方的龍舟競渡，一直沒有出現在古代日本的端午活動中，直到德川時代競渡才開始出現在長崎等地區，屬於地方性節俗。據此可以推斷，傳入日本的端午習俗可能源自中國端午的北方系統，龍舟競渡自端午節俗中的脫落，意味著端午節的文化內涵中以屈原為對象的「追思先哲」意義在日本的消逝。然而其騎馬射箭、崇尚武力和掛鯉魚旗、祈求健康等含義則發展了出來。〔註235〕

依張建芳所言，日本的端午節令意義以「崇尚武力」和「祈求健康」為節令主軸，范麗娟於《中國傳來的日本年中節慶——以江戶時期五大節慶為中心》的論文中說明日本端午「節句の性質の變遷」時，也說原本日本端午是因惡月之說而發展出忌避蟲害的節令意涵及農業社會以祈求作物豐收為節令祈願，到江戶時代才發展成以尚武精神為主的節令意涵〔註236〕。總而言之，日本端午的節令意涵即為「尚武精神」，於殖民臺灣期間，積極同化臺灣人民為日本天皇的子民，以風俗為同化工具，於是將日本端午節令中的「尚武精神」移植到臺灣端午意涵當中，於節儀的表現，飛揚的「鯉幟」，改易了當時端午節的街景；於節令活動中消失的石戰以運動競賽的方式延續；連端午競渡也有更積極的求勝意識。在傳統漢詩端午書寫中也見到「尚武精神」，以下從日治端午節令詩中實際來探，臺灣端午節令中日本尚武精神的植入。

首先由黃贊鈞〈舊端午〉和〈新端午〉兩首詩呈現新舊端午的對比來看：

舊端午

因人溽暑逢佳節，濁酒衰齡懶入筵。

猶見艾蒲當戶插，不聞簫鼓鬥舟旋。

遺風閱世隨潮變，冗費因時著意捐。

角黍可餐原自足，敢將醉飽憶當年。〔註237〕

〔註235〕張建芳：〈論中國端午節文化在日本的傳承與發展〉，頁54。
〔註236〕范麗娟：《中國傳來的日本年中節慶——以江戶時期五大節慶為中心》，頁66
　　　～67。
〔註237〕《全臺詩》第26冊，頁365。

－157－

新端午

已聞改朔遍西東，佳節還看效古風。

室列人形誇尚武，庭懸鯉旆望騰空。

登盤角黍葉披綠，入座兒酖酒映紅。

何處可從遺俗考，漢唐而後軌文同。〔註238〕

〈舊端午〉一詩寫端午節的溽暑及仍有艾蒲插門戶之俗卻已無龍舟競渡的熱鬧，「遺風閱世隨潮變」，此句書寫舊俗因朝代改變而改變，龍舟競渡的捐棄是因當政者以為過度浪費；〈新端午〉一詩寫出日式端午節俗有「室列人形」及「庭懸鯉旆」都表現出「尚武精神」，但詩人又自解其實都是來自同源的「古俗」，這是日俗中的「五月人形」古俗是以菖蒲製成，和漢俗中以艾草製成人形相類似；而「庭懸鯉旆」是取鯉魚旗來自「鯉躍龍門」的寓意。

再看施梅樵的〈閏端午〉，詩云：

蒲劍重懸薜荔牆，奪標依舊整戎裝。

汨羅終是傷心地，何用招魂更泛航。〔註239〕

厭勝節物仍在，但原用以驅邪避疫或紀念屈原的端午競渡竟出現「整戎裝」帶有軍事意味之詞，詩中漸有尚武精神的展現。

日人移植入臺的端午節物中最能突出尚武精神的即是「鯉幟」，由詩人書寫端午詩作提及「鯉幟」時多少也透露了尚武精神，如黃守謙〈辛酉（1921）端午受餞於女校書感〉一詩，詩云：

飄空鯉幟勢悠揚，都為男兒召吉祥。

人冀高登予急退，離筵喜共醉蒲觴。〔註240〕

黃守謙寫「鯉幟」隨風飛揚是為「男兒召吉祥」，此處以男兒為節物祝禱的主體，日本端午原是男兒之節，節令意涵中以祈求男孩身體健康強壯為主，日人佐倉孫三在觀察臺灣端午之後指出臺日節俗意義之不同，其云：

我邦端午節，或作粽插菖蒲於屋上、或揭紙製鯉魚於竿上、或畫旗幟以英雄豪傑之像，以祈其兒之武運隆昌；與臺風稍異趣。唯輕舸競走之事，則亦尚武之一端矣。〔註241〕

指出日本端午與臺灣有如作粽、插菖蒲等相似的節儀，但其節令意涵是以「尚

〔註238〕《全臺詩》第26冊，頁365。

〔註239〕《全臺詩》第24冊，頁389。

〔註240〕《全臺詩》第20冊，頁290。

〔註241〕林美容編集，國立編譯館主編：《白話圖說臺風雜記：臺日風俗一百年》，（臺北：國立編譯館，2007年12月），頁94。

武精神」貫串，端午祝禱的對象是以男子為主。陳如璧發表於 1943 年 7 月 27 日《詩報》上的〈健兒〉一詩也書寫了日本端午的特色，其詩云：

> 男子精神鯉幟揚，棟樑人物出扶桑。
>
> 大和魂與櫻花魄，自古名傳桃太□（郎）〔註242〕。〔註243〕

詩中明說鯉幟的飛揚表現男子精神，「扶桑」為日本國古稱，「大和魂」、「櫻花魄」都是日本民族精神的表徵，全詩所寫皆是日本「尚武精神」的表現。

　　日治時期的端午節令因日人的植入而呈現「尚武精神」，還可從刊於 1940 年 6 月 27 日《詩報》上的幾首〈端午節偶感〉看出，如陳如璧〈端午節偶感〉：

> 尚武精神表日光，凌雲鯉幟自飄揚。
>
> 令辰慶祝佳兒健，期待安邦作棟樑。〔註244〕

及沈江楓〈端午節偶感〉：

> 懸弧令旦古遺風，孑孑干旌一例同。
>
> 尚武精神標鯉幟，祥徵麗旭耀東空。〔註245〕

以及王鏡塘〈端午節偶感〉：

> 幟鯉飄飄眼界新，家家艾酒祝芳辰。
>
> 亞東建設人材重，選援良兒獎勵頻。〔註246〕

還有駱泰沂〈端午節偶感〉：

> 端午芳辰喜氣隨，門前鯉幟逐風吹。
>
> 執弧我與寧馨祝，尚武精神此健兒。〔註247〕

這幾首以「端午節偶感」為題的詩作，內容類似都書寫鯉幟飛揚所展現的「尚武精神」及祈求男子身體健康強壯祈願，且詩中也點出這是來自日本的新節俗。

　　從陳如璧〈健兒〉到這幾首以「端午節偶感」為題的詩作，詩人所書寫的端午節所呈現的是日治時期的部份文化內涵，亦即日治時期的端午節令因日人所植入的新俗而使端午節令文化中呈現日本尚武精神。

〔註242〕　筆者按：此處依文義推測應是日人之代稱「桃太郎」，故加註之。
〔註243〕　《詩報》1943 年 7 月 27 日，300 期，頁 20。
〔註244〕　《詩報》1940 年 6 月 27 日，226 期，頁 17。
〔註245〕　《詩報》1940 年 6 月 27 日，226 期，頁 17。
〔註246〕　《詩報》1940 年 6 月 27 日，226 期，頁 17。
〔註247〕　《詩報》1940 年 6 月 27 日，226 期，頁 17。

小 結

本章從端午節令詩的民俗談起，整理了「龍舟競渡」、「端午飲食」及「端午節物」等三方面的端午民俗及當中的文化意義，在「龍舟競渡民俗呈現」一節中分別從「競渡活動」、「競渡船隻」及「競渡奪標」論述，從相關紀錄「競渡活動」的詩歌中得見端午競渡從清代發展到日治活動更顯熱鬧多彩並成為當時官方主導、全民熱衷參與的重要節慶活動，且和清代不同，日治時期的端午競渡又再現屈原故事的連結；從詩作中有描寫「競渡船隻」的部份整理，得見日治時期，臺灣端午競渡使用船隻日漸講究，且所用船隻以「龍」的形象呈現，既有傳說故事於其中，又有驅邪去惡的祭儀，還承載了庶民祈求豐收平安的祈願；在「競渡奪標」方面則得見奪標方式是由清代以錢或布為標，先奪標者為勝，發展到日治時期以速度取決勝負，勝者可得錦旗或金牌，且可見臺灣端午競渡原有祭祀、禳除的節令氛圍淡化，而成以競技性娛樂為主的節令活動。

在「端午飲食民俗」一節中分從「角黍」、「午時水」及「端午酒」等端午飲食所呈現的文化意涵論述。端午節令因時值酷暑，瘴癘並起而被視為惡月惡日，端午飲食符碼以避熱禳毒的意義為重，「角黍」、「午時水」及雄黃酒一類的「端午酒」，這幾種端午節令代表性的飲食多呈現出驅邪辟毒的厭勝特質，且日俗中端午節令亦有可代表節令意涵的食品，但處於日治時期的臺灣，一則因日人所過為新曆五月五日的「端午の節句」，再則柏餅或日式粽子等日式端午食品和臺灣的端午食品並不相同，因此臺人仍以角黍一類傳統食物為端午應節食品並未受到日俗的影響而有更易。

在「端午節物民俗」一節中從日治時期端午節令詩中所見的「貼桃符」、「蒲艾」、「浴蘭湯」、「香囊綵縷」、及「鯉幟」等端午節儀、佩飾，探究端午節物民俗及文化意義。日治時期的端午節物大致延續清代驅疫辟邪的厭勝節令文化而來，在「貼桃符」、以「蒲艾」、「香囊綵縷」製成佩飾、及「浴蘭湯」等節儀、祭儀及佩飾上都為配合端午節百毒興起，瘴病易生的惡月惡日而具有禳除邪魅、達到驅役辟邪的的厭勝文化特質。較特別的是帶有強烈民族意識的日式擺飾節儀——「鯉幟」的植入，豎鯉魚旗是一種武士精神的象徵，因此日人在統治地即使端午節時仍讓臺人依舊俗過節，但仍要於市街上豎立「鯉幟」以宣揚尚武精神。

　　本章第二節，整理出端午節令詩具有「深植民心的厭勝文化特質」、「端午屈原意象的再現」及「日本尚武精神的植入」三項文化意義。端午節令，從端午競渡活動到角黍、雄黃酒、延年縷、菖蒲、艾草等節物，皆具有避邪禳災的作用與意義，而使端午節令呈現突出的「厭勝文化」特質，詩人生在臺灣，感受臺灣在地氣候環境，並於節令節儀活動中所見的端午厭勝文化書寫出的詩作，其顯現端午深植於民心以驅疫辟邪為祈求的厭勝節令文化特質。此外從一些極力書寫屈原於端午節令詩中的詩作來看，臺灣端午節因日本以統治者「官方壟斷風俗的詮釋權」，而使臺灣端午節令呈現尚武陽剛氣息，這對慣以祈求驅疫辟邪為端午節令意涵的臺人造成衝擊，詩人欲藉屈原的故事再塑來喚回舊俗的端午意象，也藉由屈原的愛國形象表現身處異族統治之下的民族堅持。而因日人於統治臺灣期間積極同化臺灣人民為日本天皇的子民，以風俗為同化工具，於是將日本端午節令中的「尚武精神」移植到臺灣端午意涵當中，在傳統漢詩端午書寫中也見到「尚武精神」，如詩中描寫「鯉幟」飛揚於端午節的街景及闡述「鯉幟」所代表的對男兒身體健壯的祈願與崇武精神的展現，使日治時期的端午節令文化中呈現日本的尚武精神。

第五章　日治時期中秋節令詩的民俗及文化意義

　　中秋節慶的源由來自祭月、拜月的儀式，原是秋收之時對天地表達感謝，演化成人們欣賞美月的樂事，成為娛樂性質頗高的傳統節慶。歷來中秋節常與產生於民間關於月亮的傳說故事相融，嫦娥、吳剛、月兔、桂樹、賞月、月餅，漸與中秋節慶密不可分，完成今日特具神話氛圍的中秋意象。從記載臺灣歷史的清代地方志中查看比對，中秋節俗移植至臺灣因時地、風俗而產生變易，節慶活動以祈福與感恩為主軸，添入臺地盛行風俗如博弈於其中，與源起「拜月」的中秋節俗略有不同，甚至關於月亮的傳說故事於臺灣中秋意象中也淡薄了許多。日治時期中秋節令承接清代而來，進一步在活動、習俗與飲食中融入更多臺灣元素與風味，可說是三大節令中保留傳統文化與在地精神最完整的一個節慶。於節令詩歌之中，中秋書寫一直是騷人墨客的最愛，留下了為數可觀的中秋節令詩歌，臺灣古典詩歌中的中秋書寫也是一項創作豐富的主題，本文試從能涵蓋庶民生活層面，擴及整個歷史社會的變遷，並具有時代性及在地性意義的臺灣古典詩中的中秋節令詩，探討其中的民俗及文化意義。

第一節　中秋節令詩的民俗

　　不同於夏至節令端午，中秋節為二十四節氣中處於秋季中間的節氣，亦稱之「仲秋節」，且因節令日期為農曆八月十五日又有「八月半」、「八月節」

的說法，且因滿月爲其主要象徵並帶有團圓意象又有「月夕」、「月節」及「團圓節」之稱，諸多的名稱代表中秋節令豐富的民俗與意涵。清代中秋節俗以拜月爲主軸並有闔家團圓的節慶意涵，移植到臺灣，節令活動再添入「社戲」、博弈遊戲及「猜取詩謎」的活動。日治時期中秋節令意義又有更易，所拜的「月」是形象更爲具體的月娘神，即「太陰娘娘」，但此儀式在日本接收臺灣之後官方儀式就被廢止了，只是民間還繼續保有此俗，另外一項日治時期才形成的中秋節慶活動爲「詩會」，是因日人以漢詩作爲懷柔工具，連日本官員也積極參與古典詩的創作，以致當時詩社林立，而以中秋爲詩題自古文人皆愛，在日治時期也不例外，自然形成「詩會」這一項中秋節慶活動。在節令習俗方面，清代，傳統臺俗中秋本有祭神之俗，日治時期延續此富有祈福與感恩文化意涵的祭拜之儀，並以「當境土神」爲節令祭拜的神祇，表現感恩祈福的節令意涵。清代中秋偷瓜送子之俗於臺地則有未婚女子爲擇佳偶或未育婦女爲求子嗣而來的「聽香」之俗，和偷瓜送子之俗有異曲同工之妙，但於日治時期，有部份中秋節俗被日人視爲迷信，甚至以現代化等理由欲破除臺人之迷信，而使如「聽香」之俗因被日人視爲迷信而式微，但也如「送節敬」的中秋節俗因被日人視爲善良風俗而積極推行，造成日治時期的中秋節慶民俗和清代有所不同，以下將《全臺詩》及《臺灣漢詩數位典藏資料庫》中所收錄和臺灣中秋有關的節令詩，整理出「節慶活動」、「中秋飲食」及「中秋節令習俗」等三方面民俗，試從中窺探端倪：

一、節慶活動

清代方志記載中秋歲時活動，如劉良璧纂輯《重修福建臺灣府志・風俗志・歲時》中載：

> 八月十五日日中秋，祭當境土地，張燈演戲，與二月二日同；「春祈而秋報」也。是夜，士子遞爲讌飲賞月。製大月餅，名爲「中秋餅」，硃書「元」字，擲四紅奪之，取「秋闈奪元」之兆。山橋野店，歌吹相聞，謂之「社戲」。更有置筆墨、紙研、香囊、瓶袋諸物，羅列市廛，賭勝奪彩；負則償值。〔註1〕

〔註1〕 〔清〕劉良璧纂輯：《重修福建臺灣府志》《臺灣文獻史料叢刊・第二輯》第23 冊，（臺北：臺灣大通書局，1984 年），頁97。

此處所記中秋節慶活動有祭當境土地、賞月、博「中秋餅」、「社戲」及「賭勝奪彩」等，再看《安平縣雜記‧風俗附考》所記為：「八月十五日，『中秋節』。夜制中秋餅，硃書『元』字，擲四紅奪之；取秋闈奪元之兆。山橋野店，歌吹相聞，謂之『社戲』。」〔註 2〕，也說明了清代中秋節慶活動中有博餅及社戲。

日治時期所記載的中秋節慶活動，如片岡巖《臺灣風俗誌》中記：

> 中秋節，又稱太陰菩薩聖誕。各戶點燈結彩慶祝。這夜在月下設香案供鮮花，水果、月餅，燒金放炮敬拜月娘（月亮），拜畢一家團圓（主要是婦女）在月下斟酒、吃月餅歡渡佳節。讀書人在月光下相聚，吟詩唱歌，這稱「賞月之宴」。〔註3〕

從片岡巖《臺灣風俗誌》所記來看，日治時期的中秋節慶活動大致延續清代而來，但此時中秋祭拜以「拜月神」為主和清代的祭「當境土地」不同，且賞月活動更強調吟詩唱歌的部份，可見中秋節慶活動在日治時期已有更易，這是否也是殖民者的介入而產生？中秋節令意涵是否也因此而變，以下試從詩作內容和中秋節慶活動相關的中秋節令詩作探討。

（一）拜月與祭社神

清代記載臺灣風俗的地方志中對中秋祭拜的說明大都如周元文《重修福建臺灣府志‧風俗志‧歲時》所記：「中秋，祀當境土神。蓋古者祭祀之禮，與二月二日同；春祈而秋報也。」是祭拜土地神的祭拜之儀，且由古俗而來，楊玉君於〈中秋社祭與南臺灣的社樹信仰〉一文中視「中秋，祀當境土神」為「社祭」古俗，並說明其由來如下：

> 社祭是古時國家重要的祀典，《左傳》成公十三年謂「國之大事，惟祀與戎」，《禮記注疏》又云：「國中之神，莫貴於社」。社者，土地之祀也。代表土地的社及代表五穀出產的稷，在先秦文獻中往往與天地或宗廟等詞連用，乃至於作為國家的代名詞，其重要性可見一斑。然而究其根本，五穀仍自土地所出，所以稷的信仰內涵實應包含於社之中。所以鄉間可見之土地祠不知凡幾，但以五穀神為主祀

〔註 2〕　《安平縣雜記》，《臺灣文獻史料叢刊‧第二輯》第 35 冊，（臺北：臺灣大通書局，1984 年），頁 13。

〔註 3〕　片岡巖著，陳金田譯：《臺灣風俗誌》，（臺北：眾文圖書股份有限公司，1994年 5 月），頁 47。

的廟宇則寥寥可數。土地既出產、承載萬物,是維繫生命之根本,

所以很早就成爲古代文化中國家固定祭祀的對象。〔註4〕

從楊玉君的說明可知中秋的祭拜土地古爲國家祭儀,主要爲答謝土地生產穀物之恩,因而在秋收時期表達感謝,也就是所謂的「秋報」,二月二日的祭拜則是因正值春耕時間特別需要社神保庇豐收,這是所謂的「春祈」,「春祈秋報」,這是以農爲主的社會發展出的祭儀。

到了日治時期對中秋祭拜的說明又有不同,祭拜對象既有土地公又有「太陰娘娘」,如鈴木清一郎《增訂臺灣舊慣習俗信仰》於〈歲時與祭典〉一章中的「八月十五日」就記載了「福德正神誕辰祭典」及「中秋節與月餅」,其記載如下:

福德正神誕辰祭典

八月十五日多半爲福德正神(土地公)舉行例祭,本神的祭日恰如二月初二項〔註5〕所敘述的,商人是在每月初二和十六舉行誕辰祭典,而農家則是在初一和十五,兩者都要在廟前擺上豐盛的供品。〔註6〕

中秋節與月餅

八月十五是中秋節,也就是「太陰娘娘」月亮的聖誕日。家家戶戶都用月餅和菜粿祭月,並且上香燒金紙。很多人相信,身體病弱的小孩,如果在這天對月亮祈禱,會很靈驗。〔註7〕

由此記載可見日治時期的中秋節既有拜土地公又有拜月之儀,對臺人祀土地之俗鈴木清一郎於《增訂臺灣舊慣習俗信仰》一書中不只記載此俗,更詳細說明了此俗的因由,其云:

土地公就是社稷,社則祭祀五色之穀,也就是所謂后土之神。人是居住在土上,而且有五穀才能生活,這乃是基於自然的定律,爲了

〔註4〕 楊玉君:〈中秋社祭與南臺灣的社樹信仰〉,《民俗曲藝》169 期,2010 年 9 月 1 日,頁 1~44。

〔註5〕 「二月初二日」記:「二月二日,是福德正神(土地公)的祭日,凡是供奉有本神的各土地公廟,在這天都要張燈結綵,有時甚至還要演戲。至於一般信徒,也都要供牲禮、點香燭,舉行祭典膜拜。」鈴木清一郎著,馮作民譯:《增訂臺灣舊慣習俗信仰》,(臺北:眾文圖書股份有限公司,1994 年 5 月),頁 468。

〔註6〕 鈴木清一郎著,馮作民譯:《增訂臺灣舊慣習俗信仰》,頁 606。

〔註7〕 鈴木清一郎著,馮作民譯:《增訂臺灣舊慣習俗信仰》,頁 606。

感謝這種恩德，於是就把土地加以神格化，建廟崇拜香火不絕。〔註8〕
鈴木清一郎是從理解的角度來記述臺人祀土地公之俗，也是肯定以感謝爲出
發點的信仰，但對中秋祀「太陰娘娘」日人則視其爲「臺灣人對自然現象的
觀念及迷信」，片岡嚴於《臺灣風俗誌‧臺灣人對自然現象的觀念及迷信》中
即述：

> 月爲陰神，傳說：往昔有九個太陽。八個被雷神擊斃後生出月亮。
> 月亮替太陽照夜間。而讀書人卻以爲羿的妻子嫦娥服用長生不老靈
> 藥變成仙女。羿遂用強弩將九個太陽射落八個，嫦娥昇天後，變成
> 月亮來夜間。月亮叫做嫦娥就是這個緣故。〔註9〕

片岡嚴於此書中還記載了臺人對月亮上有老翁搗米、月中有玉兔搗藥等傳說
的相信，並說「月亮的生日是農曆八月十五日，所謂『中秋』就是祭拜月亮
的日子。」，片岡嚴以爲臺灣對月亮的觀念其實是源自中國宗教由宇宙崇拜進
化而來的，連日本的中秋也是淵源於中國〔註10〕。日本統治臺灣之初便以現
代化爲名，積極調查臺灣風俗時便指出欲「打破迷信與改善風俗」〔註11〕的
目的，對拜月充滿迷信之說的習俗自然不鼓勵，因而日人在記載拜月之俗時
除如片岡嚴直接將之歸於「迷信」之外，也將「拜月」轉而描述成以「賞月」
爲重的中秋節慶活動，由賦有文化信仰的「拜月」轉成娛樂性質的「賞月」，
試圖改造臺灣的中秋意象，鈴木清一郎在《增訂臺灣舊慣習俗信仰‧八月十
五日‧中秋賞月》中即云：

> 八月十五日入夜，家家戶戶都張燈結綵，皓月當空，良辰美景，在
> 戶外庭院設「香案」（祭祀時擺在門口的方形供桌），上面供有鮮花、
> 水果、月餅等，並且燒金紙鳴炮拜「月娘」，全家在團圓的氣氛中，
> 一邊吃月餅一邊賞月，這就叫做「拜月」。〔註12〕

將賞月活動與拜月儀式結合統以「拜月」稱之，這是日人對臺灣中秋節慶的
斧鑿，形塑以帶著日人觀點的中秋節慶，但於臺人尤其騷人墨客對傳統文化

〔註8〕　鈴木清一郎著，馮作民譯：《增訂臺灣舊慣習俗信仰》，頁468。
〔註9〕　片岡嚴著，陳金田譯：《臺灣風俗誌》，頁447。
〔註10〕片岡嚴著，陳金田譯：《臺灣風俗誌》，頁447～448。
〔註11〕鈴木清一郎於《增訂臺灣舊慣習俗信仰‧自序》云：「假如能由於本書的出版，
　　　　而對臺灣人民有正確的認識，對治理臺灣以及經營各種事業有所幫助，進而
　　　　實現『中日親善』及至打破迷信與改善風俗，那就是作者最大的欣慰與幸運。」
　　　　鈴木清一郎著，馮作民譯：《增訂臺灣舊慣習俗信仰》，頁（8）。
〔註12〕鈴木清一郎著，馮作民譯：《增訂臺灣舊慣習俗信仰》，頁607。

的保存之心仍在，因而於有清到日治的臺灣古典詩中仍可見到關於「拜月」的書寫，如清噶瑪蘭廳頭圍堡（今宜蘭頭城鎮）詩人李望洋（1829～1901）〈丁丑（1877）八月十五夜枹罕官廨拜月口占〉一詩，詩云：

> 拜月初更後，思家萬里餘。可憐天上鏡，空照雁來書。〔註13〕

丁丑（1877）正是李望洋宦遊中國西北的第六個年頭〔註14〕，詩題中的「枹罕官廨」應是當時辦公的房舍，離鄉在外，時逢中秋拜月，隨口吟來就是思鄉愁緒。李望洋另一首〈八月中秋夜拜月〉，詩云：

> 今年勝似去年秋，輪鏡初升屋角頭。
> 料想家人應下拜，滿懷離思到河州。〔註15〕

亦是以拜月書寫思鄉愁緒，於此二詩可見清代於甘肅亦有中秋拜月之俗。再如陳濬芝（1855～1901）〈拜月〉，詩云：

> 涼露無聲透桂梢，空階夜冷月痕交。
> 低頭我欲團圓祝，骨肉天涯未忍拋。〔註16〕

詩題為「拜月」詩文中流露中秋團圓氛圍引出的思念情懷，這幾首拜月詩都是以拜月習俗引發思鄉想家的愁緒為內容。拜月詩作中也有引嫦娥故事入詩的詩作，如陳錫如（1866～1928）發表於1927年的〈美人拜月〉：

> 悵觸衷懷事，當空月色明。輕移蓮步出，微仰玉容迎。
> 禮下深深揖，心求款款誠。不知作何語，未敢放嬌聲。
> 當空明月照，往往動閨情。皎潔簾中見，殷勤階下迎。
> 肅容深襝衽，頂禮盡虔誠。為祝衷腸事，含羞細語輕。
> 貌似嫦娥美，嫦娥應感情。況當光皎潔，正合拜虔誠。
> 祈禱雖從默，衷懷卻表明。朱唇微啟處，語細不聞聲。
> 拜月西廂下，豔妝媚態呈。釵光流掩映，鬢影照分明。
> 合掌表誠意，低頭訴隱情。姮娥應有感，玉汝事能成。〔註17〕

〔註13〕 施懿琳主編，全臺詩編輯小組編撰：《全臺詩》第9冊，（施懿琳主編，全臺詩編輯小組編撰：《全臺詩》第1～35冊，臺南：國家臺灣文學館，2004～2014。），頁134。本研究資料來源因有多處參考自《全臺詩》內容，為避免資料的贅述，爾後引用該書冊內容，皆於《全臺詩》後標注後標注冊數與頁數，不再羅列出版項目。

〔註14〕 李望洋生平事蹟，參看《全臺詩》第9冊，頁107。

〔註15〕 《全臺詩》第9冊，頁138。

〔註16〕 《全臺詩》第11冊，頁144。

〔註17〕 《全臺詩》第16冊，頁235。

詩題爲「美人拜月」，全詩仔細描寫美人於月圓之夜「禮下深深揖，心求款款誠。」，對月誠心祈求的各樣動作，連拜月時的表情面容都仔細描摹，雖未明指爲中秋夜但引嫦娥入詩，詩中主角與嫦娥形象相疊，以傳說故事塑造中秋節令氛圍，更把人們對拜月的相信具體而言之。亦有如林資銓（1877～1940）〈拜月詞〉五首：

> 階墀淨掃疊花茵，鞠跽雲天禮結璘。
> 未審登科新織記，姓名題遍幾多人。
>
> 耿耿金河月似銀，妝樓瓜果徹宵陳。
> 閨中少婦拈香拜，暗祝將雛誕玉麟。
>
> 低揖姮娥獨自知，背人細祝立多時。
> 願郎早向蟾宮去，丹桂高攀第一枝。
>
> 小姑未解別離愁，低向瑤階拜月鉤。
> 手挽侍兒私語道，眉纖今夜樣新偷。
>
> 回憶慈幃談笑初，中庭對月淚欷歔。
> 清宵忍向階前拜，月尚團圓我不如。〔註18〕

此組中秋詞所寫爲閨中少婦盼望外出求取功名的郎君早日高攀丹桂（求取功名）歸來，詩中「階墀淨掃疊花茵」、「妝樓瓜果徹宵陳」描寫婦人費心準備拜月一事，也寫「背人細祝立多時」、「清宵忍向階前拜」殷殷祈求的樣子，都爲表現女子對中秋拜月之俗的相信。林馨蘭（1870～1924）〈次毓臣詞兄中秋雅集即事韻〉一詩中也引嫦娥入詩以示現中秋拜月以祈求美滿姻緣爲願，詩云：

> 可堪心事缺中圓，瓜果羅陳拜月筵。
> 欲把深情花下訴，嫦娥有意肯垂憐。〔註19〕

詩中「妝樓瓜果徹宵陳」、「瓜果羅陳拜月筵」等詩句描述拜月時設香案呈瓜果的節儀，表現中秋拜月的習俗特徵，詩中並流露期盼圓滿的心情。

　　另於日治時期報刊《風月報》、《詩報》等，也見到以「拜月」爲題的詩作如簡伯卿的〈美人拜月〉也有「喃々默向嫦娥拜，願乞團圓一片心」〔註20〕，

〔註18〕　《全臺詩》第 29 冊，頁 197。
〔註19〕　《全臺詩》第 19 冊，頁 463。
〔註20〕　風月俱樂部、南方雜誌社編：《風月・風月報・南方・南方詩集》，（臺北：南天書局有限公司，2001 年 6 月），1938 年 5 月 1 日，63 期，頁 35。本研究詩

及張銘鶴的〈美人拜月〉詩中的「團圓今夜好，心事訴分明」﹝註21﹞，詩句
中不寫中秋拜月的細節，只以中秋節氣的描摹，搭配詩中人物動作流露意有
所求的意象，符合拜月的有所祈願。以上幾首拜月詩作表現共同的祈求都是
圓滿團聚，詩中所述拜月者多指名爲「美人」，突顯了月節的陰性特質，所拜
的是神祇爲太陰娘娘，爲女性神祇，更能傾聽女性聲音，因而拜月者以女性
爲主，也使此類拜月詩作呈現陰柔婉約的特色。

　　於日治時期報刊《詩報》中還見到猜測中秋拜月者的心理之相關文字及
詩作，如於89期中有遜卿〈□測拜月者之心理〉一文：

> 北京歲華記：「中秋夜人家各置月宮符岭，符上□如人立，陳瓜果於
> 庭，餅面繪月宮蟾□，男女燒香肅拜，旦而焚之。」可見拜月之風，
> 由來甚久。惟我南方中秋夕，炷香頂禮者，皆粉白黛綠輩，鬚眉男
> 子，罕與其事。每晚風初起，華月乍升，香閨中群雌粥粥，相率陳
> 花果，具香燭，對月膜拜，此時此際，想各有一片心事，默向嫦娥
> 細說，西廂記所謂胸間無限傷心事，盡在深深一拜中者，殆不謬也。
>
> 夜闌筆暇，□爲推測婦女輩拜月心理。分述如下。﹝註22﹞

文中指出南方的拜月和古俗不同，拜月者都爲閨中女子，正符合上述所舉和
拜月相關的詩作即使未以「美人拜月」爲題，詩中所寫拜月者多爲女子。除
以文記述之外，遜卿還寫了四首分述閨女、少婦、寡婦及老婦不同年齡身分
的女子拜月的心理，其詩如下：

> 〈□測拜月者之心理・閨女〉
>
> 春草初生，朝雲未嫁，具綠珠之懷抱。當碧玉之年華，憶白紵於樓頭。
> 魚思比目，聆紫簟於朱閣。燕願雙棲，想斂□稽首之際，無非崔鶯鶯
> 第三炷香心事。惜□鴨爐邊，無復有解事紅娘，代人說話耳。﹝註23﹞
>
> 〈□測拜月者之心理・少婦〉
>
> 碧梧鶯羽，春風白玉之□。綠沼蓮頭，夜月銷金之帳。連枝比樹，緣

作來源因有多處擷取自《風月報》內容，爲避免出版資料的贅述，爾後引用
該報內容，皆於《風月報》後標注年份與頁數，不再羅列出版項目。

﹝註21﹞ 龍文出版社編輯部：《詩報：日治時期台灣傳統文學大成1930～1944》，(臺北：
龍文出版社，2007年)，1932年8月15日，41期，頁4。本研究詩作來源因
有多處擷取自《詩報》內容，爲避免出版資料的贅述，爾後引用該報內容，
皆於《詩報》後標注年份與頁數，不再羅列出版項目。

﹝註22﹞ 《詩報》1934年9月15日，89期，頁8。

﹝註23﹞ 《詩報》1934年9月15日，89期，頁8。

締三生，並蒂花開，願垂百歲。檀芸一炷，殆欲月宮仙子，自葆其團
圓者以團圓我。使鬱金堂畔，花長好，月常圓，人永壽也。〔註24〕

〈□測拜月者之心理・寡婦〉

鏡鸞孤掩，釵鳳分飛，黃鵠歌成，祇抱未亡之痛。紅鴛閣冷，幾縈
欲斷之魂，對此萬里清光。當頭照我，看廣寒之寥落，驚素幙之虛
□。桂殿蟾宮，一樣孤寂，同病相憐之慨，有不期然而然者。□篆
□輕，紅豔裙綵，應是祝嫦娥爲天孫，約韋瞱之再世也。〔註25〕

〈□測拜月者之心理・老婦〉

□娥眉老，春鏡應埋，看白髮之盈□，待掩□娘之墓。悵紅顏於逝
水，徒羞嫫母之容，而乃桂府中人。歲歲年年，清光不老，人間天
上，不平等一至於斯。能勿令老懷□然，丁此秋色平分之際，正嫦
娥得意之時。一瓣心香，惟向后羿妻乞□餘靈藥，一試返老還童秘
法，使□皮鶴髮者，或可一變而爲霧□風鬟，荷嫣杏潤。〔註26〕

此四首寫閨女、少婦、寡婦及老婦不同年齡身分的女子拜月心理，「閨女」一
詩引紅娘故事，表現閨女拜月盼得好姻緣的心情；「少婦」詩中寫向「月宮仙
子（嫦娥）」求「緣締三生，並蒂花開」，祈願夫妻恩愛；「寡婦」一詩開頭連
用三則悲嘆夫妻分離的典故〔註27〕，述失偶之苦，和月中嫦娥「一樣孤寂，
同病相憐」；「老婦」一詩藉嫦娥吃了長生不老之藥的傳說故事，表達老婦拜
月欲祈長生不老、容顏永駐的心願。又見中秋拜月和嫦娥故事的連結，和「中
秋節，又稱太陰菩薩聖誕」（《臺灣風俗誌》，1994，頁47）賦有信仰意涵之說
相較，嫦娥故事的信仰意涵淡薄許多，正符合日本統治者欲破除臺人迷信的
作爲。

　　然而，整理有清到日治的中秋節令詩作之時，和「祀當境土神」相關的
詩作卻幾乎未見，清光緒辛卯（1891）秀才林知義〈中秋竹枝詞〉四首之一，

〔註24〕　《詩報》1934年9月15日，89期，頁8。
〔註25〕　《詩報》1934年9月15日，89期，頁8。
〔註26〕　《詩報》1934年9月15日，89期，頁8。
〔註27〕　「鏡鸞孤掩」之典出自南朝宋范泰〈鸞鳥〉詩，喻夫妻生死離別、孤獨悲哀。
　　　　　「釵鳳分飛」之典出自南宋陸游〈釵頭鳳〉一詩，此詩抒寫陸游對前妻唐氏
　　　　　的眷戀心情。「黃鵠歌成」之典出自先秦無名氏〈黃鵠歌〉一詩，詩中有「悲
　　　　　夫黃鵠之早寡兮」之句，都是悲嘆夫妻分離、思念對方的心情。

有「謂是太陰誕生日，一年盛典在中秋」〔註28〕之詩句，顯見於清代中秋的祭拜是以拜月爲主，至於「祀當境土神」之俗，蔡見先（1855～1911）〈苑裡年節竹枝詞〉十二首之三，則記「紛紛牲醴鬧頭牙〔註29〕，膜拜香燒福德爺。農祝豐年商利市，醉人扶過比鄰家。」詩後並註：「二月二。」〔註30〕，福德爺就是土地公，也就是當境土神，蔡見先的詩作點出「當境土神」的祭典主要還是以二月二日爲主要的祭日，中秋的盛典是以祭拜太陰爲主，因而詩人在書寫中秋祭拜活動時也多以拜月爲主題。

（二）賞月與觀月會

中秋節令詩作描寫中秋賞月的節俗活動並不足爲奇，賞月本是中秋節慶活動中的要項，李岩齡、韓廣澤合著的《中國古代詩歌與節日習俗》中即說，賞月風俗從漢代即已形成，唐代更因賞月之風大盛而使詩人們創作出許多的詠月詩作，甚至有唐玄宗夜遊月宮的傳說流傳〔註31〕。於清代，周元文：《重修臺灣府志》中所載爲：「是夜，士子遞爲燕飲賞月」〔註32〕，日治時期賞月風潮更盛，據潘廼禎〈士林歲時記〉所記：

> 八月十五中秋節
>
> 中秋賞月室內張燈結綵，並有花、水果、中秋月餅、餡餅（士林名產）等，全家團圓賞月，據說當日晚睡可保父母長命，爲孝順之行爲。讀書人則分別以吟詩、作詩、詩會、下棋、彈楊琴等來賞月度中秋。〔註33〕

賞月的活動不只宴飲、吟詠月景，還有詩會、下棋及彈楊琴等，活動更多元。

〔註28〕 陳香：《臺灣竹枝詞選集》，（臺北：臺灣商務印書館發行，1983 年 4 月），頁262。

〔註29〕 「頭牙」，片岡巖《臺灣風俗誌》中說明爲：「二月初二，福德正神誕辰，俗稱『土地公生』。這日土地公廟結彩、懸燈演戲，各戶備牲禮、香燭、爆竹等到廟祭拜。商家在傍晚設宴慰勞員工，稱『牙祭』，十六日的『做牙』也是同樣，以後每月初二、十六都做牙，這天爲今年的頭一次，所以稱『頭牙』。」片岡巖著，陳金田譯：《臺灣風俗誌》，頁 41。

〔註30〕 《全臺詩》第 13 冊，頁 148。

〔註31〕 李岩齡、韓廣澤合著：《中國古代詩歌與節日習俗》，（臺北：百觀出版社，1995 年 7 月），頁 233～235。

〔註32〕 〔清〕周元文：《重修臺灣府志》，《臺灣文獻史料叢刊・第一輯》第 3 冊，（臺北：臺灣大通書局，1984 年），頁 243。

〔註33〕 林川夫主編：《民俗臺灣》第一輯，（臺北：武陵出版有限公司，1995 年 11 月），頁 230～231。

　　清代詩人以賞月為題書寫中秋賞月逸事，如吳德功（1850～1924）〈中秋賞月〉一詩：

> 新涼佳節暑初收，皓魄當空映畫樓。
>
> 四望無垠通萬里，頻年皎潔是三秋。
>
> 同來李白欣邀賞，乘興庾公喜共遊。
>
> 兩鬢鬖鬖相照耀，光陰荏苒感蜉蝣。〔註34〕

以傳統古典詩作手法，先描摹中秋夜景，再引李白〈月下獨酌〉詩歌意境入詩，「舉杯邀明月，對影成三人」，及「庾亮登樓」賞月〔註35〕塑造愉悅情景，末兩句再抒發感受。而日治時期的中秋節令詩雖仍可見以賞月為題的詩作，但所見大多是以「觀月」為題的詩作，甚至有直接以「觀月會」為題，如陳洛（1863～1911），發表於1896年9月27日《臺灣新報》的〈龍山寺中秋觀月會〉，詩云：

> 筵開詩會聚禪門，略分言情笑語溫。
>
> 東國初來吟赤寫，南樓乘興醉青樽。
>
> 文人冰鑑前身現，坐客霓裳新調翻。
>
> 惟祝君侯如此月，功成圓滿耀臺垣。〔註36〕

詩寫中秋於龍山寺舉行詩會的情形，詩中的「東國」指的是日本，透露詩會的舉行和日人有關，之後引用中秋賞月典故「庾亮登南樓」和唐玄宗遊月宮而譜的「霓裳曲」傳說故事，帶入中秋意象，末兩句再以祝福語作結符合中秋圓滿佳節意境。還有黃茂清（1868～1907）也有一首發表於1896年的〈龍山寺中秋觀月會〉之作：

> 觀月今宵雅會宜，龍山寺內酒和詩。
>
> 一輪明向空中滿，認是嫦娥照鏡時。
>
> 碧天萬里淨玻璃，分外光明一鑑垂。
>
> 贏得官紳同宴樂，霓裳曲詠太平時。〔註37〕

和陳洛之作一樣都發表於1896年，描摹之景也相類似，兩首詩作都在描述文

〔註34〕　《全臺詩》第10冊，頁428。

〔註35〕　「庾亮登樓賞月」典故出自《晉書·卷七十三·庾亮傳》，記述庾亮於秋天的夜晚和友人登南樓，看見月亮高掛的美景心情愉悅，和友人暢談整夜，因而使「庾亮登樓」成了在秋夜賞月愉悅情境的借代。

〔註36〕　《全臺詩》第14冊，頁136。

〔註37〕　《全臺詩》第18冊，頁97。

人們於中秋夜聚於龍山寺吟詩歡聚之景，且兩詩皆引唐玄宗的「霓裳曲」入詩，呈現歌舞昇平的意象，黃茂清的〈龍山寺中秋觀月會〉還提到「官紳同宴樂」，詩會的舉辦可能是由官方主導。

特地標示觀月地點的詩作還有如吳德功（1850～1924）〈戊午（1858）八月十七夜公園觀月會〉二首之一：

> 年年秋中月玲瓏，萬里無垠連長空。
>
> 庾亮此夕宴南樓，主賓酬唱樂和雍。
>
> 今隔中秋纔二日，官民會集公園中。
>
> 弄獅演劇肆華筵，舉杯共賞興蓬蓬。
>
> 姮娥掩鏡弗見面，黑白浮雲罩溟濛。
>
> 未幾冰輪忽吐出，長歌短歌曲未終。〔註38〕

此組詩的詩題便寫此為八月十七夜於公園的觀月會，詩中「今隔中秋纔二日，官民會集公園中。」點出其時的觀月會還有官員一起參與，「弄獅演劇肆華筵」則寫觀月會的盛大與熱鬧。除標示觀月地點也點出觀月為官民同樂活動的還有林耀亭（1868～1936）〈乙丑（1925）中秋夜官民會集公園湧泉閣〉一詩：

> 秋色平分秋水清，湧泉閣下酒杯傾。
>
> 一輪圓滿溶溶月，天上人間共此情。〔註39〕

詩題中即說明中秋夜官民會集於公園湧泉閣，詩中並描寫官民飲酒同樂的歡樂情景。

此外，在觀月賞月的詩作中還見到臺人和日人往來酬酢之跡，如黃茂清〈中秋觀月會送香國先生東歸〉一詩：

> 玉山吟社久知交，詩酒盟同漆與膠。
>
> 秋月多情惟皎潔，陽關有曲費推敲。
>
> 郵亭驛路添行色，豪竹哀絲作解嘲。
>
> 今夜嫦娥還惜別，一輪香滿上花梢。〔註40〕

詩題中的香國先生就是土居通豫，香國為其號，詩中所說的「玉山吟社」即是日治時期最早出現的詩社，為香國先生和幾位日籍漢文作家於1896年所創

〔註38〕 《全臺詩》第10冊，頁517。

〔註39〕 《全臺詩》第18冊，頁238。

〔註40〕 《全臺詩》第18冊，頁107。

辦〔註41〕，由詩中離情依依的文辭可感受到黃茂清和土居香國的好交情。陳洛也書有〈中秋觀月會送香國先生東歸〉〔註42〕一詩表達期待和土居香國再相見的心情，除和土居香國交情好之外，陳洛的詩作中還見到〈贈別加藤庶務課長東歸〉〔註43〕、〈吟贈土居香國詞宗上京並乞鈞誨〉〔註44〕、〈集民政局官邸送天籟山田君之澎湖〉〔註45〕及〈送加藤雪窗先生出宰桃園〉〔註46〕等書寫和日人交遊往來的詩作，顯現和日人來往密切。吳德功所寫〈寄贈淺野哲夫〉二首之一：「中秋月色夜沉沉，數首新詩仔細吟。蘊藉風流眞雅致，焚香浣手讀唐音。」〔註47〕，中秋夜讀詩後有感而發的心情想寄予日人淺野哲夫分享，可見兩人是詩文共賞的好友。這幾首中秋詩作中都見到臺人和日人往來酬酢及交情匪淺。

　　從這些觀月詩作除可見日治時期中秋觀月活動的熱鬧情景、官民同樂的特殊場景，也見到臺灣詩人和日籍文人的往來密切，對此特殊的中秋節慶活動呈現，許俊雅認爲這是殖民者「借臺灣民間既有之習俗予以偷天換日，轉換爲殖民者想要的國民改造」〔註48〕，許俊雅舉出由當時許多報導觀月會的雜文可看出，其云：

　　　　如果回溯日本統治者及漢文人對節慶的參與認知，則其提倡似乎有借臺灣民間既有的中秋觀月舊俗，以現代化爲幌子，用茶話會、觀月會、電影會等活動取代之意味。在明治期間時見推廣觀月會，視爲德育的一部份，……觀月會不限於中秋佳節，日人對此相當重視，亦以之作爲籠絡同化之思，並得以把握民心。因此在領臺初期，1896年9月13日《臺灣新報》既有「官紳同宴」的消息，民政廳長水野遵與土居香國、陳洛、……黃茂清等人夜宴歡飲，其樂融融。接著9月22日水野遵又與官紳多人共開觀月之宴於艋舺街龍山寺，是日

〔註41〕香國先生（土居通豫）相關資料參看顧敏耀、薛建蓉、許惠玟合著：《一線斯文——台灣日治時期古典文學》，（臺南：臺灣文學館，2012年11月），頁183～184。

〔註42〕《全臺詩》第14冊，頁139。

〔註43〕《全臺詩》第14冊，頁137。

〔註44〕《全臺詩》第14冊，頁137。

〔註45〕《全臺詩》第14冊，頁138。

〔註46〕《全臺詩》第14冊，頁138。

〔註47〕《全臺詩》第10冊，頁480。

〔註48〕許俊雅：《低眉集：臺灣文學／翻譯、遊記與書評》，（臺北：秀威資訊科技股份有限公司，2011年12月），頁276。

「置酒高歌，探籌清唱，興正酣而月漸明，到夜半而散，真是個清世之雅會也。」〔註49〕

將此段敘述和黃茂清及陳洛的〈龍山寺中秋觀月會〉比對，時間、場景和人物幾乎吻合，都是 1896 年的中秋、都是在龍山寺，黃茂清及陳洛都參與了盛會，且黃陳二人與日人的關係友好，於此也得證黃茂清、陳洛的〈龍山寺中秋觀月會〉及〈中秋觀月會送香國先生東歸分韻〉皆為同一時間的詩作。而由許俊雅此段敘述正可解釋為何日治時期的古典漢詩所呈現的中秋賞月多以觀月會為主要描寫場景，並有官民同樂，而非傳統家人團聚之景，且詩作氛圍多為昇平和樂之象，正是殖民者刻意斧鑿的中秋景象，從林獻章 1922 年發表於《台南新報》的〈中秋觀月會〉二首的內容可再次證明：

日臺意志貴疏通，藉此良宵觀月同。

宴會應酬親且切，一團和氣樂融融。

群賢咸集定軍山，月值秋中色倍妍。

賞玩同來人盡樂，嬉遊盛世太平年。〔註50〕

林獻章的觀月會對所觀之月的描述只有「色倍妍」，其餘皆為「日臺意志貴疏通」而寫，正如許俊雅所言「借臺灣民間既有之習俗予以偷天換日，轉換為殖民者想要的國民改造」，日治時期的中秋賞月活動充滿政治氛圍，活動的進行帶著殖民者形塑新國民生活的意圖。王志宇〈中秋烤肉——論戰後中秋節俗活動的變遷〉一文中也指出此點，其云：

在賞月活動中，報紙所刊登的種種賞月訊息，相當特別的是賞月活動與日人在台的新建設結合，如有關在公園賞月或利用鐵道、汽輪等賞月。結合日人新建設所呈現的賞月活動，似乎是種新模式，《漢文台灣日日新報》在這方面有許多刊載，不無宣揚日人殖民統治成就的意圖。〔註51〕

日治時期的中秋賞月已大不同於傳統的中秋節慶活動，賞月觀月的地點改變

〔註49〕 許俊雅：《低眉集：臺灣文學／翻譯、遊記與書評》，頁 275。

〔註50〕 《台南新報》1922 年 10 月 18 日，第 7410 號，《台灣漢詩數位典藏資料庫》，網址：〈http://lgaap.yuntech.edu.tw/literaturetaiwan/poetry/04/04_02_01.htm〉，檢索日期：2016 年 11 月 20 日。本研究資料來源因有多處參考自《台灣漢詩數位典藏資料庫》內容，為避免資料的贅述，爾後引用該網站內容，皆於《台灣漢詩數位典藏資料庫》後標注檢索日期，不再羅列網址。

〔註51〕 王志宇：〈中秋烤肉——論戰後中秋節俗活動的變遷〉，（臺中：《興大人文學報》52 期，2014 年 3 月），頁 98。

成公園、河上，月景中出現現代化的景物，無怪乎趙鍾麒（1863～1936）發出「誰將萬里同情夜，風景無端抹殺休。畢竟文明今世界，榮光不待月中秋。」（〈中秋無月〉）〔註52〕的感歎。

（三）詩會與燈猜

鈴木清一郎於《增訂臺灣舊慣習俗信仰》一書中記載中秋節慶活動除中秋賞月之外，還有「詩會與燈猜」的活動，其中記述如下：

> 八月十五的月亮特別皎潔，因此讀書人——特別是各詩社的詩人，都將在這天夜晚聚集一起，一邊在月下吟詩，一邊開設賞月之宴，所作的詩還要品評等級，傑出的作品可獲得獎賞。還有在同好者之中，提供筆墨紙硯等作為獎品；至於掛一盞燈籠在大門口，舉行「燈猜」（猜燈謎）的晚會，凡是猜中的都可獲得獎品。〔註53〕

日治時期詩社林立，當時臺日文人於各地積極成立詩社，提供臺日文人於文學上交流的機會，尤其中秋佳節自古本是文人藉詠月以暢書詩詞的好時機，對日治時期的詩社而言更是集會吟詠的好日子，再加上中秋觀月會為當時殖民者與被殖民者同時可運用為遂己所需的集會時間〔註54〕，因而「詩會與燈猜」成為日治時期的中秋節慶活動之一。

日治時期詩會吟詠後的作品常會發表於當時的報紙刊物如《詩報》、《臺南新報》之類，如《詩報》140 期所刊「將軍吟社」的〈中秋夜將軍溪橋賞月〉聯吟共十首，舉其中二首全無缺字的詩作來看：

> 松茂
> 將軍橋畔晚風柔，秋色平分桂影浮。
> 把盞何愁少吟侶，成三恰喜月當頭。
>
> 松茂
> 荻蘆溪畔水悠悠，秋正平分月色幽。
> 此夕人生知有幾，不妨泥醉伍沙鷗。〔註55〕

〔註52〕《全臺詩》第 14 冊，頁 149。

〔註53〕鈴木清一郎著，馮作民譯：《增訂臺灣舊慣習俗信仰》，頁 607～608。

〔註54〕許俊雅分析日治時期觀月會蓬勃發展的原因，其一為：「一個活動的推廣，在殖民者與、殖民者不同的立場、視角，可能各取所需，揚奉陰違。當時臺灣新知識分子即曾以之巧妙成立讀書會，互通信息。」許俊雅：《低眉集：臺灣文學／翻譯、遊記與書評》，頁 275～276。

〔註55〕《詩報》1936 年 11 月 2 日，140 期，頁 3。

詩作寫作內容相近，都以寫景開頭、抒懷做結。據《全臺詩》所整理的資料，「將軍吟社」創辦於昭和十年（1935），創辦地點為今臺南市將軍區，歷任社長只有吳丙丁一人，有紀錄的詩社活動即為昭和十一年（1936）中秋夜，開聯吟會，命題「中秋夜溪橋賞月」，由詞宗王炳南、王大俊、吳萱草三人合點〔註56〕。這十首聯吟詩即是此次聯吟會所作，內容皆為吟詠中秋夜於將軍溪橋賞月及心情。

在《台南新報》8494 期也刊出「鷗社」的〈中秋月〉聯吟共十五首，舉其中三首全無缺字的詩作來看：：

春林

玉盤轉出倩誰扶，恰似先天太極圖。

影借瓊樓秋色半，光欺銀漢暮雲無。

入來牛渚空懷謝，桂代蟾宮合姓吳。

別欲對伊誇美滿，姮娥快婿是金烏。

蔡燕庭

中秋佳節絕塵迂，桂魄當空映九衢。

十二朱樓簾盡捲，三千世界雪同鋪。

吹笙妓合懷龍女，撤燭人休笑老夫。

此夜姮娥無負約，舉杯快盡一宵娛。

溫弼周

團圓那怕冷風粗，收盡浮雲徹九衢。

幾點疏星全不見，一輪明月正清腴。

如霜皎潔呈滄海，似雪嬋娟比玉壺。

好是廣寒宮未閉，西樓有客聳吟軀。〔註57〕

此組聯吟詩作多在描摹月夜美景時引和中秋傳說相關典故入詩，且多以摹景為作，並未有抒懷之句。據《全臺詩》所整理的資料，「鷗社」於大正十年（1921）十月，由蔡忠文等十六人設立，創辦地點在嘉義縣布袋嘴（今嘉義縣布袋鎮），歷任社長則有黃森峰、蔡笑峰，詩社於「設立之初，每月擊缽吟課題一次、

〔註56〕 參看《智慧型全臺詩知識庫》網頁，網址：〈http://xdcm.nmtl.gov.tw/twp/c/c02.htm〉，檢索日期 2016 年 11 月 20 日。

〔註57〕 《台南新報》1925 年 10 月 7 日，第 8495 號，《台灣漢詩數位典藏資料庫》，檢索日期：2016 年 11 月 20 日。

易地輪開小集、推選閱卷。春、秋二次大會，招請鄰近社友參加。大正十五年（1926）增募社員至二十三名。大正十六年（1927）設置讀書會，於會址購備各種詩集，以供吟友切磋。」〔註58〕。這十五首聯吟詩作應是秋季大會時所作故以「中秋月」爲主題，詩作除描寫中秋所見月色美景，也引用如嫦娥、唐玄宗等和中秋相關典故傳說入詩，是以古典漢詩用典、描摹手法呈現中秋節時月夜風貌的聯吟詩作。

中秋節慶活動除詩會外，鈴木清一郎於《增訂臺灣舊慣習俗信仰》所記載的還有「燈猜」（猜燈謎）活動，於中秋節令詩中也見到相關描寫，如楊爾材（1882～1953）〈打貓竹枝詞〉十四首之十一：

> 中秋節近懸燈謎，背手人人費苦心。
>
> 猜得中時聞點鼓，此君學問幾分深。〔註59〕

「打貓」爲今嘉義民雄的舊稱，楊爾材以竹枝詞記錄打貓地區的風土民情，此詩爲第十一首寫中秋節猜燈謎的節慶活動，詩中的「懸燈謎」說的是猜燈謎活動的方式，鈴木清一郎於《增訂臺灣舊慣習俗信仰》說明「燈猜」爲：

> 在正月十五日的夜晚，和八月十五日的夜晚，都有「燈猜」（猜謎語）
> 的風俗。這種風俗，在臺灣自古就被視爲一種高尚娛樂，在讀書人
> 之間極爲盛行，直到今天仍然如此。所謂「燈猜」，就是猜出燈籠上
> 所寫的謎題，這也叫作「燈虎」。凡是想要玩燈猜謎語遊戲的人。鐸
> 要在自宅前點上提燈（燈籠），把謎題寫在燈籠上，給來往參觀的眾
> 人猜，凡是猜中的人，就贈送筆墨硯臺等文具爲獎品。〔註60〕

從鈴木清一郎的說明可知「燈猜」是元宵和中秋都有的活動，進行的方式是在燈籠上寫上謎題，再懸掛於家門前以供人猜答，鹿港詩人陳懷澄（1877～1940）的〈臺南紀遊〉八首其七也書寫了臺南地區中秋夜的燈猜情形，其詩云：

> 中秋良夜肯虛過，赤崁文人樂事多。
>
> 月下相邀看燈謎，三官堂外幾肩摩。〔註61〕

臺南市古稱赤崁，三官堂爲開基三官廟的別稱，是位於臺南市中西區的三官

〔註58〕 參看《智慧型全臺詩知識庫》網頁，網址：〈http://xdcm.nmtl.gov.tw/twp/c/c02.htm〉，檢索日期 2016 年 11 月 20 日。

〔註59〕 《全臺詩》第 34 冊，頁 406。

〔註60〕 鈴木清一郎著，馮作民譯：《增訂臺灣舊慣習俗信仰》，頁 454～455。

〔註61〕 《全臺詩》第 29 冊，頁 49。

大帝廟，可見此詩確是臺南中秋夜的街景描寫。中秋節令詩中書寫燈猜活動
的還有陳槐澤〈月下〉一詩，其詩云：

> 中秋幾地□燈猜，依例家常餅宴開。
>
> 合是時艱機欲轉，風清雲破月華采。〔註62〕

此詩中有燈猜及和家人享用月餅、歡樂宴飲的描寫，都是中秋節慶的景物。
張篁川的〈中秋夜偕錫卿兄夫婦及其二女公子暨鳳治女史等玩月於上海新公
園是夜無詩因不得已於懷越月方補成之〉一詩也寫中秋燈猜活動，但詩題中
說是「玩月於上海新公園」，由此而知，燈猜的節慶活動並非臺灣獨有的節慶
活動，其詩云：

> 時過□看境亦遷，一宵裙屐記翩翩。
>
> 不堪海上團圓月，來照江南缺憾天。
>
> 餅試紅綾欣有分，燈猜白社嘆無緣。
>
> 詩成恐被嫦娥笑，夢得才華異昔年。〔註63〕

詩寫和友人於上海新公園賞月時的心情。日治時期的燈猜節慶活動，延續傳
統中秋節慶而行，依舊帶著傳統節令文化意涵，但詩會活動卻因官方介入，
詩會多由日籍文人主導，欲透過詩文交流籠絡文人，再遂行國民改造，斧鑿
痕跡顯著，且臺灣文人也順勢趁著中秋佳節發起相關詩會活動，或組織觀月
會表面保有傳統賞月詠月的風俗，但其實有藉以集會互通訊息之實，因而雖
名為中秋詩會活動其實活動中的傳統節令意涵淡薄了許多。

（四）博餅與奪元

清代地方志及日治時期記載風俗的文獻中都見到中秋「博餅」的節慶活
動描述，如《安平縣雜記・風俗附考》中記載：「八月十五日，『中秋節』。夜
制中秋餅，砵書『元』字，擲四紅奪之；取秋闈奪元之兆。」〔註64〕片岡巖
《臺灣風俗誌》中則載：

> 中秋餅係以麵粉及糖所製，上面書寫狀元、榜眼、探花、三會、四
>
> 進、二舉、秀才等清代學位〔註65〕，依其大小價格各異。俗以學生

〔註62〕 參看《台灣漢詩數位典藏資料庫》，檢索日期：2016 年 11 月 21 日。
〔註63〕 《詩報》1942 年 1 月 1 日，263 期，頁 13。
〔註64〕 《安平縣雜記》，《臺灣文獻史料叢刊——第二輯》第 35 冊，（臺北：臺灣大通書局，1984 年），頁 13。
〔註65〕 筆者按：「狀元、榜眼、探花……」是清代科舉殿試的名次，第一名叫狀元，二名叫榜眼，三名探花，此處以「學位」來說明，意義並不相同，查看片岡

吃這項餅，將來會得到如上的學位。這日以中秋餅爲賭資的賭博很

流行。〔註66〕

兩份文獻所記應該都是指「中秋博餅」的活動，但日治文獻所記爲「賭博」，

此又見日人欲「端正風俗」之意，其實「中秋博餅」爲閩臺地區特有的中秋

節慶活動，由來是爲求科舉高中而來，《閩台歲時節日風俗》書中對此俗的說

明如下：

> 博餅習俗在閩南和臺灣地區是出現和爲形成，民間流傳各種不同說
>
> 法。……從兩處記載，博餅習俗的出現與封建時代科舉制度有關，
>
> 初時當是封建時代讀書人在中秋夜賞月之時，用擲骰子奪月餅來卜
>
> 兆自己科舉考試的命運。……博餅習俗流傳到民間之後，原先占卜
>
> 的內涵逐漸消失，演化成爲節日中的一種遊戲習俗。〔註67〕

由以上的說明可知「中秋博餅」原是讀書人爲卜兆科舉結果而來，因清代有

「秋闈」（科舉考試）舉行的時間接近中秋，才於中秋進行，利用月餅來卜兆，

後來科舉廢除才漸演變成遊戲性質的節慶活動。只是活動當中的「擲骰子」

及有「賭資（月餅）」對日人來說就是一種「賭博」的不良習俗，且日人對「占

卜」一事也視爲「巫覡」，認爲是「非僧非道，假借降神問佛，濫說陰陽五行

及神鬼妖怪來惑愚民的人」〔註68〕，無法理解「中秋博餅」當中的占卜是有

其歷史文化背景，《閩台歲時節日風俗》中也說明了「中秋博餅」占卜是與俗

稱「秋闈」的鄉試有關，其說明如下：

> 隋朝開始取仕，唐宋元繼續發展科取仕制度，明清達到最完善抵地
>
> 步。「十年寒窗，金榜題名」是封建時代讀書人終生追求的目的。……
>
> 明清時三年一度的鄉試，正好是在八月，故俗稱「秋闈」。人們又把
>
> 應試中約「月中折桂」或「蟾宮折桂」。可見科舉考試跟中秋月亮還
>
> 有較多的牽連。我國古代占卜之術盛行，讀書人中間也常有此

嚴《台灣風俗誌》原文爲：「中秋餅は麵粉と砂糖にて製し狀元、榜眼、探花、
三會、四進、二舉、秀才等清國時代の學位を書し」（片岡嚴：《台灣風俗誌》，
臺北：南天書局有限公司，1994 年 10 月，頁 64。），可見是譯者以日文漢字
直譯所致。

〔註66〕片岡嚴著，陳金田譯：《臺灣風俗誌》，頁 47。

〔註67〕福建省民俗學會、龍岩市文化局編：《閩台歲時節日風俗》，（廈門：廈門大學
出版社，1992 年 10 月），頁 189～192。

〔註68〕片岡嚴著，陳金田譯：《臺灣風俗誌》，頁 525。

　　舉。……博餅習俗的初期當是一種占卜的形式，是在上述歷史背景

　　和文化心態中產生形成的。〔註69〕

儘管日人視「中秋博餅」的節慶活動爲「以中秋餅爲賭資的賭博」，但詩人們
書寫中秋節令仍將此俗寫入詩中。此俗爲延續清代而來，可先從清代詩人的
描寫來看，如鄭大樞〈風物吟〉十一首之七，其詩云：

　　奪采掄元喝四紅，月明如水海天空。

　　作者註：「中秋，士子遞爲讌飲。製大肉餅，硃書『元』字，用骰子

　　擲四紅取之，爲奪元之兆。」

　　野橋歌吹音寥寂，子夜挑燈一枕風。

　　作者註：「昔年山橋野店，歌吹之聲相聞，謂之『夜戲』。」〔註70〕

詩中把中秋博餅的情形描述出來，眾人邊熱鬧的擲骰子邊大聲呤喝著，對比
「月明如水海天空」的靜謐，更顯熱鬧，作者並自註博餅是爲占卜奪元之兆。
《臺灣古典詩選注・5・歲時與風土》選錄此組詩時，編者說明鄭大樞的〈風
物吟〉組詩：「紀錄臺地各月漢俗，從上元夜偷蔥竊花的習俗寫起，參雜物產
描述，寫到年末除夕祭神，將臺人一年中之重要節日習俗入詩，並加以詳細
註解說明，可做爲觀察清代初期臺地節令風俗之重要史料。」〔註71〕，此詩
紀錄下清代「中秋博餅」的情形，當中因清代尚有科舉（1905 年才廢止）此
時的「中秋博餅」還是具有卜兆科舉考試命運的意義。

　　再看日治時期詩人對「中秋博餅」的描寫，黃純青（1875～1956）〈狀元
吟十首有序・博戲一例〉，其詩云：

　　詩序：

　　科舉制度時代，及第狀元爲絕頂榮譽。而狀元思想，遂成爲風俗。

　　噫！科舉制度之魔力，何其大也。略舉其事，賦七絕十首，名之日

　　狀元吟。

　　詩句：

　　四紅骰擲興遄飛，丹桂風飄香滿衣。

　　月餅團圓秋氣朗，嫦娥親見奪元歸。〔註72〕

〔註69〕福建省民俗學會、龍岩市文化局編：《閩台歲時節日風俗》，頁 190。

〔註70〕《全臺詩》第 2 冊，頁 74。

〔註71〕余美玲：《臺灣古典詩選注・5・歲時與風土》，（臺南：國立臺灣文學館，2015
　　　　年 11 月），頁 48。

〔註72〕黃純青：《晴園詩草》，《臺灣先賢詩文集彙刊・第二輯》第 15 冊，（臺北：
　　　　龍文出版社股份有限公司，1992 年），頁 103。

黃純青於詩序中即說明「博戲（博餅）」的由來和科舉制度相關，詩中的「四紅骰」是當時桌上遊戲的道具，潘迺禎〈士林歲時記〉中說明如下：

中秋會文人之中秋雅遊，並玩著以中秋餅命名學位階級的骰子。

●競技法

將骰子於碗內轉動，依其數目即可得其階級的中秋月餅、骰子有六個，以四點紅爲最高點。

例

一紅秀才（簡稱一秀）　　得秀才餅一個

……〔註73〕

黃純青詩中的「四紅骰」即是用來取決勝負的道具，「博戲（博餅）」就是「賽餅之戲」，末句「嫦娥親見奪元歸」以中秋傳說故事的人物見證擲骰結果，呼應首句也點出「博戲（博餅）」是爲占卜科舉考試命運，或說其實真正是爲了祈求科舉奪元。

此外還有連橫（1878～1936）〈中秋〉四首其四，其詩云：

絲竹中年百不宜，況逢佳節苦無詩。

紙屏獨倚秋光冷，奪餅紛紛看小兒。〔註74〕

詩題爲「中秋」詩寫因中秋而有所感，詩的最末句「奪餅」即是中秋所見，指的應該就是「中秋博餅」之俗。《風月報》中也見到和「中秋博餅」相關的書寫，如買茶客〈中秋夜寄某女士〉其二，其詩云：

東升玉□溢寒□，□地相思惹恨生。

購得團圓狀元餅，瓜分兒女不勝情。〔註75〕

詩中未寫博餅遊戲，卻寫「購得團圓狀元餅」，正如片岡巖《臺灣風俗誌》中所述的中秋月餅上印有清代科舉各級頭銜〔註76〕，黃鳳姿〈七爺八爺‧中秋月餅〉一文描述接近中秋節時「お果子屋（甜點店）」會開始製作中秋月餅，並詳述了中秋月餅的種類，其中就有「狀元餅」一項，且製作的數量只有一個〔註77〕，和科舉考試狀元只取一名意思相同，買茶客詩中所言「購得團圓

〔註73〕林川夫主編：《民俗臺灣》第一輯，頁231。

〔註74〕《全臺詩》第30冊，頁185。

〔註75〕《風月報》1940年11月27日，119期，頁33。

〔註76〕片岡巖著，陳金田譯：《臺灣風俗誌》，頁47。

〔註77〕黃鳳姿：《七爺八爺》，臺北市：東都書籍株式會社臺北支店，1940年11月25日，頁73～74，《日治時期圖書全文影像系統》，網址：〈http://stfj.ntl.edu.tw/

狀元餅」，可見「團圓狀元餅」是市面上可購得，也可藉由博餅遊戲得到。

二、中秋飲食民俗

由「食物」發展到具有節令意涵的飲食文化，是在歷史演進中累積生活文化思維而來，節令當中的故事則豐富了節令飲食的內涵，新年節令當中有年糕、端午節令當中有角黍、中秋則有月餅，延續習俗流傳而下，於不同時代中增添或改易其中的意涵。中秋節令飲食以月餅為主，在各地因地而異發展出不同特色的中秋月餅，除月餅之外，於臺灣或各地也有因應氣候風俗而有在地特色的中秋節令飲食，如臺灣有茱粿、柚子、芋之類的當地中秋節令飲食，詩人書寫中秋節令時這些美味飲食也常伴隨入詩甚至成為詩歌主題，以下試從日治時期中秋節令詩中探究中秋飲食民俗呈現及文化意義。

（一）中秋月餅

清代文獻記載中秋月餅，如劉良璧纂輯《重修福建臺灣府志》中記：「八月十五日日中秋，……製大月餅，名為『中秋餅』。」說出中秋有製中秋月餅之事；不著撰人《嘉義管內采訪冊・打貓東頂堡・歲序》：「八月十五日，中秋節，人民有備辦牲醴、肉餅，敬奉諸神佛。」〔註78〕此處所說月餅以肉為餡，並用以拜神佛；陳淑均《噶瑪蘭廳志卷五・風俗》：「中秋製糖面為月餅，號中秋餅。」〔註79〕，也有甜味的月餅；鄭鵬雲、曾逢辰纂輯《新竹縣志初稿卷五・風俗》：「八月十五日為中秋節，親朋各以月餅相餽」〔註80〕，此處又說以中秋月餅餽贈親友，從清代幾本方志的記載可知中秋月餅於清代既用以敬拜神佛又有餽贈親友之俗，且有甜有鹹。日治時期，記載中秋節俗關於中秋月餅的記載有鈴木清一郎《增訂臺灣舊慣習俗信仰》：

---

cgi-bin/gs32/gsweb.cgi/ccd=3P_eNV/main?db=webmge&menuid=index〉，檢索日期 2016 年 11 月 22 日。本研究資料來源因有多處參考自《日治時期圖書全文影像系統》內容，為避免資料的贅述，爾後引用該網站內容，皆於《日治時期圖書全文影像系統》後標注檢索日期，不再羅列網址。

〔註78〕 〔清〕不著撰人：《嘉義管內采訪冊》《新竹縣制度考・安平縣雜記・苑裡志・嘉義管內采訪冊》，《臺灣史料集成・清代臺灣方志彙刊附編》第 40 冊，（臺南：國立臺灣歷史博物館，2011 年），頁 39。

〔註79〕 陳淑均：《噶瑪蘭廳志》《臺灣文獻史料叢刊・第一輯》第 17 冊，（臺北：臺灣大通書局，1894 年），頁 66。

〔註80〕 〔清〕鄭鵬雲纂輯：《新竹縣志初稿》《新竹縣志初稿・樹杞林志》，《臺灣史料集成・清代臺灣方志彙刊》第 41 冊，（臺南：國立臺灣歷史博物館，2011 年），頁 180。

八月十五是中秋節，……。月餅是用麵粉和砂糖作成，裡面包有各
種餡，特稱之為「中秋餅」，習慣上要贈送親友，同時也用來給土地
公及其他神佛上供。〔註81〕

及《台灣慣習記事》記載：

台俗，稱八月十五日為「中秋節」，家家以月餅相遺，取名「中秋餅」，
所謂「月餅」，係指以麵粉作成薄餅，在其中包胡麻瓜核之類細末和
以白糖，取象月形為圓狀而炙製者。〔註82〕

兩處所記的中秋月餅都是以甜料為內餡，究竟於臺灣中秋月餅是甜是鹹？由
林橫道口述、邱秀堂撰文的《戀戀臺灣風情——走過日治時期的這些人那些
事》一書中說：「甜的月餅是在明治以後（約1911年後）才盛行於臺灣，因為
糖的進口和生產開始形成規模並足供日常民生使用。在此之前，一般消費者
吃的月餅大多是包鹹餡的。」〔註83〕，這是月餅餡料的甜鹹於不同時期有所
不同，至於月餅的形狀，《台灣慣習記事》中說是「取象月形為圓狀」，指的
是滿月時的圓月，至於詩人們在詩歌中是如何描寫中秋月餅的？是否也藉由
月餅寄託抒懷？先由清代詩人的作品來看，如清道光詩人吳敦常的〈賦得月
餅得甜字五言八韻〉：

三百茶團外，佳名餅肆添。時光逢月滿，風味話秋甜。

搗麵疑舂兔，蒸酥儼炙蟾。圓裁輪影細，高疊塔形尖。

裹到紅綾煖，修成玉斧銛。屑霏瓊碎杵，粉膩鏡開奩。

偶為登盤擘，非同破壁占。霓裳歌聽罷，綺席好頻拈。〔註84〕

此詩以敘寫月餅的「甜」味、圓形、搗麵到蒸烤至成酥的製程，再參入「玉
兔擣藥」的傳說故事、由唐玄宗遊月宮傳說而來的霓裳曲及宋代將月餅「裹
到紅綾煖」的古俗〔註85〕都寫入詩中，虛實交疊，描摹的月餅不僅是節令飲
食更是饒富文化傳說的食品。

〔註81〕鈴木清一郎著，馮作民譯：《增訂臺灣舊慣習俗信仰》，頁606。
〔註82〕臺灣慣習研究會：《台灣慣習記事（中譯本）》，（臺中市：臺灣省文獻委員會，
　　　　1983年），頁185。
〔註83〕林橫道口述、邱秀堂撰文：《戀戀臺灣風情——走過日治時期的這些人那些
　　　　事》，（臺北：賽尚圖文事業有限公司，2014年4月），頁119。
〔註84〕《全臺詩》第5冊，頁73。
〔註85〕李岩齡、韓廣澤合著《中國古代詩歌與節日習俗》：「吃月餅之俗，唐代已有
　　　　記載。《洛中見聞》云：唐僖宗在中秋節吃月餅，覺得味極美。他聽說新科進
　　　　士在曲江宴飲，便命御膳房用紅綾包裹月餅賞賜給他們。」李岩齡、韓廣澤
　　　　合著：《中國古代詩歌與節日習俗》，頁250。

　　跨越清代和日治的詩人如鄭家珍（1866～1928）所寫〈月餅〉詩，如下：

　　　　桂花香裏雜胡麻，漢代湯官巧製誇。

　　　　練白猶疑飄素影，綾紅也似吐清華。

　　　　醫來蛟口邊曾缺，照徹蟾光色有加。

　　　　我願團圓同此夕，人間無復餅師家。〔註86〕

首句「桂花香裏雜胡麻」寫月餅餡料及香味，「漢代湯官」爲漢代專門提供麵食給皇帝的官，精於麵食的製作〔註87〕，「漢代湯官巧製誇」，表示月餅的製作精巧。其後再引宋代紅綾包裹月餅的故事，及中秋月色的描寫，並與中秋節團圓風俗結合，正表現中秋月餅豐富的節令飲食意涵。再如傅錫祺（1872～1946）也有〈月餅〉詩兩首，如下：

　　　　堆盤一見欲流涎，風味中秋算獨專。

　　　　擎出庭前深下拜，人間天上兩團圓。

　　　　平分秋色十分妍，餅在冰盤月在天。

　　　　我有金甌無缺意，未甘輕喫保團圓。〔註88〕

兩首詩都寫月餅和中秋節令的關連，有以月餅祭拜的習俗、有月餅形狀與月圓相對應的聯想，更有中秋團圓意象。月餅的圓其來有自，林橫道即以爲是：「月餅自古都是圓形，有說吃了圓形的月餅，就可以達到萬事圓滿。這種思考模式，就是英國人類學家泰勒所稱的『類似咒術』。當然也有一種說法，認爲圓形月餅是象徵天上的月亮，代表團圓。」〔註89〕，無論是以圓形祈求圓滿或是以月亮的表徵代表團圓，月餅的圓都符合佳節祈願的要點，因此而廣爲詩人吟詠書寫，林資銓也有〈月餅〉詩二首，如下：

〔註86〕　《全臺詩》第16冊，頁343。

〔註87〕　《台灣古典詩主題詩選資料庫》註釋漢代湯官：「漢代官職少府：湯官丞主酒。又《唐六典》卷一引《漢官儀》云：『漢制：太官供食物，湯官供餅餌、五熟果食。』。巧製誇：麵食的出現最遲在漢之前。漢代，凡麵制的食品統稱之爲『餅』。蒸制者曰『蒸餅』，煮制者曰『湯餅』或『煮餅』，炸制者曰『油餅』，還有一種從西城引進的烤制餅，稱胡餅。湯餅，漢劉熙《釋名》說：『餅，并也。溲麵使合并也。……蒸餅、湯餅……之屬，皆隨形而名之也。』溲麵，即用水拌和面成麵團。當時在宮廷中還設有專司禦膳湯餅的『湯官』。」《台灣古典詩主題詩選資料庫》，網址：〈http://ipoem.nmtl.gov.tw/Topmenu/Topmenu_PoemSearchOverViewContent?CatID=416〉，檢索日期2016年11月23日。

〔註88〕　《全臺詩》第21冊，頁315。

〔註89〕　林橫道口述、邱秀堂撰文：《戀戀臺灣風情——走過日治時期的這些人那些事》，頁119。

　　銀蟾影裡照瓊筵，玉屑溶溶入口鮮。

　　莫笑充飢渾似畫，今宵眞箇與團圓。

　　薄於紙樣截肪鮮，荷葉團圓上綺筵。

　　猶記中秋明月夜，背人說餅倚香肩。〔註90〕

兩首詩以月餅與中秋團圓意象的連結爲主要描寫，林臥雲（1881～1965）的
〈月餅〉也是如此，不單寫月餅的美味而是以月餅所蘊含的團圓意象爲書寫
主軸，其詩內容如下：

　　紅綾聲價憶當年，蘭樣清芬月樣妍。

　　絕好秋中添衍慶，人間天上兩團圓。〔註91〕

以及林逢春（1868～1936）〈臺灣節序故事雜詠・中秋之月餅〉：

　　欣將餅膩祝中秋，名士由來莫匹儔。

　　巧製團圓形似月，紅綾裹處用相酬。〔註92〕

也著重在月餅的團圓意象書寫，《符號學：傳媒學辭典》中對飲食符號的解釋：
「飲食象徵文化通過主體把外在的飲食活動與其內在的觀念意識，心理狀態
及思維方式有機地整合起來」〔註93〕，由這些詩人的月餅詩中，得見中秋月
餅藉由中秋節賞月活動結合人們對月圓所投射的團圓及圓滿的期待，並與傳
說神話結合而成爲中秋節令中象徵團圓的文化表徵之一。

　　詩人除了以團圓意象作爲月餅書寫主軸之外，單寫月餅的美味，也留下
許多詩作供後人參看欣賞，如黃贊鈞（1874～1952）〈月餅〉，其詩云：

　　霓裳一曲醉群仙，十字瓊肌上綺筵。

　　療得飢腸臣朔飽，疑他纖手素娥煎。

　　再添桂蕊應加馥，持較冰輪未讓圓。

　　最喜乏油無麵日，不教老饕口垂涎。〔註94〕

以霓裳曲中的群仙突顯月餅的味美。王則修（1867～1952）的〈月餅〉五首
中有「湯餅年年盛會仍，香清麥隴月同澄。」、「馨流齒頰雲衣薄，嚼碎蟾香
一口冰。」、「麵香製出團圓好，合與紅綾上苑登。」及「劇憐麵上東坡齒，

〔註90〕　《全臺詩》第 29 冊，頁 424。

〔註91〕　《全臺詩》第 32 冊，頁 135。

〔註92〕　《全臺詩》第 23 冊，頁 575。

〔註93〕　胡易容、趙毅衡編：《符號學：傳媒學辭典》，（臺北：秀威資訊科技股份有限
　　　　　公司，2014 年 10 月），頁 71。

〔註94〕　《全臺詩》第 26 冊，頁 296。

翻似初三缺幾層。」〔註95〕等詩句,首首引用和中秋相關的傳說交織月餅之好吃,一口氣寫了五首詩來描寫月餅的美味,詩人對月餅的喜好之情由此可見。再如陳懷澄(1877~1940)的〈月餅〉詩中亦有「入口香生轉似弦」、「有人袖手下饞涎」〔註96〕的詩句,都盡其所能的書寫中秋月餅的味美垂涎,飲食與文學的結合自古騷人墨客就傳作無數精采作品,如宋代蘇軾的〈東坡酒經〉、〈煮魚法〉、〈東坡羹頌〉、〈豬肉頌〉等,其「小餅如嚼月,中有酥和飴。」(〈月餅〉)詩句就寫出蘇式月餅酥鬆易化的好滋味流傳至今。

在書寫中秋月餅的詩歌中常見詩人用典或引用傳說故事入詩,除上已提到的紅綾裏餅、玉兔擣藥、或唐玄宗的霓裳曲,最常見到「畫餅充飢」的入詩,「畫餅充飢」源從《三國志·卷二二·魏書·桓二陳徐衛盧傳·盧毓》而來,用以比喻空想之事,詩人藉以入詩卻是突顯享用月餅的真實美味,如王則修(1867~1952)的〈月餅〉五首之三:

> 畫壁充飢愧未曾,調成英粉一爐蒸。
>
> 麵香製出團圓好,合與紅綾上苑登。〔註97〕

及顏雲年(1876~1923)的〈月餅〉詩:

> 珠盤桂露氣清鮮,玉女捧來箇箇圓。
>
> 風味合教仙子吃,未容畫壁喙飢鳶。〔註98〕

這兩首詩皆用畫餅充飢的典故來說在中秋佳節可享用美味月餅的美好。中秋書寫月餅的佳作不勝枚舉,於日治時期詩社興盛中秋佳節更是重要的集會吟詩之時,也有詩社以月餅為吟詠的主題,如「鷗社」於1951年9月16日(中秋後一日)的秋季大會就有以「月餅」為題的吟詠,留下許多精采作品,舉以惠川及藜堂的〈月餅〉詩為例,其詩云:

> 惠川
>
> 粉麥油調出釜遲,冰壺濯魄馥凝脂。
>
> 團圓細嚙瓠犀齒,恰似輕修玉斧時。
>
> 藜堂
>
> 豆餡香分桂子脂,紅綾豔裏玉盤姿。
>
> 在天只許團圓望,一落人間便吃虧。〔註99〕

〔註95〕 《全臺詩》第23冊,頁260。

〔註96〕 《全臺詩》第29冊,頁99。

〔註97〕 《全臺詩》第23冊,頁260。

〔註98〕 《全臺詩》第28冊,頁127。

〔註99〕 《台灣漢詩數位典藏資料庫》,檢索日期2016年11月23日。

這些「鷗社」秋季大會以「月餅」爲題的吟詠其中的幾首吟詠詩作，詩人們運用修辭、典故及直摹巧妙吟詠出中秋月餅令人口齒留香的美味及所蘊含的團圓意象。

中秋節令詩作中也提及以月餅祭拜神佛之俗，如吳望蘇〈中秋即事〉：

農畝中秋享福神，霜糖月餅薦時新。

三牲盡日來阡陌，豐祝年分壽祝民。〔註100〕

此詩所述正是中秋祭當境土神之俗，「福神」即是福德正神，月餅爲祭品之一，全詩所表達的是秋收之時的感恩祭禮及祈願。另一首提及以月餅祭拜神佛之俗的是張希舜〈月餅〉，其詩中即有「圓光取像宜供佛，餌粉生香可禮賢。五福團團堆案上，一門和靄□華筵。」〔註101〕，詩寫月餅的圓形供佛最好，月餅的香味也適合敬拜，以堆疊月餅作爲祭品擺設方法，表達期盼圓滿的祈願。

（二）柚子及其他

節令飲食文化的發展在不同的地方因應氣候環境而有所不同，中秋節令飲食大多以月餅爲主要的食品，不同地方又因內餡或製法不同而各有各的風味特色，月餅之外，各地也有其特別的果品或點心成爲特別的中秋節令飲食。於臺灣，清末《安平縣雜記》記載中秋節令：「親友競以月餅、時果相饋送。各家均以月餅、時果祀神及祖先。商業及富裕者，多備牲體以祀本家福神。」〔註102〕，除月餅之外還有「時果」即應時水果用以饋贈親友及祀神，經濟條件好的人家還會準備魚肉一類的牲體。日治時期的文獻《增訂臺灣舊慣習俗信仰》則載：「八月十五是中秋節，也就是『太陰娘娘』月亮的聖誕日。家家戶戶都用月餅和茱粿祭月，並上香燒金紙。」〔註103〕，其中的「茱粿」，王瑞成〈點心以及新春的食品〉一文中說明如下：

茱粿（或叫鹹粿）

使用目的——供物：地神以下之祭饌

使用目的——日期：元旦拜祖先二日、頭牙、請客用的食品

主原料：粳米漿

副原料：蘿蔔（菜頭粿）、芋頭（芋粿）、金瓜（金瓜粿）

〔註100〕《全臺詩》第 18 冊，頁 191。

〔註101〕《台灣漢詩數位典藏資料庫》，檢索日期：2016 年 11 月 25 日。

〔註102〕《安平縣雜記》，《臺灣文獻史料叢刊・第二輯》第 35 冊，頁 6。

〔註103〕鈴木清一郎著，馮作民譯：《增訂臺灣舊慣習俗信仰》，頁 606。

製法：把蘿蔔（芋頭）弄成籤狀，或是細塊與米漿混合在一起煮成
糊狀再蒸。〔註104〕

由此可知，到日治時期臺灣中秋祭拜食品除月餅外還有鹹的菜粿，祭拜後的
供品通常會分享給家人享用，也成為中秋應時食品之一。片岡巖《臺灣風俗
誌》中也記中秋節俗為：「這夜在月下設香案供鮮花，水果、月餅，燒金放炮
敬拜月娘（月亮）」〔註105〕，這裡又見到以水果敬拜神佛，既然是蔬果類的自
然會以當令當季的果物為祭品，中秋時當秋季，朱鋒〈臺南年中行事記（中）〉
記載中秋節時即說和端午節一樣，中秋節親友間也有以中秋月餅、柚仔及文
旦互相贈答的習俗〔註106〕。片岡巖：《臺灣風俗誌（完）・附錄・臺灣的植物》
中記有「柚」的說明，稱柚為「柚仔」，並說柚類於九月時成熟〔註107〕，正是
中秋佳節之時，用來供奉拜祭神佛與家人共享最合宜也因此中秋節令詩中可
見到柚的書寫。

　　林臥雲〈乙酉（1945）仲秋〉四首之二，詩中即將柚子寫入，其詩云：

　　　紅綾鄉味久難聞，祇為年年戰事紛。

　　　此日昇平欣有象，燈前擘柚卻思君。〔註108〕

首句「紅綾鄉味」指的是中秋月餅，此詩寫於1945年已是日本統治臺灣的最
終一年，也是戰事緊急之時，平日是否溫飽都是問題了，那還能有月餅可吃，
難得一日「昇平」，聊以柚來解鄉味，但卻反而「思君」了。林臥雲此詩便寫
出中秋兩項應節食品，一是月餅，另一就是柚子了。再有如林維朝（1868～
1934）的〈中秋夜偕友人擘文旦坐月清談〉一詩，詩作內容：

　　　平分秋色一輪明，萬籟胥恬露氣清。

　　　難得風光如此夜，更逢朋輩共娛情。

　　　分嘗佳果微醒解，坐對銀蟾逸興生。

　　　拼卻傾懷談永夕，渾忘蓮漏轉三更。〔註109〕

〔註104〕林川夫主編：《民俗臺灣》第四輯，（臺北：武陵出版有限公司，1995 年 11
　　　　月），頁 63～64。

〔註105〕片岡巖著，陳金田譯：《臺灣風俗誌》，頁 47。

〔註106〕末次保、金關丈夫編：《民俗臺灣》第二卷（下），（臺北市：南天書局，1998
　　　　年），第七號，頁 37。

〔註107〕片岡巖：《臺灣風俗誌（完）》，（臺北：臺灣日日新報社，1921 年），頁 1145。

〔註108〕《全臺詩》第 32 冊，頁 389。

〔註109〕《全臺詩》第 23 冊，頁 378。

詩題中的「文旦」即是柚子，題目即說出柚子為中秋的應節食品，詩中再說以食柚子來解酒，原來柚子除了是佳節美食也是可解酒的好物。

柚本屬柑橘一類的果品，呂汝修（1855～1889）〈柑〉一詩中雖以「柑」為題，其中詩句：「分形來橘柚，錯和間紅藍。顆綴團圓月，枝垂翡翠篸。」〔註110〕，也寫出柚子和中秋的連結。再如賴惠川（悶紅老人）〈柚〉一詩：

> 為擘霜皮剖小刀，嚼添月餅味尤豪。
>
> 尋常文旦來麻豆，貢品當年價值高。〔註111〕

詩中未明指柚子是中秋節的應節食品，但和月餅一起食用當是於中秋節之時，後兩句寫麻豆文旦因品質好成為天皇「御用文旦」，此事於昭和 11 年 10 月 10 日《臺灣農林新聞》〈獎勵品種〉中記載，麻豆文旦因品質極優獲選為「皇室の御料品」〔註112〕，可見詩人所寫真有其事。賴惠川（悶紅老人）的〈竹枝詞〉中也有關於柚的描寫，其詩云：

> 月餅團圓一口收，燒香放炮祝中秋。
>
> 兒童擘柚騎門閾，共道今宵斬鬼頭。〔註113〕

此詩直接說出中秋既吃月餅又吃柚子的節俗。柚子為秋季果物，是中秋應節食品，於中秋佳節時可敬拜神佛，也是與家人賞月品嘗的美味果品，林知義〈中秋竹枝詞〉四首之二詩還記述了食柚可禦窮的習俗，其詩云：

> 剝柚人言可禦窮，年年剝柚餉稚童。
>
> 稚童不識窮何物，有柚分嘗笑臉同。〔註114〕

此詩收錄於陳香《臺灣竹枝詞選集》之中，陳香於詩後備註：「按：俗謂中秋剝柚分食，可摒絕一生窮相，然亦不知所本。」〔註115〕

對中秋食柚的記載也於日人東方孝義所書〈臺灣風習（2）〉中見到，他

〔註110〕《全臺詩》第 11 冊，頁 425。

〔註111〕《台灣漢詩數位典藏資料庫》，檢索日期：2016 年 11 月 25 日。

〔註112〕《臺灣農林新聞》，出版地不詳：臺灣農林新聞社，1936 年 10 月 10 日，頁 10，《日治時期期刊全文影像系統》，網址：〈http://0-stfj.ntl.edu.tw.lib1.nptu.edu.tw/cgi-bin/gs32/gsweb.cgi/ccd=rvjYjQ/record?r1=78&h1=0〉，檢索日期 2016 年 11 月 26 日。本研究資料來源因有多處參考自《日治時期期刊全文影像系統》內容，為避免資料的贅述，爾後引用該網站內容，皆於《日治時期期刊全文影像系統》後標注檢索日期，不再羅列網址。

〔註113〕《台灣漢詩數位典藏資料庫》，檢索日期：2016 年 11 月 25 日。

〔註114〕陳香：《臺灣竹枝詞選集》，頁 262。

〔註115〕陳香：《臺灣竹枝詞選集》，頁 262。

以採錄的臺灣歌謠記載臺灣風俗，歌謠內容如下：

> 八月巡來是中秋，娘仔今病子面憂。
>
> 君仔今問娘欲食物，要食蕭壠文旦柚。〔註116〕

蕭壠位於今臺南市佳里區，鄰近盛產文旦的麻豆，此歌謠除了指出中秋為文旦產期，也說明文旦的好滋味讓生病的人想吃以解憂，反映出民間對柚子好滋味的喜愛。

　　日治時期中秋應節食品以月餅、柚子及茱粿有可見文獻記載，月餅及柚子也見到詩人以為詩題書寫之，尤其月餅詩的數量可觀，甚至可見詩社以為詩會吟詠之題，唯茱粿一項卻未見到有古典詩的書寫，因而無法藉由古典漢詩來探悉此一節令飲食。

三、中秋節令習俗

　　新年節俗中有桃符作為代表新年祈願意涵的節物、端午節俗中有桃符、蒲艾、香囊等傳統節物代表端午厭勝精神，中秋並無特別的節物用以呈現節令意涵，中秋所顯露的節令特色是以承載盼望團圓願望及寄託思鄉思親情懷為主，以月亮作為節令精神的表徵，八月中的月正圓更有圓滿團圓意義，節令活動以賞月、拜月為主軸發展出詩會、燈猜及博餅等節令活動，且因各地風俗民情不同也在歷史演進中展演不同的在地化節俗，於前已述，日本於統治臺灣期間欲藉由民間既有的習俗予以「偷天換日」，轉換成殖民者想要的「國民改造」〔註117〕，因而使臺灣的傳統節令中參入日式節俗，新年節令以舊曆新年改過新曆新年衝擊最大，且新年擺飾中的擺飾出現了門松、結草甚至日本國旗等日式節物；端午節令中的龍舟競渡由驅邪厭勝意涵變成具尚武精神的運動競技，節物中也出現了代表大和民族尚武表徵的鯉幟，至於中秋節令中的博餅舊習則因日人視為賭博而漸式微，但賞月詩會卻因符合日人「藉文化以同化」的政策而更為興盛發揚，但在傳統習俗之中有幾項是被日人視為迷信之說，雖不鼓勵，但也未強制禁止；也有如「中秋節敬」之俗被日人視為善良風俗而鼓勵推行的，這些習俗多少都有因官方的介入而有式微或繼續流傳的變化，以下試從日治時期中秋節令詩中探究中秋習俗及文化意義。

〔註116〕東方孝義：〈臺灣風習（2）〉《語苑》，（臺灣：臺灣語通信研究會，1926 年 2 月 15 日），頁 65，《日治時期期刊全文影像系統》，檢索日期 2016 年 11 月 25 日。

〔註117〕許俊雅：《低眉集：臺灣文學／翻譯、遊記與書評》，頁 276。

（一）聽香和鏡聽

　　清代地方志中記載中秋節俗時常有「聽香」之俗的記載，如周凱《廈門志‧風俗記‧歲時》：「中秋，……（婦人拈香牆壁間，竊諦人語，以占休咎；俗謂之『聽香』）」〔註118〕，及林焜熿纂輯，子豪續修《金門志》：「中秋，……婦人拈香牆壁間，竊聽人語，以卜休咎；與上元同。」〔註119〕，以及連橫《臺灣通史》也記：「八月十五日，謂之中秋，……夜深時，婦女聽香，以卜休咎。」〔註120〕，都記載了中秋「聽香」之俗。日治時期的文獻，如片岡巖《臺灣風俗誌》中載：「這夜（八月十五日）於正月十五日同樣，未婚的男女為求對象，或未有孩子的婦人為求早日生孩子，或為賺錢，做『聽香』的風俗。」〔註121〕，對「聽香」之俗日人視其為迷信，片岡巖記載此俗時還於後加註：「迷信之部詳述」，鈴木清一郎《增訂臺灣舊慣習俗信仰》一書中所述為：「熬夜可長壽的迷信與聽香」〔註122〕，但對臺人卻是一項普遍相信的習俗，不只在八月十五日這天有此俗，正月十五也是進行「聽香」的時間，鈴木清一郎《增訂臺灣舊慣習俗信仰》一書中即於正月十五的習俗詳述了「聽香」之俗如下：

　　　　正月十五日夜晚，有「聽香」的風俗。所謂「聽香」，就是先在神前
　　　　燒香祭拜，再根據「擲筊」找一個好方向，然後拿起一個筊往這個
　　　　方向走，途中或竊聽路人談話，或佇立他人家門前若無其人地偷聽
　　　　人家的談話。偷聽來的第一句話，要根據神前的擲筊（拔盃）加以
　　　　判斷，以決定這一年的吉凶和運氣等。假如所聽來的是死人、病痛、
　　　　破財等話，那就認為大不吉，而視為忌諱。因為這一夜，是很好的
　　　　日子，所以開口說這類不好聽之話的人，幾乎沒有。〔註123〕。

從鈴木清一郎的記載中了解到「聽香」之俗是如何進行，所謂的「聽香」，是以香為工具，並透過「擲筊」取得神明的指示方向，從此俗又再次見到臺人

〔註118〕〔清〕周凱：《廈門志》（下冊）《臺灣文獻史料叢刊‧第二輯》第 40 冊，（臺北：臺灣大通書局，1984 年），頁 643。

〔註119〕〔清〕林焜熿纂輯，子豪續修：《金門志》《臺灣文獻史料叢刊‧第二輯》第 38 冊，（臺北：臺灣大通書局，1984 年），頁 389。

〔註120〕連橫：《臺灣通史》，《臺灣文獻史料叢刊‧第二輯》第 20 冊，（臺北：眾文圖書股份有限公司，1994 年），頁 600。

〔註121〕片岡巖著，陳金田譯：《臺灣風俗誌》，頁 47。

〔註122〕鈴木清一郎著，馮作民譯：《增訂臺灣舊慣習俗信仰》，頁 608。

〔註123〕鈴木清一郎著，馮作民譯：《增訂臺灣舊慣習俗信仰》，頁 458。

對以占卜取決事情的相信，莊太岳（1880～1938）的〈鹿江竹枝詞〉十二首之六中即有「中秋擲筊龍山寺，元夜抽籤舊祖宮。手執瓣香燈下竄，各將佳夢卜維熊。」〔註124〕的詩句，寫中秋到廟裡擲筊、元宵抽籤以卜吉凶，就是相信由占卜而來的指示，「聽香」之俗是在「擲筊」之後再由所聽到的第一句話判斷吉凶，以現代科學觀點來看確實不足採信，但鈴木清一郎卻說「因為這一夜，是很好的日子，所以開口說這類不好聽之話的人，幾乎沒有。」，正說明了臺人對此俗所抱持的心態或許就是一種對好事的期待，以下將從中秋節令詩中關乎「聽香」之俗的詩句探悉。

首先從傅錫祺〈鏡聽〉一詩來看，其詩云：

> 春宵悄步向前頭，懷鏡潛徵咎與休。
>
> 十五年來無復卜，兒夫望已絕封侯。〔註125〕

傅錫祺此詩的詩題為「鏡聽」，也就是「聽香」之俗，據陶子珍《兩宋元宵詞研究》書中引韓淲〈浣溪沙〉一詞來看宋代的占卜習尚，其詞云：「荊楚誰言鏡聽詞」，陶子珍並比對宋代及清代文獻記載得出：「這是人們從所聽到的聲音，來占卜此年之吉凶及運氣的好壞。而今日臺灣的『聽香』習俗，可說是古代鏡聽之遺意，……兩者所行之法雖稍有差異：一為抱鏡，一為焚香；但人同此心，其預求禍福，以斷吉凶的目的，則是千古不變的。」〔註126〕，由傅錫祺的詩句中所見是原想抱鏡占卜封侯為官之事，但經過多年已不抱希冀，日人治臺後，原來文人們的求取仕進的科舉已無，《全臺詩》註此詩為「庚戌年（1910）稿」，距日人治臺之始於 1895 年正好十五年，詩人因而有「十五年來無復卜」之嘆，但最主要的還是嘆息封侯一事已無希望。

瀛社於 1938 年 10 月 17 日的例會中即以「聽香」為題，由詩人們創作數首詩作，其中有施明德（1871～？）的〈聽香〉，其詩云：

> 為祝征人健，焚香立小樓。關心聆月夜，著意卜中秋。
>
> 露冷騷音靜，宵深細語浮。平安頻入耳，一喜勝封侯。〔註127〕

中秋夜依俗「聽香」，所欲占卜的是征人的平安與否，「平安頻入耳」，心中預

〔註124〕《全臺詩》第 31 冊，頁 369。

〔註125〕《全臺詩》第 21 冊，頁 25。

〔註126〕陶子珍：《兩宋元宵詞研究》，（臺北：秀威資訊科技股份有限公司，2006 年 9 月），頁 19～20。

〔註127〕《全臺詩》第 20 冊，頁 328。

期著平安所聽之言自然是平安之語。同一例會中，另一詩人黃贊鈞的〈聽香〉所寫則為女子盼得好因緣，其詩云：

> 心事憑香卜，佛前合十求。捲簾輕側耳，得卦喜回頭。
>
> 姊妹詢凶吉，爺娘判咎休。果能佳兆應，團餅越年酬。〔註128〕

詩人謝汝銓（1871～1953）的〈聽香〉則寫出人們藉由「聽香」之俗表現出的殷殷祈求，其詩云：

> 金爐煙渺渺，玉鏡影悠悠。市面笙歌歌，城頭鼓角幽。
>
> 有心聆偶語，無意伴清遊。卜兆殊釵鏡，神前竹告求。〔註129〕

再有如謝尊五（1872～1954）所寫〈聽香〉一詩，亦是描寫「聽香」之俗中蘊含多少求平安、求好因緣的心願，其詩云：

> 側耳希佳兆，爇檀清夜求。鏡攜心默禱，筶允願方酬。
>
> 兔影光輝徹，龍涎氣味浮。平安和筶出，豔福幾生修。〔註130〕

除了瀛社例會中以「聽香」為題，1940年4月6日的《詩報》也刊載有十數首以「鏡聽」為題的擊鉢吟，從中擇選幾首來看，蕭春石〈鏡聽〉詩云：

> 菱花私握出樓東，避影翻身巷裏通。
>
> 但願鄰家符吉語，團圓期卜入閨中。〔註131〕

菱花就是菱花鏡，如唐李白〈代美人愁鏡〉二首之二：「狂風吹卻妾心斷，玉箸并墮菱花前。」〔註132〕中的菱花就是指菱花鏡，詩中所描為女子想藉「鏡聽」之俗占卜得好因緣之態。此擊鉢吟中以菱花代鏡寫「鏡聽」之俗的還有謝載道的〈鏡聽〉：

> 瓣香默祝出樓東，悄對清光寂寞中。
>
> 轉瞬傳來君訊好，菱花占驗感無窮。〔註133〕

且此詩言在占卜後聽到「君訊好」的好消息，因而有「菱花占驗感無窮」的喜悅。這兩首詩皆未明說是在中秋夜或是元宵夜，從同一聯吟其他詩作中則透露時間為中秋夜，如陳厚山的〈鏡聽〉有「心香一瓣禮蟾宮」〔註134〕及洪

〔註128〕《全臺詩》第26冊，頁273。

〔註129〕《全臺詩》第25冊，頁394。

〔註130〕《全臺詩》第25冊，頁558。

〔註131〕《詩報》1940年4月6日，221期，頁14。

〔註132〕《全唐詩檢索系統》網頁，網址：〈http://cls.hs.yzu.edu.tw/tang/Database/index.html〉，檢索日期2016年11月26日。

〔註133〕《詩報》1940年4月6日，221期，頁14。

〔註134〕《詩報》1940年4月6日，221期，頁14。

曉峰〈鏡聽〉有「姓名早註廣寒宮」等詩句,「蟾宮」、「廣寒宮」是和中秋有
關的傳說故事,點出為中秋夜時的「鏡聽」。此系列詩作中多半寫女子的「鏡
聽」占卜,如從曾禮亭的「芙蓉妝罷隱牆東,側耳關心待好風」〔註135〕、蕭
春石的「燈花燦爛月當空,妝罷焚香鼻觀通」〔註136〕,或石維岩的「皎皎冰
輪耀碧空,閒邀女伴卜□隆。」這些詩句都見到是在寫女子,原本此俗於清
代文獻所記就說:「婦女聽香,以卜休咎。」(連橫《臺灣通史》),但於此系
列詩中也見到男子為功名而占卜之,如謝錦濤〈鏡聽〉:

> 月影新磨百鍊銅,弟兄私握向窮通。
>
> 誰知奪錦文場事,□在椿嚴信口中。〔註137〕

此詩所展現的是種陽剛之氣,「百鍊銅」典出唐・白居易〈百鍊鏡・辨皇王鑒
也〉:「百鍊鏡,鎔範非常規,日辰處所靈且祇。」〔註138〕,意指精鍊的銅鏡
並不是用來照容貌的美醜而已,照的是歷史及現狀以作為君王之鑑,和女子
菱花鏡不同。「奪錦」為端午競渡中的活動,此詩雖寫「鏡聽」之俗但引用端
午之事展現男子的陽剛,於此可推,不只婦女相信「鏡聽」或「聽香」的占
卜之用,當時連男子也願相信,藉由此俗表達祈求。

　　「鏡聽」或是「聽香」的詩作中也可見到對此俗存疑者,如泮農〈鏡聽〉
中就有「吉凶禍福總難知,鏡聽無非自解疑」〔註139〕,以為吉凶禍福的占卜
結果其實是「自解疑」,不要太過相信。正如鈴木清一郎所說「因為這一夜,
是很好的日子,所以開口說這類不好聽之話的人,幾乎沒有。」〔註140〕,於
柏舟〈鏡聽〉中就有「恰好□家新納彩,通宵無語不佳音」〔註141〕的詩句,
也說佳節中的聽香占卜時聽到的都會是好話,這也是臺人相信此俗的心態原
就是一種對好事的期待。

〔註135〕《詩報》1940 年 4 月 6 日,221 期,頁 14。

〔註136〕《詩報》1940 年 4 月 6 日,221 期,頁 14。

〔註137〕《詩報》1940 年 4 月 6 日,221 期,頁 14。

〔註138〕《全唐詩檢索系統》網頁,網址:〈http://cls.hs.yzu.edu.tw/tang/Database
/index.html〉,檢索日期 2016 年 11 月 26 日。

〔註139〕《台灣古典詩主題詩選資料庫》,網址:〈http://ipoem.nmtl.gov.tw/Topmenu/
Topmenu_PoemSearchOverViewContent?CatID=55〉,檢索日期:2016 年 11 月
26 日。

〔註140〕鈴木清一郎著,馮作民譯:《增訂臺灣舊慣習俗信仰》,頁 458。

〔註141〕《台灣古典詩主題詩選資料庫》,網址:〈http://ipoem.nmtl.gov.tw/Topmenu/
Topmenu_PoemSearchOverViewContent?CatID=55〉,檢索日期:2016 年 11 月
26 日。

（二）椅姑和紫姑

中秋習俗除「聽香」之外，連橫撰《雅言》一書中還記載了「椅姑」之俗，其載：

> 中秋之夕，小兒女集庭中。兩人扶一竹椅，上覆女衣一襲，裝義髻，備鏡奩、花米、刀尺之屬；焚香燒紙，口念咒語，以迓「紫姑」（臺人謂之「椅仔姑」）。至則其椅能動，問以吉凶則答：如聞呼嫂聲，則神忽止。或曰紫姑某氏女，爲嫂所虐，殺而埋諸豬欄，故向是處以迓；聞呼嫂而驚走也。按唐孫顧「神女傳」：『世有紫姑神，古來相傳是人妾，爲大婦所嫉，每以穢事相役；正月十五日感激而死。故世人以是日作其形，夜於廁間或豬欄邊呼之：「祝曰：女胥不在（是其婿名也），曹姑亦歸去（即其大婦也）；小姑可出戲」！捉者覺重，便是神來。奠設酒果，即跳躞不住。占眾事，卜行年，蠶桑好則大，惡便仰眠』。是紫姑之事，其來已久；而臺灣所傳略異。〔註142〕

從連橫所述，「椅姑」亦是一種占卜之術，且是由他地傳來的古俗，稱爲「紫姑」，臺人才稱「椅姑」，連橫並說「而臺灣所傳略異」，可見連橫所說爲「紫姑」之由來。朱鋒〈臺南年中行事記〉一文也記中秋有「放煙火、排塔仔、燈猜、聽香、關椅仔姑等和一月十五日一樣的趣味行事」〔註143〕，說明日治時期臺灣已有「椅姑」之俗，鈴木清一郎於《增訂臺灣舊慣習俗信仰》記「椅仔姑」如下：

> 所謂椅仔姑，是在陰曆八月十五夜晚進行的一種仙術，先把一把椅子擺在廳堂的正中央，仔椅子上面蒙上衣服或布，然後幾個人站在椅子周圍，每人手中分別拿著剪刀、尺、白粉、胭脂、鮮花等很多東西，並且燒金紙和線香，大家不斷的唸咒文，據說這時椅子就會微動，站在周圍的人可趁機問椅子姑各種事。例如年的豐凶、事的善惡、病的輕重，財的有無、人的年齡，以及旅途平安等等。假如椅子姑回答疾病痊癒，那椅腳就會抖動一下。日本也有類似的迷信，名稱叫作「狐狗狸」。〔註144〕

〔註142〕連橫：《雅言》，《臺灣文獻史料叢刊・第八輯》第166冊，（臺北：臺灣大通書局，1894年），頁104～105。

〔註143〕末次保、金關丈夫編：《民俗臺灣》第二卷（下），第七號，頁37。

〔註144〕鈴木清一郎著，馮作民譯：《增訂臺灣舊慣習俗信仰》，頁433。

將鈴木清一郎的記述和連橫所記比對，儀式和占卜意義相似，所不同之處只在於名稱和使用的道具〔註145〕，總而言之，「椅姑」之俗亦是一種民間相信可藉由占卜得知未來事的吉凶。

在中秋節令詩當中也見到書寫「椅姑」之俗的詩作，如蔡見先（1855～1911）〈苑裡年節竹枝詞〉十二首選一，其詩云：

　　月到中秋分外殊，嘗新有餅美於醗。

　　良宵忙煞痴兒女，牧豕槽邊問椅姑。

　　　作者註：「中秋，臺俗於是夜咒請椅姑神，以問休咎。」〔註146〕

在連橫所記載紫姑的故事裡，紫姑是爲嫂所虐殺而埋於豬欄，因而此詩才說「牧豕槽邊問椅姑」，並於詩後備註是爲問休咎、卜吉凶。中秋節俗中所請「椅姑」還是「紫姑」？蔡見先的詩寫椅姑卻引紫姑的傳說故事，連橫以爲是相同之俗，但鈴木清一郎的記述並未有提及紫姑，中秋節令詩中所見也多書寫紫姑而非椅姑，先從許南英（1855～1917）丁巳（1917）年所寫〈閨怨和楊季芬〉四首之三來看，其詩云：

　　夢魂羽化燕輕身，飛去南天傍玉人。

　　東鰈西鰜嗟薄命，離鸞別鶴悟前因。

　　萋萋芳草人偏遠，寂寂梅花臘復春。

　　女伴踏青辭不去，背人私卜紫姑神。〔註147〕

詩中寫閨女欲解心中之疑，偷偷卜問紫姑神。謝汝銓〈陳清素清秀清波清汾四昆仲令萱堂七秩榮壽賦祝〉一詩中，也有提及紫姑神的詩句，爲：「修道合登金母籍，談玄不問紫姑神。」林維朝〈乙巳（1905）中秋夜風雨即事〉二首之二也有「今宵待卜紫姑神」〔註148〕提及紫姑神的詩句，三首都寫紫姑神，且都提及卜問紫姑神，惟林維朝的詩說是「今宵待卜紫姑神」，依詩題來看，此處的「今宵」指的就是中秋夜，許南英和謝汝銓的詩並未明說是在中秋夜。其他以「紫姑」爲題的詩作所見則多寫此俗是元宵夜之俗，如錫玄〈迎紫姑〉，

〔註145〕 池田敏雄〈椅仔姑〉一文述：「和椅仔姑類似的風俗在滿洲、支那一也帶很盛行。一般稱之爲柴姑神，但是依地域之不同，名稱也各異，另外製造人偶的材料也不同，但歸根究底占卜的內容大致上是一致的。」池田敏雄：〈椅仔姑〉，林川夫主編：《民俗臺灣》第一輯，頁24～27。
〔註146〕 《全臺詩》第13冊，頁148。
〔註147〕 《全臺詩》第11冊，頁365。
〔註148〕 《全臺詩》第23冊，頁356。

詩云：「俗例元宵請女神，爲占休咎問前因。」〔註149〕，及指薪〈迎紫姑〉，
詩云：「奪朱無力自含嚬，兒女元宵酒果陳。」〔註150〕和茂松〈迎紫姑〉，詩
云：「元夜偏將果品陳，欲占休咎問前因。」〔註151〕都說是元宵夜的習俗。

　　池田敏雄〈椅仔姑〉一文是其訪談一位從鹿港嫁到萬華的老婦人所得，
其文述：

> 關於椅仔姑的稱呼，和內地的狐狗狸很相似。這並不是因爲預防疾
> 病或其他方面的特別需要才形成的，而是在一年之中的特定幾個日
> 子裡，將還沒有男朋友的姑娘們聚在一起的一種占卜遊戲，其中有
> 司公、乩童、尪姨等所謂巫術所施放的法術，一般認爲並沒有迷信
> 的弊害。〔註152〕

池田敏雄文中並說明此種占卜遊戲只限未婚女性參加，舉行的時間只在上元
節和八月十五日中秋節時，其後並詳述儀式進行的方式及習俗之由來，之所
以稱爲「椅仔姑」或「椅子姑」是因故事中的主角是位被嫂嫂欺負而死在竈
旁竹椅上的小女孩，其魂就附在竹椅上。故事發生的地點也非如連橫所說的
「爲嫂所虐，殺而埋諸豬欄」，或許紫姑的故事和椅子姑並不相同，鈴木清一
郎《增訂臺灣舊慣習俗信仰》及元月十五的習俗時還提到「關三姑」之俗，
在說明由來時說關三姑是被嫂嫂「活活打死，把她的屍體埋在豬舍的豬飼糟
底下」，此俗的時間爲正月十五日、三月初三、八月十五的夜裡，儀式也是透
過搖晃竹椅和三姑的靈魂溝通，鈴木清一郎並說：「所謂『關三姑』，固然有
追悼三姑的含意在內，不過主要還是遊戲的成分居多」〔註153〕。綜合這些文
獻記載，推論「紫姑」是和「關三姑」較爲接近的，「椅子姑」反而是另一種
習俗，只是同樣都在元月十五和八月十五的夜晚有此俗的傳說，又是民間流
傳富遊戲意味的習俗，詩人在寫書寫時難免混爲一談，使得寫「椅子姑」的
詩作中見到紫姑的故事，但從節令來看，不論是「椅姑」或「紫姑」都是存
在於中秋節令之中，於連橫所述紫姑之俗之所以在元月十五而有是因「正月
十五日感激而死」，但椅姑和關三姑爲何要在元月十五和八月十五而有，文獻
中皆未述及，可能在故事流傳中已佚失，紀錄下的是依俗而行的儀式和信仰。

〔註149〕《詩報》1939 年 3 月 5 日，196 期，頁 10。
〔註150〕《詩報》1939 年 3 月 5 日，196 期，頁 10。
〔註151〕《詩報》1939 年 3 月 5 日，196 期，頁 10。
〔註152〕池田敏雄：〈椅仔姑〉，林川夫主編：《民俗臺灣》第一輯，頁 24～27。
〔註153〕鈴木清一郎著，馮作民譯：《增訂臺灣舊慣習俗信仰》，頁 459～460。

以下再引葉際唐（1876～1944）發表於 1939 年的〈迎紫姑〉五首之一、二來看，其詩云：

> 看燈陌上踏紅塵，歸去深閨酒果陳。
>
> 默祝中書郎嫁得，丁香瓶插謝靈神。
>
> 降臨脯異孿麒麟，紅線紅綃亦不倫。
>
> 一樣小青含恨死，翠閨偏向卜婚姻。〔註 154〕

從此組詩中可見詩人書寫女子追求好因緣的心情，「默祝中書郎嫁得，丁香瓶插謝靈神。」，向神所祈求的就是一位好郎君，「翠閨偏向卜婚姻」占卜問的也是婚姻之事。此俗代表的是女性祈願得到幸福的心態展現，月亮爲太陰神，爲女性的神祇，因而如聽香、如椅姑這類以女性祈願爲主的習俗存在於八月十五，是以月圓的團圓意象與月亮女神護佑女子的形象，相輔相成完成更具女性節日特質的中秋節令意象。

（三）祀神與社戲

中秋是三大節令中富有宗教意味的節令，清代方志《嘉義管內采訪冊・打貓南堡・歲序》中記：

> 八月十五日，曰「中秋節」。街衢家家以圓餅祀福德神，莊社農家以糯米挨末爲粿，曰「朮米薯」。以此祀福德神。是夜曰「中秋夜」。
>
> 家家燒金、放炮，亦有演戲酬神，仿古秋報也。〔註 155〕

所述中秋節即以拜祀福德神爲主要節令記事，「福德神」即是土地公，是臺灣庶民普遍信仰的神祇。土地公也是所謂的社神，《風俗通義・祀典・社神》載：「《說》：『社者、土地之主，土地廣博，不可徧敬，以爲社而祀之，報功也。』」〔註 156〕，意爲保佑土地之神，鈴木清一郎《增訂臺灣舊慣習俗信仰》於〈二月初二日〉中記：

> 土地公就是社稷，社則祭祀五色之土，稷則祭祀五色之穀，也就是后土之神。人是居住在土上，而且有五穀才能生活，這乃是基於自然的定律，爲了感謝這種恩德，於是就把土地加以神格化，建廟崇拜香火不絕。〔註 157〕

〔註 154〕《全臺詩》第 28 冊，頁 474。

〔註 155〕〔清〕不著撰人：《嘉義管內采訪冊》，頁 39。

〔註 156〕《風俗通義》，《中國哲學書電子化計劃》，檢索日期 2016 年 11 月 27 日。

〔註 157〕鈴木清一郎著，馮作民譯：《增訂臺灣舊慣習俗信仰》，頁 468～470。

鈴木清一郎此段敘述簡單明瞭的說出了庶民拜祭土地福神的真正意義，是以感恩答謝之心來祭拜神衹，二月初二是福德正神的祭日，因而有盛大隆重的祭典，於農業上為播種之時，祈求土地公保佑順利收成，即為「春祈」；八月十五日正是收穫季節，此時的祭拜即為感謝土地公保佑豐收，為「秋報」。除了準備當令食物、月餅等祭拜福神之外，還有酬神戲的演出，稱之為社戲，表現出庶民對祀福德神的重視，此習俗也呈現出中秋節令當中饒富信仰文化特色的一面。

　　中秋節令詩中，如吳望蘇〈中秋即事〉中即有中秋祀福神的書寫，其詩云：

　　　　農畝中秋享福神，霜糖月餅薦時新。

　　　　三牲盡日來阡陌，豐祝年分壽祝民。〔註158〕

詩的首句便點出中秋祀福神是來自農畝社會的習俗，第二、三句寫費心準備的豐盛祭品，最末句再說出祭祀是為祈求豐年與平安。再如賴惠川（悶紅老人）有首〈竹枝詞〉，如下：

　　　　今年晚稻十分豐，答謝田頭土地公。

　　　　盡道傍神來作福，通村飲得面紅々。〔註159〕

此詩雖非寫中秋祀福神之俗，但由其詩可見庶民對土地公護佑天地作物的感謝之心。黃贊鈞的〈重修福祠〉一詩也是如此，其詩云：

　　　　福神自古鎮龍峒，一載興修廟貌崇。

　　　　雞黍千家同社祭，隨人拜舞敢言功。〔註160〕

以紀錄土地公廟的修建來描述庶民對土地公的信仰是如何的虔敬，以及對修建土地公廟之事的重視與用心。

　　關於中秋社戲的記載，於清・鄭大樞〈風物吟〉十一首之七可見，其詩云：

　　　　奪采掄元喝四紅，月明如水海天空。

　　　　野橋歌吹音寥寂，子夜挑燈一枕風。

　　　　作者註：「昔年山橋野店，歌吹之聲相聞，謂之『夜戲』。」〔註161〕

〔註158〕　《全臺詩》第 18 冊，頁 191。

〔註159〕　《台灣古典詩主題詩選資料庫》，網址：〈http://ipoem.nmtl.gov.tw/Topmenu/
　　　　　Topmenu_PoemSearchOverViewContent?CatID=55〉，檢索日期：2016 年 11 月
　　　　　26 日。

〔註160〕　《全臺詩》第 26 冊，頁 356。

〔註161〕　《全臺詩》第 2 冊，頁 74。

鄭大樞〈風物吟〉組詩不只以古典詩記錄臺人重要節日習俗,還加以說明,提供清代初期臺地節令風俗參看資料。此詩首句所寫「奪采掄元喝四紅」正是中秋「博餅」之俗,「野橋歌吹音寥寂」此句所說作者自註即為夜戲,夜戲即社戲,在鄉間為酬神而演出的戲劇,皆是中秋流傳已久的習俗。

中秋節令詩中書寫祀神與社戲的詩作並不多,但從其他詩作中亦可看出臺灣民眾對土地公信仰相信的程度,如吳士茂〈新年雜詠〉一詩,所寫為面對改曆後要過兩個新年的衝擊,但祀福神之事依舊,就可知庶民對土地公的信仰是如何的重視,吳士茂〈新年雜詠〉云:

> 罕逢一月兩重春,三友齊門近效人。
>
> 古曆半留存紀念,新年總奉作佳辰。
>
> 依然□黍開元旦,亦備辛盤薦福神。
>
> 停課兒童忙更甚,遍書名刺賀鄰親。〔註162〕

「古曆半留存紀念,新年總奉作佳辰。」,儘管需依新曆而行但仍希望保有舊俗,此時舊俗中祭神的節儀更顯重要,尤其福神信仰代表農業社會庶民的感恩天地之情,是傳統文化中重要的精神。中秋節令詩中直接記述中秋祀神與社戲之俗的詩作雖然不多,但從相關文獻記載中仍可看到此俗在中秋節令之中所代表的感恩與祈福的節俗意涵。

(四)節敬與分餅

中秋節令習俗中尚有一項值得一書的「送節敬」之俗,此俗於《安平縣雜記》記載為:「八月十五日,……是日,里塾放假,學徒仍送節敬。」〔註163〕,片岡巖《臺灣風俗誌》所記為:

> 中秋節,……這日書房的老師以中秋月餅贈學生,學生向老師贈送
>
> 紅包(裡面有二角內外)做答禮。〔註164〕

不只在中秋節令記載中見到「送節敬」之俗,端午節令中也見到此俗的記載。如《安平縣雜記》上記:「五月五日,為端午節。各衙門及里塾皆放假一天。學徒送節敬於塾師。」〔註165〕,《增訂臺灣舊慣習俗信仰》記載如下:

> 在清代,每間書房都在這天行『紅包禮』,就是由學生用紅紙包兩角

〔註162〕《詩報》1936年1月1日,120期,頁1。

〔註163〕《安平縣雜記》,《臺灣文獻史料叢刊・第二輯》第35冊,頁7。

〔註164〕片岡巖著,陳金田譯:《臺灣風俗誌》,頁47。

〔註165〕《安平縣雜記》,《臺灣文獻史料叢刊・第二輯》第35冊,頁4。

或四角錢，送給老師作為謝禮，老師照例要送一把扇子作為回禮。
〔註166〕

由以上文獻可知，「送節敬」之俗是在重要節日而有〔註167〕，於中秋是由老師贈學生中秋月餅，學生則贈送老師紅包，於中秋節令詩中也見到此俗的書寫，如黃純青〈書房〉三十首有序，副詩題：束修膳米，其詩內容如下：

束修膳米表微誠，蒲節中秋禮進呈。

弟子輪番炊事理，起居飲食侍先生。

作者註：「束修，蒙師謝禮也，通稱束金。學生一人一年，自二圓至十二圓。《論語‧述而篇》：『子曰：自行束修以上，吾未嘗無誨焉。』朱子註曰：『修，脯也，十脡為束。古者相見，必執贄以為禮，束修其至薄者。』膳米，以米贈師為糧，曰膳米。學生一人一年，自一斗至二斗。禮進呈，蒲節，中秋節學生以節儀贈先生，謂之禮。所謂節儀者，以銅錢二百文，或三百文。用紅紙包之者是也。弟子輪番，先生炊事，弟子輪番理之。起居飲食，弟子輪番侍之。」〔註168〕

此詩寫中秋禮敬也寫束脩，作者自註也說明了此俗的意義在於表達對先生的尊敬之意，端午節和中秋節是傳統三大節日之二，節日之中本有親友互相贈答之俗以表達祝福與感謝，老師和學生之間的贈答所傳遞出的則以感謝老師教導與期勉學生精進為主。黃純青的〈書房〉三十首有序，副詩題：中秋分餅，其詩內容如下：

父兄母姊笑燈前，放假歸來靄靄然。

多謝先生分月餅，中秋佳節樂團圓。〔註169〕

此詩再將中秋節敬之俗說明，是由「先生分月餅」，故有「分餅」之說。王大俊的〈陳雨水君榮任七十二分校長賦此以送〉一詩也寫，其詩句為：「行時偏近中秋節，月餅誰分上下弦。」〔註170〕所說應也是中秋節敬之俗。

〔註166〕鈴木清一郎著，馮作民譯：《增訂臺灣舊慣習俗信仰》，頁533。
〔註167〕片岡巖於《臺灣風俗誌》中記載：「所謂節敬，就是端午、中秋、重陽等三節時所贈送的禮物，帖面也要寫上幾句吉利話。」片岡巖著，陳金田譯：《臺灣風俗誌》，頁203。
〔註168〕黃純青：《晴園詩草》，頁48。
〔註169〕黃純青：《晴園詩草》，頁50。
〔註170〕《台南新報》1925年10月10日，第8498號，《台灣漢詩數位典藏資料庫》，檢索日期：2016年11月28日。

第二節　中秋節令詩的文化意義

　　上一節，筆者從和中秋有關的節令詩中，以「節慶活動」、「中秋飲食」及「中秋節令習俗」三方面分析其中的民俗，得見臺灣中秋節令節慶活動以祈福與感恩的祭社神爲主軸，但由節令詩所見多爲描寫拜月，可見拜月與祭社神是並存的節令活動。因統治者施行「以文治臺」政策，鼓勵漢詩的創作使中秋節令活動中的詩會吟詠大盛，臺地盛行的博弈風俗也參入於其中，博餅活動因而風行。中秋節令飲食則以食月餅及柚子爲主，習俗也仍保有傳統文化如聽香、椅姑占卜及社戲與節敬，可以說是三大節令當中受殖民者影響程度最低的一個節令，幾乎看不到日式節儀或飲食等的移入，也未因殖民者的強迫而有所更易，不過，卻也是日人參與最多的一個漢人傳統節令，因爲詩會興盛，日籍漢文作家積極投入漢詩創作，也有許多和本土文人交流的機會，使中秋節令當中也看見日人的漢詩作品，形成日治時期中秋節令詩的一項文化特色。以下從「饒富團圓意象」、「滿載神話傳說」及「交融臺日詩情」三個面向探析日治時期中秋節令詩的文化意義。

一、饒富團圓意象

　　「十二度圓皆好看，其中極圓是中秋」（唐・歐陽詹〈玩月詩〉），中秋以月圓爲節令圖騰，「萬里無雲鏡九州，最團圓夜是中秋。」（唐・殷文圭〈八月十五夜〉）再從月圓延伸出團圓意象，尤其「每逢佳節倍思親」（唐・王維〈九月九日憶山東兄弟〉），由團圓氛圍勾引出的思鄉思親情懷，伴隨拜月、賞月、享食月餅、詩會吟詠、燈猜博餅熱鬧多元的節令活動，及充滿祈願的聽香、節敬習俗，中秋節令的團圓意象更爲豐厚，於古典漢詩之中詩人們以月圓吟詠出無數佳作，臺灣中秋節令詩中同樣吟誦月圓，由月圓引發的思鄉思親也成爲書寫的素材，或有歡樂的相聚，或有離人的悲愁，最後都以團圓爲依歸，詩作中表現出豐富團圓意象，以下從日治中秋節令詩例舉幾首詩作來探臺灣中秋節令饒富團圓意象的文化特質。

　　首先，以趙元安（1856～1927）〈中秋夜〉爲例，其詩云：

　　　　清虛仙闕廣寒宮，今夜團圓玉宇中。

　　　　齊唱霓裳羽衣曲，月華香滿桂花風。〔註171〕

―――――――――――――――――

〔註171〕《全臺詩》第 13 冊，頁 172。

以傳說嫦娥故事爲場景，「清虛」的仙境在「齊唱」仙曲中也如人間般有了團圓的氛圍，似寫仙境但其實寫人間的佳節團圓。以傳說故事寫人間團圓的還有陳錫如的〈中秋月次蔡錫三君韻〉，其詩云：

> 團圓皎潔淨無瑕，掩映光輝透碧紗。
>
> 疑是明皇曾致約，嫦娥有意到人家。〔註172〕

以唐明皇和嫦娥兩個傳說故事入詩，塑造中秋意象，前兩句即帶出詩的主旨是在寫中秋團圓。除以傳說故事寫團圓意象，還有詩人以描述民間集會賞月情景書寫團圓意象，如林耀亭〈乙丑（1925）中秋夜官民會集公園湧泉閣〉，其詩云：

> 秋色平分秋水清，湧泉閣下酒杯傾。
>
> 一輪圓滿溶溶月，天上人間共此情。〔註173〕

及以和家人共賞明月的詩作，同樣可描繪出中秋佳節的團圓意象，這從施梅樵（1870～1949）〈中秋夜偕內子觀月〉一詩中可見，其詩云：

> 一顆明珠燦九天，人間雙影尚團圓。
>
> 自從嫁作梁鴻婦，荏苒光陰五十年。〔註174〕

以天上的一顆明月對照人間的一對雙影，單與雙對比，爲突顯「團圓」意涵。歡樂飲宴中的團圓氛圍於謝汝銓〈中秋雅集即事〉一詩中也可見，其詩云：

> 好是月圓人亦圓，言歡重復啓吟筵。
>
> 黃岡已等鬧蘇謫，水調歌成只自憐。〔註175〕

林逢春〈臺灣節序故事雜詠‧中秋之月餅〉一詩，雖是書寫中秋月餅但由描寫中也有團圓意象呈現，其詩云：

> 欣將餅膩祝中秋，名士由來莫匹儔。
>
> 巧製團圓形似月，紅綾裹處用相酬。〔註176〕

「巧製團圓形似月」，這是寫月餅的形狀是由月的圓而來，在親友以此代表圓的餅互相贈酬之中的祝福即是以闔家團圓爲祈願，帶出了中秋團圓意象。

　　佳節中家人親友相聚自是團圓意象，但離人的思愁所帶映的團圓意象其實更有意境，從呂喬南（1864～1918）〈中秋月〉一詩中可見到心盼望團圓而

〔註172〕《全臺詩》第 16 冊，頁 268。
〔註173〕《全臺詩》第 18 冊，頁 238。
〔註174〕《全臺詩》第 27 冊，頁 344。
〔註175〕《全臺詩》第 25 冊，頁 42。
〔註176〕《全臺詩》第 23 冊，頁 575。

帶映的團圓意象是更爲深刻的，其詩云：

> 碧空如水淨無塵，萬里歸心付一輪。
>
> 天上團圓秋半月，也應留半與離人。〔註177〕

天上的淨空使目光急於梭巡一輪團圓明月，但尋到的明月只有一半，因爲一半要留給還未團圓的離人，這是一種帶著盼望的團圓意象。張玉書（1876～1939）〈中秋夜感作〉，詩云：

> 露垂風定月光華，吟賞樓頭手八叉。
>
> 今夜團圓人盡望，燕都久客獨思家。〔註178〕

也是以盼望團圓來營造團圓意象。即將分離的友人也以盼望再相聚來勾勒團圓意象，從陳洛〈中秋觀月會送香國先生東歸分韻〉二首之一，一詩中可見，其詩云：

> 龍山鏡石玉輪斜，兩度秋光閱歲華。
>
> 人月團圓難再得，來宵缺處一分差。〔註179〕

缺少了友人月再圓也不算團圓。林資銓〈中秋〉詩感歎更深刻，其詩云：

> 家山小別又中秋，萬里無雲夜氣幽。
>
> 故國月憐蓬島望，清宵雨阻筍江遊。
>
> 蘭成未卜棲身宅，少伯惟思避世舟。
>
> 記取團圓眞樂在，鄉關烽火幾時休。〔註180〕

「記取團圓眞樂在」，離開家國且戰事頻繁之時更覺月圓的可貴，眞能團圓才是樂事，渴求團圓的團圓意象。林臥雲〈戊戌&511（1958）中秋即景遣興〉六首之二，詩中也發出明月依舊但人卻不能團圓的遺憾，其詩云：

> 豪放當年夢已休，客居海角倦吟秋。
>
> 情深只有天邊月，依舊團圓照白頭。〔註181〕

既然團圓是由月圓帶出的意象，團聚是也聚焦於圓月，有時不免擔心月的盈缺，在王竹修〈中秋夜〉一詩中，就有此慨歎，其詩云：

> 萬里無雲一色秋，銀蟾輝映庚公樓。
>
> 人家儘道團圓好，只怕嬋娟不久留。〔註182〕

〔註177〕《全臺詩》第 14 冊，頁 323。
〔註178〕《全臺詩》第 28 冊，頁 167。
〔註179〕《全臺詩》第 14 冊，頁 139。
〔註180〕《全臺詩》第 29 冊，頁 209。
〔註181〕《全臺詩》第 32 冊，頁 450。
〔註182〕《全臺詩》第 22 冊，頁 185。

「只怕嬋娟不久留」，真正擔心的是人無法永遠相聚吧！「人有悲歡離合，月有陰晴圓缺，此事古難全。」宋代蘇軾的〈水調歌頭〉都如此吟唱了，人的長相聚本難成全，只能「千里共嬋娟」了。

　　中秋節令詩中的團圓意象於任何時代都可見，日治時期在詩會盛行的帶動中詩人們更是積極創作，此時期饒富團圓意象的中秋節令詩不勝枚舉，不論悲歡離合，詩歌中所蘊含的團圓意象始終存在，對此由王穎〈中秋節的起源與中秋月的文化意象〉一文中的分析來看，其云：

> 中國古人相信，天上的某種現象印證著人世間的某種現象，二者遙
> 相呼應。月亮的陰晴圓缺，恰好契合著人世間的悲歡離合和人生際
> 遇，因此當天空高高懸掛一輪月亮的時候，人們滿心祈望人世間的
> 一切都美滿如意。〔註183〕

如其所說，月亮在中秋節令中是一個象徵，一個人們所共同認知的「團圓象徵」，是一個帶著美好祈願的象徵，藉由這個象徵的書寫或吟詠成詩歌，離與聚都可以是書寫的素材，尤其在日治時期，面對外來統治者在文化上進行強勢的同化，詩人們在書寫中秋團圓意象時又多些不安與消極意識，如賴世英〈中秋夜雨〉一詩，其詩云：

> 中秋皓魄轉濛籠，慘淡天街雨又風。
> 疑是嫦娥愁改制，悔□妝鏡照當空。
> 婆娑影濕蟾宮桂，點滴聲添露井桐。
> 好景今宵遵舊曆，明年明月候難同。〔註184〕

中秋夜下起雨來，詩人卻說是「疑是嫦娥愁改制」，日人治臺，於 1909 年宣布改行新曆，臺人不可再如 1909 年之前新舊曆並行，端午和中秋雖仍依舊曆而過，但日常生活的衝擊時有所感，因而詩人在書寫中秋詩時，即使此刻是「好景今宵遵舊曆」，但「明年明月候難同」，連作為中秋節令象徵的明月都不知會不會改變，此詩於團圓氛圍中流露不安。許雪洲的〈中秋觀月〉詩，則表現消極意識，其詩云：

〔註183〕王穎：〈中秋節的起源與中秋月的文化意象〉，（北京：《北京青年政治學院學報》第 17 卷第 1 期，2008 年 1 月），頁 42。

〔註184〕《台灣古典詩主題詩選資料庫》，網址：〈http://ipoem.nmtl.gov.tw/Topmenu/ Topmenu_PoemSearchOverViewContent?CatID=55〉，檢索日期：2016 年 11 月 28 日。

三五良宵忍放過，一綸明鏡似新磨。

得因閒日逢佳節，便倚高樓對素娥。

世態趨新生感慨，秋光依舊照山河。

天將好景留今夕，有酒何妨發浩歌。〔註185〕

全詩雖寫中秋觀月卻不見觀月的閒情逸致，也沒有佳節團圓的歡樂，全是因「世態趨新」，面對新的世態，對比著依舊的秋光，詩人擔心好景只有今日，明日再不復見，只好「有酒何妨發浩歌」，以今日有酒今日喝的心態渡過。

　　日治時期的中秋節令詩，除仍舊如傳統中秋節令詩藉由吟詠中秋月色、或運用神話素材來書寫團圓意象，此時的中秋詩作中又多了些不安與消極意識呈現，這是日治時期中秋節令詩團圓意象中特殊的文化意義。

二、滿載神話傳說

　　即使日治時期，中秋節令詩歌的創作有許多作品是來自統治者刻意安排的詩會中，依其為古典詩所呈現的文化特質仍舊會展現於詩作之中，在中秋節令詩中所展現的除上一節所說的「饒富團圓意象」的文化意義，在本節所要談的是日治時期的中秋節令詩運用神話傳說以豐富詩境的文化意義。古典漢詩中引用典故入詩是常見的技巧，羅鳳珠於〈蘇軾詩典故用語研究〉一文中就說蘇軾的詩作：「以絕妙的典故應用技巧豐富了詩的內涵與意境，使得他的詩作兼具形式與內容之美，在唐詩的光芒之下另闢蹊徑，再現光芒。」〔註186〕，用典可使詩作的內容更為豐厚，於日治時期因政治環境特殊，詩人於創作古典詩歌時以典入詩並非只在豐富詩境，詩人用典故尚有隱晦對時政的不滿及心中的怨懟的目的，在中秋節令詩中所見的用典多是以「語事混合典」〔註187〕的用法，當中即有直接引用故事又有引用前人用過的典故之用語，以下就實際從中秋節令詩來看。

　　日治時期中秋節令詩中最常見到的用典就是「嫦娥」傳說故事，嫦娥故事記載見於《淮南子・覽冥訓》：「譬若羿請不死之藥於西王母，姮娥竊以奔

〔註185〕　《風月報》1939年2月1日，79期，頁32。

〔註186〕　羅鳳珠：〈蘇軾詩典故用語研究〉，《第五屆漢語詞彙語意學研討會》會議論文，（2004年6月14～17日），頁2。

〔註187〕　「語事混合典」於羅鳳珠：〈蘇軾詩典故用語研究〉一文中說明是：「指融合前人用過的典故之用語及同一個典故故事的用法。」羅鳳珠：〈蘇軾詩典故用語研究〉，頁2。

月，悵然有喪，無以續之。」〔註188〕，故事說嫦娥因食了后羿為求長生而向西王母求得的不死之藥，成仙了，飄然飛往月宮之中，飛入月宮後於淒清冷漠的廣寒宮內度過無邊寂寞的漫漫歲月，傳說故事伴隨中秋節令的流傳，詩人們將對嫦娥淒悲心境和生活以及對月宮的想像，引以為題吟詠創作。於日治時期中秋節令詩中如沈藍田（1853～1918）〈中秋月〉即引嫦娥故事入詩，其詩云：

> 冰輪皎皎夜生涼，瞥見嫦娥巧樣妝。
>
> 疑是廣寒光已滿，平分秋色照穹蒼。〔註189〕

描寫中秋所見的月亮中想像嫦娥在廣寒宮裡梳妝、打扮的情景，所見的夜色也是由廣寒宮裡漫出的，既寫中秋月色的美，又寫浪漫傳說故事，還寫出了嫦娥的孤寂，只有一人的廣寒宮是不需太多的光。王慶忠（1856～1925）〈辛丑（1901）中秋見晴亭賞月〉一詩中也引用嫦娥故事入詩，其詩云：

> 一年好景在中秋，颯颯金風入畫樓。
>
> 底事嫦娥羞澀甚，更深未見月當頭。〔註190〕

同樣寫嫦娥故事但此詩不寫嫦娥的孤獨，寫嫦娥的嬌羞美姿，這是以傳說故事的浪漫襯托佳節的美好。孫寶金的〈中秋月〉則寫嫦娥偷靈藥之事，其詩云：

> 瑟瑟金風帶桂香，昭昭玉鏡半天張。
>
> 嫦娥早會偷靈藥，纔有今宵分外光。〔註191〕

若非嫦娥偷了靈藥，怎會有今晚見到的美麗月光，和王慶忠的〈辛丑（1901）中秋見晴亭賞月〉一樣未寫嫦娥的孤寂或寄託詩人的思緒，而以略帶戲謔口吻敘述因嫦娥偷了靈藥才有今天的月光可欣賞。而鄭鵬雲（1862～1915）的〈中秋席上分韻〉一詩，則見到詩人寄託己懷於嫦娥故事之中，其詩云：

> 頻年浪跡海之濱，詩酒疏狂老此身。
>
> 生恐姮娥還笑我，天涯多少未歸人。〔註192〕

詩寫詩人浪跡天涯的孤寂，和嫦娥一人獨居月宮同病相憐。再看王竹修（1865～1944）〈中秋夜賞月〉三首：

〔註188〕 〔漢〕劉安撰：《淮南子》，《中國哲學書電子化計劃》，檢索日期 2016 年 11 月 28 日。

〔註189〕 《全臺詩》第 13 冊，頁 63。

〔註190〕 《全臺詩》第 13 冊，頁 152。

〔註191〕 《詩報》1933 年 1 月 16 日，51 期，頁 11。

〔註192〕 《全臺詩》第 14 冊，頁 45。

怡園別有好秋心，玉鏡高懸漏未沉。

欲博嫦娥微一笑，不知涼露濕衣襟。

時逢秋半晚涼侵，桂子飄香漏未沉。

此夜團圓人盡望，不知誰解素娥心。

秋色平分涼味侵，一輪皎潔挂天心。

姮娥枉自偷靈藥，獨守蟾宮恨不禁。〔註193〕

第一首「欲博嫦娥微一笑」，虛實交融，賞人間實可望見的月，引虛幻的嫦娥故事，增添賞月的樂趣；第三首說「姮娥枉自偷靈藥，獨守蟾宮恨不禁。」，以為嫦娥偷取仙藥後得獨自一人忍受漫無止境的孤寂，應該後悔不已，這幾首詩都是以嫦娥故事典故入詩的中秋節令詩。

　　除了嫦娥，吳剛傳說也常於中秋節令詩中見到，唐·段成式《酉陽雜組·卷一·天咫》中載：「舊言月中有桂，有蟾蜍，故異書言月桂高五百丈，下有一人常斫之，樹創隨合。人姓吳名剛，西河人，學仙有過，謫令伐樹。」〔註194〕，傳說中的吳剛學仙有過，而遭天帝懲罰到月宮砍伐桂樹，其樹隨砍隨合，所以必須不斷砍伐，日治時期的中秋節令詩中見到寫吳剛入詩的，如葉際唐〈修月〉：

桂花樹下斧頻攜，卻笑吳剛技尚低。

我願削成長不缺，團圓夜夜照金閨。〔註195〕

賞月時穿鑿附會吳剛伐桂的傳說故事，添加佳節遊賞的趣味。再如周紹祖（1859～？）〈月殿〉一詩，也是如此，其詩云：

光生宮闕一輪圓，內有嫦娥絕代妍。

試向吳剛問消息，不知構造自何年。〔註196〕

想像吳剛傳說故事，以為真有其人，還可向其探問消息，如此書寫豐富了中秋節令詩的韻味。但在日治時期特殊的政治環境下，詩人難免藉詩以抒情，藉故事以抒憂，如王竹修〈修月〉一詩：

圓缺無常一嘆兮，吳剛手段信非低。

願求重把神仙斧，改造山河盡整齊。〔註197〕

〔註193〕《全臺詩》第22冊，頁291。

〔註194〕〔唐〕段成式：《酉陽雜組》，《中國哲學書電子化計劃》，檢索日期2016年11月28日。

〔註195〕《全臺詩》第28冊，頁353。

〔註196〕《全臺詩》第13冊，頁272。

〔註197〕《全臺詩》第22冊，頁212。

看似引用吳剛傳說增添詩意，但「圓缺無常一嘆兮」嘆的只是月的圓缺還是也嘆人事的聚散離合，若以時代背景來猜想，可能也是嘆國家的易主，面對改曆改制，卻無力可為，因而希望借用吳剛的神仙斧「改造山河盡整齊」。

　　日治時期中秋節令詩中可見傳說故事，還有「唐明皇」遊月宮傳說，林搏秋（1860～1938）的〈霓裳曲〉詩中即書寫了此一傳說故事，其詩云：

　　　　明皇一夢月中游，親見仙娥舞唱幽。

　　　　天地長留佳曲在，清音大奏廣寒秋。〔註198〕

〈霓裳曲〉即〈霓裳羽衣曲〉，原是唐玄宗所做的宮廷歌舞，但為人刻意和唐明皇遊月宮的傳說連結而流傳成家喻戶曉的中秋故事，也被詩人引用入中秋節令詩中，以神仙故事來增添中秋節令的瀾漫氛圍。如陳錫如的〈中秋月次蔡錫三君韻〉一詩：

　　　　團圓皎潔淨無瑕，掩映光輝透碧紗。

　　　　疑是明皇曾致約，嫦娥有意到人家。〔註199〕

詩中特意將唐明皇及嫦娥兩則中秋傳說故事連結，塑造詩歌的趣味性。以及陳宗賦（1864～1928）〈中秋賞月〉四首之一中也有唐明皇故事，其詩中有「明皇遊後少窺兔」及「嫦娥無語說從頭」〔註200〕的詩句，都是於詩中同時引用唐明皇故事與嫦娥故事來增添佳節的韻味和樂趣。

　　日治時期的中秋節令詩引用和中秋有關的傳說故事，豐富了詩歌的意境與韻味，並具有滿載神話傳說的文化意義，也使在異族統治下所創作的古典詩中更富涵傳統文化於其中。

三、交融臺日詩情

　　許俊雅在〈時空交互下的特殊存在──臺灣文學中的淡水地景〉一文中，提及日治時期由政府所推廣舉辦的「觀月會」常有「官紳同宴」的場景〔註201〕，且因詩會興盛，臺日詩人以漢詩文交流唱合集會頻繁，可想見所吟詠創作的中秋詩應該不在少數，以下由其中幾首日籍漢文作家所創作的中秋詩作來看，如籾山衣洲（1855～1919）〈臺灣風俗詩〉三十八首選一，其詩云：

〔註198〕《全臺詩》第 13 冊，頁 318。
〔註199〕《全臺詩》第 16 冊，頁 268。
〔註200〕《全臺詩》第 14 冊，頁 396。
〔註201〕許俊雅：〈時空交互下的特殊存在──臺灣文學中的淡水地景〉，《低眉集：臺灣文學／翻譯、遊記與書評》，頁 277。

晚來古廟散香烟，月餅圓如明月圓。

驅疫未終還禱福，人間多事累神仙。（中秋）〔註202〕

此組詩作共有三十八首，依時序節氣排序，爲描寫臺灣風土人情的作品。此詩寫中秋節俗，描寫中秋月夜到廟裡燃香祈福之習俗，及以法會慶典解消地方疫病的風俗，「人間多事累神仙」，這是從不同民族的視角來解讀臺灣節令風俗，以爲臺人對燒香祈福之相信是種迷信，可感受到是從旁觀者的視角來書寫。

　　明治二十八年（1895）八月隨日軍來台，擔任陸軍郵便局長的土居香國，也書有關於中秋節令的詩作，其〈登城樓遠眺〉一詩便是中秋時節所作，其詩云：

苔壁篆瘦蟲啾啾，有約不來吟獨愁。

纖雲無痕碧落淨，冰輪照出良中秋。

排戶褰裳蹈我影，滿街光景自異境。

家家祭壇供豚醪，爆竹聲迸紙灰冷。

城樓高攀承恩門，女墻凹凸連郊原。

離離萬瓦露凝白，清笳一聲風斾翻。

南望臺南雲漠漠，彼胡爲者恣威虐。

雷霆精銳自天降，游魂不日就擒縛。

東望瀛州波漫漫，吟社群儁登樓觀。

觀月萬里思我不，醉擁詩城應罄歡。

俱我在者只明月，清光依依照鬚髮。

欲語羈懷默不膺，雲梯百尺玉蟾窟。

此時不醉恨何如，急叩門西塵裏居。

友終不來夜已半，紹興醇酒澹水魚。

舉杯邀月月更白，拔劍砍空空愈碧。

草賊出沒羽檄頻，電飛羽馳臺北驛。〔註203〕

全詩彷若傳統漢詩寫作風格，但細看其中仍流露大和民族思維，如「爆竹聲迸紙灰冷」，「紙灰」應是說祭拜神佛時焚燒紙錢的灰燼，這是在傳統書寫中

〔註202〕余美玲：《臺灣古典詩選注·5·歲時與風土》，頁317。

〔註203〕《智慧型全臺詩資料庫》網頁，網址：〈http://xdcm.nmtl.gov.tw/twp/b/b02.htm〉，檢索日期2016年11月29日。

秋富團圓意象的佳節時少見的描寫物，較常見於寫「清明」或「普渡」這類和祭鬼有關的節令描寫，如莊長命（1872？～1916）〈清明節踏青詞〉：「祭掃山頭人未歸，紙錢焚罷已斜暉。餘灰片片如胡蝶，也逐東風到處飛。」〔註204〕和施士洁（1856～1922）〈泉南新樂府・普渡〉：「夜闌人散劇已畢，紙錢堆裏灰猶熱。」〔註205〕，但土居香國卻將其寫入中秋詩中，日人來臺對臺地焚燒紙錢的風俗視其爲浪費和無稽，籾山衣洲〈臺灣風俗詩〉三十八首中就有一首〈紙錢〉：「蔓艸萋萋冷墓烟，灰餘銀紙亂墳前。不知黃土爲何用，虛費人間幾萬錢。」〔註206〕抨擊臺人清明掃墓，焚燒紙錢爲一種無謂浪費的惡俗。因而「爆竹聲迸紙灰冷」一句也表現了土居香國對此俗的不認同。「舉杯邀月月更白，拔劍砍空空愈碧。草賊出沒羽檄頻，電飛羽馳臺北驛。」最後這一句充滿陽剛意味，和傳統寫中秋的陰柔詩風大不相同，呈現日式尚武精神。

此外日籍漢文作家伊藤貞次郎（1859～1923）也書有〈中秋觀月〉，其詩云：

> 暮天慘澹風吹髮，舉手欲邀雲間月。
> 酒酣詩成誇傍人，歌聲悲壯震林樾。
> 觀月不是尋常秋，比免危難起病骨。
> 浮雲□月月不知，今夕把觴莫蒼卒。

詩註：

> 袖海曰格調似李太白。豐山曰浮雲之句絕奇驚人。〔註207〕

及〈中秋重觀月二者〉一詩，其詩云：

詩序文：

> 清曆八月十五日。例爲中秋觀月期。正當太陽曆十月初六日。而滿月後二日。實在十月八日午後一時十分。□被彼國司曆違算也。重賞月作此詩。

內容：

> 更迎明月且消燈，庭上參差樹影仍。
> 司曆何由愆朔望，姮娥磨鏡二宵增。〔註208〕

〔註204〕《全臺詩》第 20 冊，頁 400。
〔註205〕《全臺詩》第 12 冊，頁 159。
〔註206〕《台灣漢詩數位典藏資料庫》，檢索日期 2016 年 11 月 30 日。
〔註207〕《台灣漢詩數位典藏資料庫》，檢索日期 2016 年 11 月 30 日。
〔註208〕《台灣漢詩數位典藏資料庫》，檢索日期 2016 年 11 月 30 日。

伊藤貞次郎兩首寫觀月的詩作，和傳統漢詩寫作風格相近，於摹寫景物中兼抒懷，甚至也引用嫦娥典故入詩，深具古典漢詩風味，值得注意的是〈中秋重觀月二者〉一詩的詩序文中提到時已改曆，但中秋觀月仍依舊曆而行，寫此詩那年的舊曆八月十五日為陽曆十月初六日，伊藤貞次郎於後二日（十月八日）才見到滿月，他認為這是臺灣司曆違算也，因而有「司曆何由愆朔望」此句之嘆，此又為日人觀點之現，日本因明治維新引入西方科學教育，對天文之事會以實事求是的思維思考。

日籍漢文作家書寫中秋節令，還有久保得二（1875～1934）的〈中秋前一夕賦此〉一詩，其詩云：

為憾去年雨，且期明夜晴。秋光千里杳，露氣一川平。

鄉國頻□首，江湖易愴情。何由煩玉斧，既近月輪盈。〔註209〕

此詩中也見到吳剛傳說故事入詩，且直用「玉斧」一詞借代為吳剛故事，用典技巧高明，也可知久保得二對漢傳統文化的熟悉與漢文基礎之深厚，顧敏耀、薛建蓉、許惠玟合著《一線斯文——台灣日治時期古典文學》一書，介紹久保得二時說：

久保得二號天隨，以號行。……由於飽讀中國歷代詩集，了解各派詩風特色以及相關詩學變化脈絡，因此造就了久保天隨之詩作擅長聲調與神韻，且因為學問涵養豐厚，因此其漢詩從形式上而言，無寧已等同於中國之漢詩，可謂塑造出日本的「中國化漢詩」。〔註210〕

無怪乎〈中秋前一夕賦此〉一詩更較其他日籍漢文作家的詩作具有傳統漢詩的韻味。

從這些日籍漢文作家的中秋節令詩作中，見到日人於漢詩創作上的用心，但斧鑿之跡仍無可避免的出現於詩文脈絡之間，畢竟正如顧敏耀、薛建蓉、許惠玟合著《一線斯文——台灣日治時期古典文學》一書中所說日人積極創作漢詩文並編輯漢文之作其目的：「藉由中、日同文的立場，在鼓吹漢詩、拉攏台灣知識分子的前提下，一方面可以提昇東洋文學，一方面也可以藉由漢詩傳遞日本現代文明進步思想，甚至傳遞日本同化的觀點，因此，這些在

〔註209〕《台灣漢詩數位典藏資料庫》，檢索日期 2016 年 11 月 30 日。

〔註210〕顧敏耀、薛建蓉、許惠玟合著：《一線斯文——台灣日治時期古典文學》，頁180～181。

台日人對於日、台融合的作用，實不容小覷。」〔註211〕，由以上日人於中秋節令詩作中偶會有如批評燒紙錢的惡習或指正舊曆的不正確，就顯露了日人將漢詩作爲同化工具的痕跡，而於此時期受統治者影響臺人詩作也不免有附和之作，如林獻章〈中秋觀月會〉：

> 日臺意志貴疏通，藉此良宵觀月同。
>
> 宴會應酬親且切，一團和氣樂融々。〔註212〕

「日臺意志貴疏通，藉此良宵觀月同」直接說出觀月會的眞正目的是在溝通臺日之間的思想，並進而能「一團和氣樂融々」。林獻章另一首〈中秋觀月會〉也是如此，其詩云：

> 群賢咸集定軍山，月值秋中色倍妍。
>
> 賞玩同來人盡樂，嬉遊盛世太平年。〔註213〕

其中「嬉遊盛世太平年」的盛讚奉迎日人之意溢於言表，還有尤瑞〈中秋步月〉一詩：

> 桂花露冷濕行裝，□魄方圓大放光。
>
> 上世人情原慷慨，中原軍閥逞威□。
>
> 只諳□石磨戈戟，未覺白人爲虎狼。
>
> 東海扶桑皇德厚，合應團結拓新疆。〔註214〕

這幾首中秋節令詩寫中秋佳節卻充滿了奉迎讚頌統治者之味，及贊頌皇軍之跡，這也是日治時期中秋節令詩特有的寫作風格。從臺日交流的詩文中，足見臺日交融的痕跡，使日治時期的中秋節令詩有著交融臺日詩情的文化意義。

小　結

　　本章從中秋節令詩的民俗談起，從文獻及中秋節令詩中整理了「節慶活動」、「中秋飲食」及「中秋節令」等三方面的民俗及當中的文化意義，在「節慶活動民俗呈現」一節中分從「拜月與祭社神」、「賞月與觀月會」、「詩會與

〔註211〕顧敏耀、薛建蓉、許惠玟合著：《一線斯文——台灣日治時期古典文學》，頁189。

〔註212〕《台南新報》1922年10月18日，第7410號，《台灣漢詩數位典藏資料庫》，檢索日期：2016年11月30日。

〔註213〕《台南新報》1922年10月18日，第7410號，《台灣漢詩數位典藏資料庫》，檢索日期：2016年11月30日。

〔註214〕《風月報》1939年10月16日，96期，頁27。

燈猜」及「博餅與奪元」論述，日治時期的中秋節既有拜土地公（社神）又有拜月之儀，但因日人多視拜月之俗爲「迷信」，故將「拜月」轉而以「賞月」爲重的中秋節慶活動，由賦有文化信仰的「拜月」轉成娛樂性質的「賞月」，試圖改造臺灣的中秋意象，當時時有「觀月會」的舉行，且不限於中秋，創作了許多賞月、詠月的詩作，但本土文人爲保存傳統文化之心仍在，「拜月」的書寫仍見於有清到日治的臺灣古典詩中。日治時期賞月風潮更盛，從諸多賞月、觀月詩作除可見日治時期中秋觀月活動的熱鬧情景、官民同樂的特殊場景，也見到臺灣詩人和日籍文人的往來密切，形成特殊的中秋節慶活動，且日治時期賞月觀月的地點改變成公園、河上，月景中時有現代化的景物出現，中秋賞月已大不同於傳統的中秋節慶活動。在談到中秋節慶活動中的「詩會與燈猜」活動，因詩社林立，尤其中秋佳節正是集會吟詠的好日子，再加上中秋觀月會爲當時殖民者與被殖民者同時可運用爲遂己所需的集會時間，因而「詩會與燈猜」成爲日治時期的中秋節慶活動之一。「博餅與奪元」原是讀書人爲卜兆科舉結果而來的節令活動，科舉廢除才漸演變成遊戲性質的節慶活動，但對日人來說就是一種「賭博」的不良習俗，也無法理解「中秋博餅」當中的占卜是有其歷史文化背景，還好尚有詩人將此俗寫入詩中以呈現真實的節令活動。

在「中秋飲食民俗呈現」一節中分從「中秋月餅」及「柚子及其他」等中秋飲食所呈現的文化意涵論述。中秋節令飲食以月餅爲主，在各地因地而異發展出不同特色的中秋月餅，除月餅之外，於臺灣或各地也有因應氣候風俗而如荼粿、柚子、芋之類的當地中秋節令飲食，詩人書寫中秋節令時這些美味飲食也常伴隨入詩，除描寫其美味也傳達食物當中的文化意涵。而在「中秋節令習俗呈現」一節中從日治時期中秋節令詩中所見的「聽香與鏡聽」、「椅姑與紫姑」、「祀神與社戲」及「節敬與分餅」等中秋節令習俗探析，探得這幾項饒富信仰文化特色的傳統習俗，其中「聽香與鏡聽」與「椅姑與紫姑」被日人視爲迷信之說，雖未強制禁止，卻也不鼓勵，而使此俗日漸式微，徒留傳說，少有依俗而行；「祀神與社戲」與「節敬與分餅」之俗，則因帶有感恩之文化意義而保留於節令之中，繼續流傳，也成爲中秋節令中保有傳統文化意義的習俗。

本章第二節，整理出端午節令詩具有「饒富團圓意象」、「滿載神話傳說」及「交融臺日詩情」等三項文化意義，臺灣中秋節令詩繼承傳統漢詩特色，

同樣吟誦月圓，或書寫由月圓引發的思鄉思親，或有歡樂的相聚，或有離人的悲愁，雖又多了些不安與消極意識呈現，最後都以團圓爲依歸，詩作中表現出豐富團圓意象；日治時期的中秋節令詩引和中秋有關的傳說故事如嫦娥、吳剛及唐明皇等，豐富了詩歌的意境與韻味，並具有滿載神話傳說的文化意義，也使在異族統治下所創作的古典詩中更富涵傳統文化精神；日治時期因詩會興盛，日籍漢文作家積極創作漢詩，尤其於中秋詩作中可見許多創作用心可媲美傳統漢詩的作品，但因政治因素，斧鑿之跡仍無可避免的出現於詩文脈絡之間，連臺人的中秋節令詩在寫中秋佳節卻充滿了奉迎贊頌之味，這也是日治時期中秋節令詩特有的，足見日治時期的中秋節令詩呈現著交融臺日詩情的文化意義。

第六章 結 論

　　日治時期古典漢詩因時代政治環境的關係而成爲文學主流，而臺灣豐富的歲時節令文化於日治時期異族統治之下依舊精采的展演，歲時節令的書寫自然是古典漢詩的書寫主題之一，因此，本論文「日治時期臺灣古典詩中的三大節令書寫」，從日治時期詩人們所創作的新年、端午及中秋這三大傳統節令詩歌爲探討主題，透過相關文獻資料蒐集和分析，整理出日治時期臺灣三大節令詩的主題內容、分析日治時期臺灣三大節令詩中的風俗變易及審思日治時期三大節令詩作中的文化意義爲研究目的。茲將本論文研究結果及價值呈現如下：

　　以新年節令詩來看，本論文整理出新年節令詩中呈現了「朝賀之儀」、「賀正名刺」等的賀年民俗，並於詩中看見因改曆而引起的舊曆與新曆新年的競逐，臺灣當時有過兩個新年的現象及應變的民俗呈現；在年節飲食民俗的呈現則有食「年糕」、飲「屠蘇」酒及備「五辛盤」等；年節擺飾上則出現臺俗新年擺飾如「換桃符」、「燃華燭」、「祀神」、「燃爆竹」等節俗的隱形化及日俗新年擺飾如懸掛國旗、插日式門松及掛結草等的張揚，對比式的民俗呈現。端午節令詩的民俗呈現，則從「龍舟競渡」中看見競渡活動、競渡船隻及競渡奪標的民俗呈現；至於端午飲食則有食「角黍」、汲「午時水」及飲「端午酒」的民俗呈現；在端午節物民俗的呈現則有「貼桃符」、「蒲艾」、「浴蘭湯」、「香囊綵縷」及日式節物「鯉幟」的飛揚。而中秋節令詩的民俗呈現，從節慶活動中見到有「拜月與祭社神」、「賞月與觀月會」、「詩會與燈猜」及「博餅與奪元」的民俗呈現；中秋飲食民俗中即是中秋月餅和柚子爲主要的節令飲食；中秋雖無代表性的節物，但卻以「聽香與鏡聽」、「椅姑與紫姑」、「祀

神與社戲」及「節敬與分餅」等獨具中秋節令及臺地文化特色的習俗呈現。三大節令於日治時期大抵承襲既有傳統習俗而來,但因統治者強勢的文化同化政策,有一些節儀、節物或是習俗被視為迷信或浪費而被禁止或日漸式微,或是被強加日式節儀於其中,故而使日治時期的三大節令中所呈現的主題和傳統略有不同,尤其以新年節令因在日治時期被當作祝祭日之一,以及後來的強迫改曆,是被改易最多,最為顯著的節令;中秋則因詩會吟詠的盛行而使詩中主題內容之呈現成為保留傳統文化最多的節令。

總而言之,整理日治時期臺灣三大節令詩得出,新年、端午及中秋這三大節令詩都能呈現出代表日治時期歲時節令文化特色的主題內容,足見日治時期臺灣三大節令詩確能提供參看日治時期風土民情的資料,並具有時代性及在地性的意義。

本論文透過整理及分析日治時期三大節令詩,得見新年、端午及中秋三大節令於日治時期在風俗上的變易,於新年節令詩中得見「朝賀之儀」從清代地方官出門拜客的賀正之儀及象徵朝賀君王的賀王正,到日治時期以日式儀禮進行新年朝拜帝王拜賀儀式,朝賀的變易從以官方為主到庶民百姓也需參與;「賀正名刺的嫁接」最大的更易是儀式上的嫁接,名刺從「投」轉成「換」,場域則從親友家換成官方的「名片交換會」,惟以紅紙書寫名刺的舊俗仍被保留;因改曆而使舊曆與新曆新年產生競逐,再因舊曆新年習俗根著於臺灣人心中,不容易改變而使新舊曆新年從二元化發展到後期的隱形化;年節飲食上的變易,「年糕」和日式「鏡餅」在文化符碼上都有對新的一年的祈福,但日式鏡餅的「白」和臺人慣以紅色為吉祥產生衝突,而使鏡餅只短暫存在臺灣,隨日治時代的結束而消逝。喝屠蘇酒的習俗為古俗,日治時期又因日式節俗的引入而再次出現在臺地新年飲食之中,所呈現的文化符碼已非單純的新年節令飲食符碼而是帶有時代及政治意義的所指;「五辛盤」日治時期以「賀正」稱之,在驅疫避邪之外多了共享與祝福的意涵。年節擺飾是年節文化的另一種符碼,不同的新年擺飾蘊含各自的民俗文化意涵,日治時期,實行改新曆,臺俗中的新年擺飾呈現隱形化,從初期尚可見「換桃符」、「燃華燭」、「祀神」、「燃爆竹」等節俗,隨統治者同化臺人政策的積極,尤其 1909 年公告廢太陰曆後,臺灣新年漸以懸掛國旗、插日式門松及掛結草為景象,偶爾還可見到桃符的殘影,到日治後期則全以日俗新年擺飾張揚於街道,臺俗新年擺飾隱形化於人民心中。

　　端午節令詩中得見的競渡活動從清代發展到日治活動更顯熱鬧多彩並成為當時全民熱衷參與的重要節慶活動，競渡使用船隻日漸講究，且所用船隻以「龍」的形象呈現，即有傳說故事又有驅邪去惡的祭儀，還承載了庶民祈求豐收平安的祈願；在「競渡奪標」方面則可見臺灣端午競渡原有祭祀、禳除的節令氛圍淡化，而成以競技性娛樂為主的節令活動，且和清代不同，日治時期的端午競渡又再現屈原故事的連結。飲食方面，端午節令因時值酷暑，瘴癘並起而被視為惡月惡日，端午飲食符碼以避熱禳毒的意義為重，「角黍」、「午時水」及雄黃酒一類的「端午酒」，這幾種端午節令代表性的飲食多呈現出驅邪辟毒的厭勝特質，且日俗中端午節令亦有可代表節令意涵的食品，但處於日治時期的臺灣，一則因日人所過為新曆五月五日的「端午の節句」，再則柏餅或日式粽子等日式端午食品和臺灣的端午食品並不相同，因此臺人仍以角黍一類傳統食物為端午應節食品並未受到日俗的影響而有更易。日治時期的端午節物大致延續清代驅疫辟邪的厭勝節令文化而來，在「貼桃符」、以「蒲艾」、「香囊綵縷」製成佩飾、及「浴蘭湯」等節儀、祭儀及佩飾上都為配合端午節惡月惡日特質而具有驅役辟邪的的厭勝文化特質，較特別的是日式擺飾節儀──「鯉幟」的植入，豎鯉魚旗是一種武士精神的象徵，因此日人在統治地即使端午節俗仍讓臺人依舊俗過節，但仍要於市街上豎立「鯉幟」以宣揚尚武精神。

　　中秋節令詩中得見的節慶活動，既有拜土地公（社神）又有拜月之儀，但因日人多視拜月之俗為「迷信」，故將「拜月」轉而以「賞月」為重的中秋節慶活動，且時有「觀月會」的舉行，創作了許多賞月、詠月的詩作，但本土文人為保存傳統文化，從清領到日治的臺灣古典詩中「拜月」的書寫仍可見到。從諸多賞月、觀月詩作除可見日治時期中秋觀月活動的熱鬧情景、官民同樂的特殊場景，也見到臺灣詩人和日籍文人的往來密切，形成特殊的中秋節慶活動，且日治時期賞月觀月的地點改變成公園、河上，月景中時有現代化的景物出現已大不同於傳統的中秋節慶活動。再因詩社林立，中秋佳節正是集會吟詠的好日子，再加上中秋觀月會為當時臺日同時可運用為遂己所需的集會時間，而使「詩會與燈猜」成為日治時期的中秋節慶活動之一。「博餅與奪元」原是讀書人為卜兆科舉結果而來的節令活動，科舉廢除才漸演變成遊戲性質的節慶活動，詩人們仍真實呈現此俗。中秋的飲食民俗以月餅為主，並因製糖的發達，而有了更多甜味的月餅。除月餅之外，於臺灣或各地

也有因應氣候風俗而如茉粿、柚子、芋之類的當地中秋節令飲食。中秋節令習俗呈現可見「聽香與鏡聽」、「椅姑與紫姑」、「祀神與社戲」及「節敬與分餅」等，這幾項饒富信仰文化特色的傳統中秋節令習俗，多被日人視爲迷信之說，雖未強制禁止，卻也不鼓勵，因而仍可於中秋節令中繼續流傳，也成爲中秋節令中保有傳統文化意義的習俗。

本論文透過整理及分析日治時期三大節令詩，得見新年、端午及中秋三大節令中的文化意義。以新年節令詩而言，其具有「保留傳統文化的柔軟抵抗」、「被動融混的新文化精神」及「寓情於詩的漢詩精神再現」三項文化意義，日治時期詩人承繼傳統漢詩寫作精神，從市井民間、一般民眾的世俗生活取材書寫，將傳統文化內涵和民族共同的心理底蘊在詩歌中揭示，以文字作爲一種柔軟工具，以古典詩歌爲保留文化的載體，讓詩人成就保留傳統文化的柔軟抵抗。新年是源自傳統漢文化，累積移民及臺灣當地庶民生活經驗而成文化意涵深厚的民俗節令，即使在日治時期統治者以「帝國時間」來將新年設定成「祝日」，並欲藉由國家歷史文化的連結及節儀的植入，企圖完成「新國民」的改造，但臺灣詩人卻在表面的附和下連結了文學裡的傳統文化，呈現日治時期新年詩歌被動融混的新文化精神。此外，詩人運用比喻、擬人、象徵等技巧表現節令詩所蘊含的節日民俗精神，以與民俗事象相關的含義和情感呈現在節令詩中，使寓情於詩的漢詩精神再現，都是日治時期新年節令詩所具有的文化意義。

在日治時期端午節令詩中見到，從端午競渡活動到角黍、雄黃酒、延年縷、菖蒲、艾草等節物，都具有避邪禳災的「厭勝文化」特質，詩人實際從臺灣在地氣候環境與所見的端午厭勝文化所書寫的詩作，其顯現端午深植於民心以驅疫辟邪爲祈求的厭勝節令文化特質。此外，從一些極力書寫屈原於端午節令詩中的詩作來看，臺灣端午節因日本以統治者「官方壟斷風俗的詮釋權」，而使臺灣端午節令呈現尙武陽剛氣息，這對慣以祈求驅疫辟邪爲端午節令意涵的臺人造成衝擊，詩人欲藉屈原的故事再塑來喚回舊俗的端午意象，也藉由屈原的愛國形象表現身處異族統治之下的民族堅持。但也因日人積極同化臺灣人民爲日本天皇的子民，以風俗爲同化工具，日本端午節令中的「尙武精神」順勢移植到臺灣端午意涵當中，而使傳統漢詩端午書寫中也見到「尙武精神」，「深植民心的厭勝文化特質」、「端午屈原意象的再現」及「日本尙武精神的植入」這三項即爲日治時期端午節令詩的文化意義。

　　於中秋節令詩中整理出臺灣中秋節令詩繼承傳統漢詩特色，同樣吟誦月
圓，或書寫由月圓引發的思鄉思親，或有歡樂的相聚，或有離人的悲愁，雖
又多了些不安與消極意識呈現，最後都以團圓爲依歸，詩作中表現出豐富團
圓意象，且於中秋節令詩中引嫦娥、吳剛及唐明皇等和中秋有關的傳說故事
入詩，豐富了詩歌的意境與韻味，使詩歌具滿載神話傳說的文化意義，更使
在異族統治下所創作的古典詩中更富涵傳統文化；於中秋詩作中可見日治時
期因詩會興盛，日籍漢文作家積極創作漢詩，創作許多可媲美傳統漢詩的佳
作，但斧鑿之跡仍無可避免的出現於詩文脈絡之間，連臺人的中秋節令詩在
寫中秋佳節卻充滿了奉迎贊頌之味，使日治時期的中秋節令詩呈現著交融臺
日詩情的文化，這也是日治時期中秋節令詩特有的，以上爲日治時期中秋節
令詩中「饒富團圓意象」、「滿載神話傳說」及「交融臺日詩情」的文化意義。

　　本論文「日治時期臺灣古典詩中的三大節令書寫」，以日治時期三大節令
詩作爲研究主題，在整理詩作的過程中，最大的難度竟是可供採看的古典詩
作數量龐大，如從《智慧型全臺詩知識庫》及《台灣漢詩數位典藏資料庫》
以關鍵字「中秋」爲詩名檢索資料，合計有 2,205 首詩作，需先挑出兩個資料
庫當中重複的詩作，再揀選和節令風俗相關的詩作作爲本文探析的詩歌，有
時符合條件的詩作中又有缺字，時而影響資料之判讀，但所幸，也因資料夠
多還足以提供參看日治時期的風俗民情。

　　江寶釵於《臺灣古典詩面面觀》一書的結語中說：

　　　臺灣所能提供詩歌新變的憑藉是什麼呢？我們發現，這憑藉主要是
　　　在題材方面：1.語言方俗、地理風土、人情習慣、政治環境等等。
　　　當作品以自然爲載體時，自然作爲觀察描繪的對象，……而有博物
　　　詩。2.自然爲個人履歷跋涉之對象，而有山水詩，……。3.自然作爲
　　　自我認同、安身立命的所在，則有鄉土認同詩。以臺灣住民風俗人
　　　情的實錄爲內容時，舉凡臺灣漢人、原住民的社會現象、民眾生活，
　　　如歲時節慶、婚喪習俗，乃至漢人原住民關係，都在關懷之列。〔註1〕

江寶釵指出了臺灣古典詩從清代發展到日治時期已有足夠提供詩歌新變的題
材，而其內容不僅是風花雪月，或遙不可及的上層社會生活，臺灣古典詩已
能涵蓋庶民生活的層面，擴及整個歷史社會的變遷，確實具有時代性及在地

─────────────

〔註 1〕　江寶釵：《臺灣古典詩面面觀》，（臺北：巨流圖書股份有限公司，2002 年 3
　　　　月），頁 265。

性的意義，也是一項能提供探究臺灣節令風俗等的文學資料。於本論文整理探析日治時期臺灣三大節令詩後，確實了臺灣古典詩具有時代性及在地性的意義，對研究日治時期的風俗民情能提供足以參看的文獻資料，是可為日治時期臺灣節令風俗研究之素材，且目前臺灣古典詩線上檢索系統的日漸完備，對研究者而言更有「善其器」的助益，因而除本文所涉及的三大節令之外，傳統節令如春節中的除夕、人日、元宵、上巳、寒食、清明、七夕、重陽等節令，日治時期都有可觀的詩作可供研究，相信也會是日後臺灣古典詩研究方向之一。

徵引及參考文獻

一、研究文本

1. 施懿琳主編，全臺詩編輯小組編撰：《全臺詩》第 1～3 冊，臺南：國家臺灣文學館，2004 年 1 月。

2. 施懿琳主編，全臺詩編輯小組編撰：《全臺詩》第 6～12 冊，臺南：國家臺灣文學館，2008 年 4 月。

3. 施懿琳主編，全臺詩編輯小組編撰：《全臺詩》第 13～14 冊，臺南：國家臺灣文學館，2011 年 10 月。

4. 施懿琳主編，全臺詩編輯小組編撰：《全臺詩》第 16～21 冊，臺南：國家臺灣文學館，2011 年 10 月。

5. 施懿琳主編，全臺詩編輯小組編撰：《全臺詩》第 22～26 冊，臺南：國家臺灣文學館，2012 年 12 月。

6. 施懿琳主編，全臺詩編輯小組編撰：《全臺詩》第 27～30 冊，臺南：國家臺灣文學館，2013 年 12 月。

7. 施懿琳主編，全臺詩編輯小組編撰：《全臺詩》第 31～34 冊，臺南：國家臺灣文學館，2014 年 11 月。

8. 《台灣漢詩數位典藏資料庫》，網址：〈http://lgaap.yuntech.edu.tw/literaturetaiwan/poetry/04/04_02_01.htm〉，檢索日期：2016 年 9 月 19 日。

9. 《智慧型全臺詩資料庫》，網址：〈http://xdcm.nmtl.gov.tw/twp/b/b02.htm〉，檢索日期 2016 年 6 月 12 日。

二、方志（依姓氏筆劃排序）

1. 〔清〕不著撰人：《諸羅縣志》《諸羅縣志・澎湖紀略（合訂本）》，《臺灣文獻史料叢刊・第一輯》第 12 冊，臺北：臺灣大通書局，1984 年。

2. 〔清〕李元春輯：《臺灣志略》《臺灣志略‧赤崁集‧澎湖臺灣紀略‧澎湖續編（合訂本）》《臺灣文獻史料叢刊‧第二輯》第 22 冊，臺北：臺灣大通書局，1984 年。

3. 〔清〕周元文：《重修臺灣府志》，《臺灣文獻史料叢刊‧第一輯》第 3 冊，臺北：臺灣大通書局，1984 年。

4. 〔清〕周凱：《廈門志》（下冊），《臺灣文獻史料叢刊‧第二輯》第 40 冊，臺北：臺灣大通書局，1984 年。

5. 〔清〕林焜熿纂輯，子豪續修：《金門志》，《臺灣文獻史料叢刊‧第二輯》第 38 冊，臺北：臺灣大通書局，1984 年。

6. 〔清〕胡建偉：《澎湖紀略》，《臺灣史料集成‧清代臺灣方志彙刊》第 12 冊，臺北：文建會，2004 年。

7. 〔清〕高拱乾：《臺灣府志》《臺灣府志‧臺灣府賦役冊（合訂本）》，《臺灣文獻史料叢刊‧第一輯》第 2 冊，臺北：臺灣大通書局，1984 年。

8. 〔清〕孫爾准等修，陳壽祺纂：《福建通志臺灣府》（上），《臺灣歷史文獻叢刊》，南投：臺灣省文獻委員會，1993 年 9 月。

9. 〔清〕倪贊元輯纂：《雲林縣采訪冊》，《臺灣史料集成‧清代臺灣方志彙刊》第 36 冊，臺南：國立臺灣歷史博物館，2011 年。

10. 〔清〕陳文達：《鳳山縣志》《臺灣縣志‧鳳山縣志（合訂本）》，《臺灣文獻史料叢刊‧第二輯》第 30 冊，臺北：臺灣大通書局，1984 年。

11. 〔清〕陳淑均：《噶瑪蘭廳志》，《臺灣文獻史料叢刊‧第一輯》第 17 冊，臺北：臺灣大通書局，1984 年。

12. 〔清〕屠繼善：《恒春縣志》《恆春縣志‧臺東州採訪冊‧小琉球漫誌（合訂本）》，《臺灣文獻史料叢刊‧第一輯》第 8 冊，臺北：臺灣大通書局，1984 年。

13. 〔清〕劉良璧纂輯：《重修福建臺灣府志》，《臺灣文獻史料叢刊‧第二輯》第 23 冊，臺北：臺灣大通書局，1984 年。

14. 〔清〕黃叔璥：《臺海使槎錄》《臺海使槎錄‧清一統志臺灣府‧臺灣輿圖地彙鈔‧番社采風圖考（合訂本）》，《臺灣文獻史料叢刊‧第二輯》第 21 冊，臺北：臺灣大通書局，1984 年。

15. 《安平縣雜記》，《臺灣文獻史料叢刊‧第二輯》第 35 冊，臺北：臺灣大通書局，1984 年。

16. 〔清〕鄭鵬雲纂輯：《新竹縣志初稿》《新竹縣志初稿‧樹杞林志》，《臺灣史料集成‧清代臺灣方志彙刊》第 41 冊，臺南：國立臺灣歷史博物館，2011 年。

17. 〔清〕《新竹縣制度考‧安平縣雜記‧苑裡志‧嘉義管內采訪冊》，《臺灣史料集成‧清代臺灣方志彙刊附編》第 40 冊，臺南：國立臺灣歷史博物

館，2011 年。

18. 〔清〕《臺灣志略・赤崁集・澎湖臺灣紀略・澎湖續編（合訂本）》，《臺灣文獻史料叢刊・第二輯》第 22 冊，臺北：臺灣大通書局，1984 年。

19. 〔清〕《臺灣通志》，《臺灣文獻史料叢刊・第一輯》第 11 冊，臺北：臺灣大通書局，1984 年。

三、其他專書（依姓氏筆劃排序）

1. 王文章：《中國傳統節日》，北京：中央編譯出版社，2010 年 6 月。

2. 王娟編著：《民俗學概論》，北京：北京大學出版社，2002 年 9 月。

3. 王詩琅著，張良澤編：《艋舺歲時記──臺灣風土民俗》，臺北：海峽學術出版社，2003 年 3 月。

4. 王德威：《臺灣：從文學看歷史》，臺北：城邦文化事業股份有限公司，2011 年 1 月。

5. 末次保、金關丈夫編：《民俗臺灣》第二卷（下），臺北市南天書局，1998 年。

6. 片岡巖：《臺灣風俗誌（完）》，臺北：臺灣日日新報社，1921 年。

7. 片岡巖著，陳金田譯：《臺灣風俗誌》，臺北：眾文圖書股份有限公司，1994 年 5 月。

8. 江寶釵：《臺灣古典詩面面觀》，臺北：巨流圖書股份有限公司，2002 年 3 月。

9. 伊能嘉矩：《臺灣文化志》（上・中・下卷），臺北：台灣書房出版有限公司，2015 年 4 月。

10. 伊冷等選注：《歷朝歲時節令詩》，北京：華夏出版社，1999 年 4 月。

11. 余美玲：《臺灣古典詩選注・5・歲時與風土》，臺南：國立臺灣文學館，2015 年 11 月。

12. 李少林主編：《中華民俗文化・中華飲食》，內蒙古：內蒙古人民出版社，2006 年 12 月。

13. 李永匡、王熹合著：《中國節令史》，臺北：文津出版社，1995 年 12 月。

14. 李岩齡、韓廣澤合著：《中國古代詩歌與節日習俗》，臺北：百觀出版社，1995 年 7 月。

15. 李承機、李育霖主編：《「帝國」在臺灣・殖民地臺灣的時空、知識與情感》，臺北：國立臺灣大學出版中心，2015 年 12 月。

16. 吳瀛濤：《臺灣民俗》，臺北：眾文圖書公司，1975 年 8 月。

17. 林川夫主編：《民俗臺灣》第一輯，臺北：武陵出版有限公司，1995 年 11 月。

18. 林川夫主編：《民俗臺灣》第三輯，臺北：武陵出版有限公司，1990 年
    3 月。

19. 林川夫主編：《民俗臺灣》第四輯，臺北：武陵出版有限公司，1995 年
    11 月。

20. 林川夫主編：《民俗臺灣》第五輯，臺北：武陵出版有限公司，1995 年
    11 月。

21. 林川夫主編：《民俗臺灣》第七輯，臺北：武陵出版有限公司，1995 年
    11 月。

22. 林玉書：《臥雲吟集》，《臺灣先賢詩文集彙刊・第二輯》第 16 冊，臺北：
    龍文出版社股份有限公司，1992 年。

23. 林美容編集，國立編譯館主編：《白話圖說臺風雜記：臺日風俗一百年》，
    臺北：國立編譯館，2007 年 12 月。

24. 林淑貞：《近五十年台灣地區古典詩學研究概況——以 1949～2006 年碩
    博士論文為觀察範疇》，龔鵬程主編【古典詩歌研究彙刊第一輯第一冊】，
    臺北：花木蘭文化出版社，2007 年 3 月。

25. 林橫道口述，邱秀堂撰文：《戀戀臺灣風情——走過日治時期的這些人那
    些事》，臺北：賽尚圖文事業有限公司，2014 年 4 月。

26. 施懿琳：《從沈光文到賴和——臺灣古典文學的發展與特色》，高雄：春
    暉出版社，2005 年 11 月。

27. 胡易容、趙毅衡編：《符號學：傳媒學辭典》，臺北：秀威資訊科技股份
    有限公司，2014 年 10 月。

28. 風月俱樂部、南方雜誌社編：《風月・風月報・南方・南方詩集》，臺北：
    南天書局有限公司，2001 年 6 月。

29. 翁聖峰：《清代臺灣竹枝詞之研究》，臺北：文津出版社有限公司，1996
    年 4 月。

30. 陳香：《臺灣竹枝詞選集》，臺北：臺灣商務印書館發行，1983 年 4 月。

31. 陳芳明：《台灣新文學史》，臺北：聯經出版事業股份有限公司，2011 年
    12 月。

32. 陳漢光編：《臺灣詩錄》（下），臺中：臺灣省文獻委員會，1984 年 6 月。

33. 陳鵬翔：《主題學研究論文集》，臺北：東大圖書股份有限公司，2004 年
    8 月。

34. 陳勤建主編：《民俗視野：中日文化的融合和衝突》，上海：華東師範大
    學出版社，2006 年 6 月。

35. 連橫：《臺灣通史》，《臺灣文獻史料叢刊・第二輯》第 20 冊，臺北：眾
    文圖書股份有限公司，1994 年。

36. 連橫：《臺灣詩乘》,《臺灣文獻史料叢刊・第八輯》第 147 冊,臺北:臺灣大通書局,1894 年。

37. 連橫:《雅言》,《臺灣文獻史料叢刊・第八輯》第 166 冊,臺北:臺灣大通書局,1894 年。

38. 許俊雅:《低眉集:臺灣文學／翻譯、遊記與書評》,臺北:秀威資訊科技股份有限公司,2011 年 12 月。

39. 陸家驥編著:《中秋》,臺北:臺灣商務印書館,1992 年 9 月。

40. 陶子珍:《兩宋元宵詞研究》,臺北:秀威資訊科技股份有限公司,2006 年 9 月。

41. 黃秀政、張勝彥、吳文星編著:《臺灣史》,臺北:五南圖書出版股份有限公司,2011 年 4 月。

42. 黃純青:《晴園詩草》,《臺灣先賢詩文集彙刊・第二輯》第 15 冊,臺北:龍文出版社股份有限公司,1992 年。

43. 黃麗雲:《近代龍神信仰:龍・船・水與競渡》,臺北:博揚文化事業有限公司,2012 年 4 月。

44. 童慶炳:《中國古代心理詩學與美學》,臺北:萬卷樓圖書有限公司,1994 年 8 月。

45. 葉石濤:《台灣文學史綱》,高雄:春暉出版社,2000 年 10 月。

46. 鈴木清一郎著,馮作民譯:《增訂臺灣舊慣習俗信仰》,臺北:眾文圖書股份有限公司,1994 年 5 月。

47. 董天工:《臺海見聞錄》,《全臺文》第 56 冊,臺中:文听閣,2007 年。

48. 廖一瑾（雪蘭）著:《臺灣詩史》,臺北:文史哲出版社,1999 年 3 月。

49. 福建省民俗學會、龍岩市文化局編:《閩台歲時節日風俗》,廈門:廈門大學出版社,1992 年 10 月。

50. 臺灣慣習研究會:《台灣慣習記事（中譯本)》:臺中市:台灣省文獻委員會,1983 年。

51. 《臺灣中部碑文集成》《臺灣中部碑文集成・臺灣教育碑記（合訂本)》,《臺灣文獻史料叢刊・第九輯》第 175 冊,(臺北:臺灣大通書局,1894 年),頁 60。

52. 劉還月:《台灣人的歲時與節俗》,臺北:常民文化事業股份有限公司,2000 年 2 月。

53. 劉曉峰:《東亞的時間歲時文化的比較研究》,北京:中華書局,2007 年 10 月。

54. 龍文出版社編輯部:《詩報:日治時期台灣傳統文學大成 1930～1944》,臺北:龍文出版社,2007 年。

55. 韓良露：《樂活在天地節奏中──過好日的二十四節氣生活美學》，臺北：有鹿文化事業有限公司。

56. 顧敏耀、薛建蓉、許惠玟合著：《一線斯文──台灣日治時期古典文學》，臺南：臺灣文學館，2012 年 11 月。

57. 龔顯宗選注：《沈光文集》，臺南：國立臺灣文學館，2012 年 12 月。

四、論文類

（一）學位論文（依著者姓氏筆劃排序）

1. 于佩玉：《臺灣客家節令及其食俗文化研究》，臺北：淡江大學漢語文化暨文獻資源研究所碩士論文，2007 年 6 月。

2. 王春庭：《日治時期以來臺灣古典詩中的朴子書寫》，嘉義：國立中正大學臺灣學研究所碩士論文，2011 年 1 月。

3. 王靖雯：《節氣與節令──唐詩中的清明與重陽》，臺中：逢甲大學中國文學系碩士論文，2013 年 10 月。

4. 王瓊瑤：《唐代中秋詩研究》，嘉義：嘉義大學中國文學研究所碩士論文，2012 年 6 月。

5. 李秀靜：《唐代九日重陽詩歌研究》，臺北：中國文化大學中國文學研究所碩士論文，1994 年 6 月。

6. 吳邦江：《宋代節令詩研究》，蘇州：蘇州大學中國古代文學系碩士論文，2006 年 10 月。

7. 吳淑杏：《七夕詩之研究──以六朝至唐代爲範圍》，臺北：國立政治大學國文教學碩士學位班碩士論文，2005 年 10 月。

8. 吳宜璇：《臺灣歲時節慶的文化與禮俗》，臺中：逢甲大學中國文學所碩士論文 2013 年 6 月。

9. 范麗娟：《中國傳來的日本年中節慶──以江戶時期五大節慶爲中心》，臺北：中國文化大學日本研究所碩士論文，2004 年 6 月。

10. 馬麗珠：《宋代中秋詩研究》，臺中：靜宜大學中國文學研究所碩士論文，2008 年 1 月。

11. 莊晏瑋：《論日本人的正月（お正月）》，臺北：中國文化大學日本語文學研究所碩士論文，2009 年 6 月。

12. 莊欣華：《日據時期台灣節令之食俗研究》，臺北：淡江大學中國文學學系碩士論文，2005 年 6 月。

13. 陳婉婓：《日治時期台灣新文學中的民俗議題與文化論述：以小說爲中心（1920～1937）》，新竹：國立清華大學台灣文學所碩士論文，2011 年 7 月。

14. 張育薰：《日治後期臺灣民俗書寫之文化語境研究》，新竹：國立清華大學台灣文學所碩士論文，2012 年 7 月。

15. 張夢麟：《端午節的由來及其厭勝文化》，花蓮：國立花蓮教育大學民間文學研究所碩士論文，2005 年 6 月。

16. 張金蓮：《兩宋上巳寒食清明詞研究》，臺北：東吳大學中國文學研究所碩士論文，1993 年 6 月。

17. 陶子珍：《兩宋元宵詞研究》，臺北：東吳大學中國文學研究所碩士論文，1992 年 6 月。

18. 曾淑姿：《兩宋中秋詞研究》，臺北：東吳大學中國文學研究所碩士論文，1996 年 6 月。

19. 溫宗翰：《台灣端午節慶典儀式與信仰習俗研究》，臺中：靜宜大學臺文所碩士論文，2011 年 7 月。

20. 楊子聰：《兩宋元旦與除夕詞研究》，臺北：華梵大學東方人文思想研究所碩士論文，2009 年 6 月。

21. 趙函潔：《臺灣端午節起源與節日習俗研究》，嘉義：國立中正大學中文所碩士論文，2008 年 6 月。

22. 劉奇慧：《唐代節令詩研究》，臺北：國立臺灣師範大學國文學系博士論文，2010 年 6 月。

23. 劉衍軍：《唐代節俗詩研究》，廣州：暨南大學中國古代文學碩士論文，2004 年 6 月。

24. 劉學燕：《兩宋七夕與重陽詞研究》，臺北：東吳大學中國文學研究所碩士論文，1996 年 6 月。

25. 鄭文裕：《唐人歲時吟詠研究》，新竹：玄奘大學中國文學系博士論文，2013 年 6 月。

26. 蔡清波：《台灣古典詩自然寫作研究——明鄭時期至清朝時期》，高雄：國立中山大學中國語文學系碩士論文，2015 年 6 月。

27. 廣重聖佐子：《宋代節令詞研究》，臺北：國立臺灣大學中文研究所碩士論文，1994 年 6 月。

28. 賴翠梅：《北港地區的庶民節慶生活研究》，嘉義：國立中正大學臺灣文學所碩士論文，2009 年 6 月。

29. 戴文鋒：《日治晚期的民俗議題與臺灣民俗學——以《民俗台灣》為分析場域》，嘉義：國立中正大學歷史研究所博士論文，1999 年 6 月。

30. 蘇柔雯：《七夕節的由來及其節俗研究：兼論臺俗十六歲成年禮》，新竹：國立清華大學台灣文學所碩士論文，2011 年 6 月。

（二）單篇論文（依著者姓氏筆劃排序）

1. 王志宇：〈中秋烤肉——論戰後中秋節俗活動的變遷〉，臺中：《興大人文學報》52 期，2014 年 3 月，頁 93～110。

2. 王穎：〈中秋節的起源與中秋月的文化意象〉，北京：《北京青年政治學院學報》第 17 卷第 1 期，2008 年 1 月，頁 40～42。

3. 江寶釵、謝崇耀：〈從日治時期「全島詩人大會」論臺灣詩社的轉型及其時代意義〉：《中正漢學研究》2013 年第一期，2013 年 6 月，嘉義：國立中正大學中國文學系頁，327～360。

4. 林玉茹：〈過新年：從傳統到現代臺灣節慶生活的交錯與嫁接（1890～1945）〉，《臺灣史研究》第 21 卷第 1 期，2014 年 3 月，臺北：中央研究院臺灣史研究所，頁 1～43。

5. 林美容：〈台灣龍舟競渡的民俗書寫——水上辟邪與陰陽〉，《臺灣民俗藝術彙刊》第 2 期，2011 年，頁 15～22。

6. 林淑惠：〈日本殖民台灣時期統治政策之演變〉，《正修通識教育學報》第 9 期，2012 年 6 月，頁 85～102。

7. 林秀蘭：〈從「端午節插艾草」的傳說探討台灣早期漢原之關係〉，《民間文學研究通訊》第 11 期，2006 年 7 月，頁 65～83。

8. 許俊雅：〈回顧與前瞻——近二十年來臺灣古典文學研究述評〉，《漢學研究》第 25 期，2006 年 11 月，頁 33～46。

9. 張建芳：〈論中國端午節文化在日本的傳承與發展〉，《赤峰學院學報》（漢文哲學社會科學版）第 31 卷 7 期，2010 年 7 月，頁 53～55。

10. 陳昭瑛：〈霸權與典律：葛蘭西的文化理論〉，中外文學 21 卷 2 期，1992 年 07 月，頁 54～92。

11. 黃美娥：〈臺灣古典文學發展概述（1651～1945）〉，《海峽兩岸臺灣史學術研討會論文集》，廈門：廈門大學臺灣研究院，2002 年 8 月，頁 431～445。

12. 黃美娥：〈日、臺間的漢文關係——殖民地時期臺灣古典詩歌知識論的重構與衍異〉，《臺灣文學研究集刊》第二期，臺北：臺灣大學臺灣文學研究所，2006 年 11 月，頁 1～32。

13. 溫宗翰：〈臺灣端午競渡之信仰與儀式——以二龍村為探討中心〉，《臺灣學研究》第 11 期，2011 年 6 月，頁 143～164。

14. 楊玉君：〈中秋社祭與南臺灣的社樹信仰〉，《民俗曲藝》169 期，2010 年 9 月 1 日，頁 1～44。

15. 廖藤葉：〈由屈原到鄭成功：臺灣端午古典詩的主題演變〉，《歷史月刊》第 233 期，2007 年 6 月，頁 44～49。

16. 廖藤葉：〈臺灣古典詩有關中元普渡主題析論〉，《台中技術學院學報》第 3 期，2002 年 6 月，頁 1～19。

17. 廖藤葉：〈清代遊宦官員古典詩中的台灣中元節〉，《歷史月刊》第 175 期，2002 年 8 月，頁 97～102。

18. 簡榮總：〈台灣粿糕糖塔的年節飲食文化——七夕、中元、中秋〉，《中國飲食文化基金會會訊》第 7 卷第 3 期，2001 年 8 月，頁 1～44。

19. 賴麗娟：〈清代臺灣社會風俗中的歲時節令——以《臺灣雜詠》為例〉，《國文天地》第 27 卷第 2 期，2011 年 7 月，頁 34～38。

20. 羅鳳珠：〈蘇軾詩典故用語研究〉，《第五屆漢語詞彙語意學研討會》會議論文，2004 年 6 月 14～17 日，頁 1～17。

五、網路資訊

1. 《中國哲學書電子化計劃》，網址：〈http://ctext.org/da-dai-li-ji/xia-xiao-zheng/zh〉，檢索日期：2016 年 6 月 21 日。

2. 《日治時期期刊全文影像系統》，網址：〈http://0-stfj.ntl.edu.tw.lib1.nptu.edu.tw/cgi-bin/gs32/gsweb.cgi/login?o=dwebmge&cache=1482165358910〉，檢索日期：2016 年 9 月 7 日。

3. 《日治時期圖書全文影像系統》，網址：〈bin/gs32/gsweb.cgi/ccd=099dNW/record?r1=1&h1=2〉，檢索日期：2016 年 7 月 15 日。

4. 《台灣文學期刊目錄資料庫》，網址：〈http://dhtlj.nmtl.gov.tw/opencms/journal/Journal014/〉，檢索日期 2016 年 7 月 6 日。

5. 《台灣文學網》，網址：〈http://tln.nmtl.gov.tw/ch/M2/nmtl_w1_m2_c_6.aspx?k=%E9%AB%98%E6%8B%B1%E4%B9%BE&Sid=141〉，檢索日期 2016 年 6 月 30 日。

6. 《台灣古典詩主題詩選資料庫》，網址：〈http://ipoem.nmtl.gov.tw/Topmenu/Topmenu_PoemSearchOverViewContent?CatID=416〉，檢索日期 2016 年 7 月 12 日。

7. 《全唐詩檢索系統》，網址：〈http://cls.hs.yzu.edu.tw/tang/Database/index.html〉，檢索日期：2016 年 10 月 9 日。

8. 《國立台灣文學館·圖書與出版》，網址：〈http://www.nmtl.gov.tw/publicationmore_149_135.html〉，檢索日期 2016 年 7 月 12 日。

9. 《國立臺灣歷史博物館》，網址：〈http://www.nmth.gov.tw/publicationmore_65_26.html〉，檢索日期：2016 年 9 月 30 日。

10. 《國家教育研究院雙語辭彙、學術名詞暨辭書資訊網》，網址：〈http://terms.naer.edu.tw/detail/1678683/〉，檢索日期 2016 年 6 月 12 日。

11. 教育部《重編國語辭典修訂本》電子書，網址：〈http://dict.revised.moe.edu.tw/cgi-bin/cbdic/gsweb.cgi〉，檢索日期 2016 年 7 月 20 日。

12. 教育部《臺灣閩南語常用辭典》電子書，網址：〈http://twblg.dict.edu.tw/holodict_new/index.html〉，檢索日期：2016 年 7 月 7 日。

13. 《漢語網》，網址：〈http://www.chinesewords.org/dict/200681-948.html〉，檢索日期：2016 年 10 月 27 日。